U0128710

江苏省重点学科南京师范大学中国史学科项目资助出版

国家社科基金项目"清水江文书视域下贵州苗、侗社会经济研究（1644—1949）"阶段性成果

谢开键 著

流动和渐变

清水江下游
农村土地典交易研究

（1644—1949）

Shifting Land Rights
and New Transactions

A Study on Rural
Land Dian Transactions
in the Lower Reaches
of the Qingshui River

QINGSHUI RIVER

中国社会科学出版社

图书在版编目（CIP）数据

流动和渐变：清水江下游农村土地典交易研究：1644-1949／谢开键著.
—北京：中国社会科学出版社，2023.9
ISBN 978-7-5227-2250-4

Ⅰ.①流…　Ⅱ.①谢…　Ⅲ.①农村—地契—研究—贵州—1644-1949
Ⅳ.①F329.73

中国国家版本馆 CIP 数据核字（2023）第 130058 号

出 版 人　赵剑英
选题策划　宋燕鹏
责任编辑　金　燕
责任校对　李　硕
责任印制　李寡寡

出　　版　中国社会科学出版社
社　　址　北京鼓楼西大街甲 158 号
邮　　编　100720
网　　址　http://www.csspw.cn
发 行 部　010-84083685
门 市 部　010-84029450
经　　销　新华书店及其他书店

印　　刷　北京明恒达印务有限公司
装　　订　廊坊市广阳区广增装订厂
版　　次　2023 年 9 月第 1 版
印　　次　2023 年 9 月第 1 次印刷

开　　本　710×1000　1/16
印　　张　18.25
插　　页　2
字　　数　254 千字
定　　价　96.00 元

序

提到中华文明，人们都知道历史悠久、底蕴深厚，是世界几大古文明中延绵不绝的唯一，创造了至今使我们自豪不已的农业经济时代的生产力高峰；而且，中华文明还有一个明显特色，即在经历战争、灾荒、改朝换代等天灾人祸后，恢复力极强，很快就能够重新释放出活力，重新占据世界 GDP 第一的位置。这种生命力和恢复力从何而来？长期以来，这个问题引起历代学者和多方面人士的注意，从各个角度进行过分析和探讨，但是，迄今为止，尚未能得出一致看法。

按照马克思主义原理，经济基础决定上层建筑，具有如此特色的中华文明，从经济基础的角度观察，应该更具说服力。从经济基础的角度进行观察，我们发现，中华文明的基础，建立在极具活力的小农经济结构之上，而这个小农经济结构，是以家庭为单位、农业和手工业相结合、以自然力和畜力为动力的生产单位。这种生产方式，决定在很早以前，商品生产和商品交换就已经成为中国社会经济生活中司空见惯的现象。

在农业时代，土地是最主要也是最重要的生产资料，同时也是最容易出现流动性和变动的生产资料。大到战争、饥荒、天灾人祸，小到婚姻、分家、疾病、赋税等等因素，都可能使原有土地的产权出现变动。正是在几千年的历史长河中，多种多样产权变动的方式在生产生活的过程中被创造出来，赋予中华文明生生不息的活力以及不断发展的内生动力。当然，土地可以买卖是土地产权变动的方式中最重要和中心的方式。但是，围绕土地产权买卖，还发展和衍生出更多的土地产权变动和生产方式的转移方式，以及连带产生的使用权、分配权、收益权、处理权等一系列权利的变动和转移。

正是这些方式的产生和变动，使得中国的小农生产方式尤其是最基本的土地生产资料能够和平转移以及连带地调适各种因素变动带来的冲击，使得中国社会保持一种长期延绵流动中的相对稳定，进而导致一种社会稳定和生产力发展，以及在此基础上产生不断延伸和富于创造活力的中华文明。

深入观察这些土地的变动方式，其多样性和复杂性可能会使任何非局中人感到惊讶。谢开键在攻读博士学位期间，就利用近年发现的记载几百年贵州清水江地区土地延续变动的第一手文书资料，展现分析和研究远处大西南的贵州少数民族土地产权变动的多种图景，特别是其中形式多样，以"典"为中心的方式中展现出来的各式各样的土地变动图景，在令我们对这些方式的复杂多样和创造这些方式的劳动人民的创造力感到惊讶之外，也使我们能够触及中华文明能够生生不息的根源之所在。

如今，摆在我们面前的这部《流动和渐变：清水江下游农村土地典交易研究（1644—1949）》一书，就是谢开键在博士学位论文基础上修改补充之后的著作。他抓住中国土地交易中除买卖之外的另一主要产权变动形式——典，进行全面和深入的研究。

谢开键认为，"典"作为一种土地交易方式，源于北齐的"帖卖"，初步成熟于唐宋时期，普遍流行于明清至民国时期，是传统中国除买卖之外最重要、最常见的土地交易方式。其所具有的特殊交易规则——以原价回赎典产，则仅见于中国历史文化中，故而具有较为重要的研究意义。该书以贵州清水江下游锦屏县和天柱县境内遗存的清代中叶至民国时期的典交易契约文书为中心，从流动和渐变两个视角，对典的基本概念、典和当等其他土地交易形式的异同、典制度产生的原因、典契的基本要素、典交易的基本过程、典交易发生的原因、典产的处置机制、典产的回赎率及典交易的衍生——"出典回佃"式典交易等做出全面的考察分析。显然，谢开键的研究，面对和触及中国农业经济结构时期最重要的生产资料——土地的产权交易、转移和产生的多种方式，以及衍生出来的更多因时因地不同而产生的变化，展现一幅幅中国从古代到近代的原生态生产生活图景，以及产生和实际运行的特色，丰富我们对中国古代以来农村、农业和农民的认识和了解，也更能由此想象中华文明之所以能够在这片土地上生长和延续发展的根源。

作为一部对"典"进行全面论述和分析的专著，谢开键在书中对"典"的概念、"典"制度产生的原因、"典"交易衍生的新的交易方式等内容都依据大量第一手文书资料进行实实在在的分析论证，其中不乏新观点和引人思考的内容。例如书中指出：典交易的标的物既可以是现代法律意义上的不动产，也可以是动产，甚至包括人的自身。因此将典交易的标的物仅限为不动产，不符合中国的历史实际，也无法展现典交易标的物的丰富性。在该书论述的土地典交易中，其交易的对象也并非都是不动产。此外，史学界引入法学和经济学中的物权、产权理论来阐释典，也存在不贴切之处，因其忽视明清以来民间盛行的"一田二主"制，即土地分为"田面"和"田底"，且"田面"和"田底"都可以单独作为典交易标的物的多面性。"田底"作为典交易的标的物时，其交易的乃是大租（即田面主交给田底主的是大租）；"田面"作为典交易的标的物时，其交易的乃是小租（承典人将典入的土地交给佃农耕种，佃农向其缴纳小租），此种情况下典交易的标的物既非不动产，也不涉及土地的使用权益。也就是说，土地典交易是指出典人在约定期限内将土地的全部使用权益和收获权益（包括土地或土地上种植物的收获权益）及部分处置权，或将大租、小租（大租或小租的出让均不涉及土地使用权益）转让给承典人，获得典价（贷款）的一种经济行为。在约定的典期结束后出典人以原典价将前述全部权益，或收大租、收小租的权益收回。

这种"典"交易的复杂程度和灵活性，实在是超越我们熟悉的一般的认知程度，不能不感叹先民从古代开始就有不触及（或避开）法律规定的"上有政策下有对策"（当时朝代的政府颁布的法律不允许土地交易），且能够创造出对生产生活起到积极作用的方式。

另外，谢开键对"典"交易中衍生出来的"出典回佃"现象的分析和论述，也使我们有耳目一新之感。对于土地典交易中存在的"出典回佃"现象，即出典人将典出的土地佃回耕种，并向承典人缴纳地租以为典价利息的现象，谢书指出，这种情况早在宋代便已出现，迨至明清时期更为常见，山西、广东、湖南、广西、安徽、河北和江苏等地区均存在此种经济行为。

谢开键的研究表明，"出典回佃"现象能够广泛、长期存在，有着深厚的根源，除了降低交易成本等因素之外，低利息率、地理和合伙经营制度也是重要的原因。在"出典回佃"交易中，出典人一般是交纳租谷作为借贷（即典价）的利息，无论是分成地租还是定额地租，通过粮价可以将租谷换算为银两，计算结果显示大部分的利率要低于以货币交纳利息的借贷。而不同村寨的出典人和承典人采用"出典回佃"式的典交易，承典人不仅可以节约成本，还可以避免不必要的冲突；出典人只须按时缴纳谷息，便可继续耕种土地。农业的合伙经营制度在明清时期十分常见，当其中一个合伙者缺少资金，要将合伙经营的土地所占的"股份"出典之时，承典人同其他合伙人需要重新商定合伙经营方式，由出典人回佃则可以免去转让予陌生人的麻烦。

采用"出典回佃"交易对出典和承典双方而言是一种双赢。对出典人而言：首先，通过出典土地，获得急需资金，而且采用此种典交易方式，出典人所缴纳的谷息整体要低于钱息，而且一般而言，借贷数额越大，其利息越低，低利息对于出典人而言具有较大吸引力。再者，将出典的土地佃回耕种，这样缺少土地的出典者可以继续耕种土地以维持生计。耕种自己的土地比佃种他人的土地还存在另一优势，即出典人对自身拥有的土地较为熟悉，不会因土地使用者的频繁更动使得土地利用率下降。对于承典人而言，虽然表面上看"出典回佃"交易的利率整体要低于"借钱还钱"式借贷利率，但是考虑到隐藏在背后的成本便可知晓，对承典人来说也较为合算。一者可以节约诸多交易环节中的成本；二者采用谷息相对可靠，因为农业生产的产出较为稳定。因此，将土地佃给出典人耕种，可以说是规避出典人不能缴纳利息风险的一种理性选择。

谢开键进而指出："'出典回佃'式交易，这一从普通的典交易发展而来的新型交易方式说明，典具有较强的生命力和适应性，它在历史发展过程中，不断适应并随着社会和经济条件的变化而改变。可以说，（出典回佃）式交易的产生是对传统中国土地交易方式的重要补充，有利于促进土地交易多样化发展，同时也是清代土地交易市场走向成熟的表现。"

近年来，随着贵州省清水江沿江地区数十万份民间契约文书的陆续发现，这些记录该地区社会生产生活原生状况的民间文书，大大推动了对中国社会深层次和若干重大问题的了解，尤其贵州清水江中下游地区战乱较少，又是少数民族地区，大量用汉文记录保留下来的资料，奠定了进一步深入研究中国农村社会特别是土地交易的基础。

谢开键博士在贵州大学攻读硕士学位期间，就参与过对清水江文书的调查整理工作，并发表过对于清水江文书研究的论文。在进入复旦大学历史系攻读博士学位后，他的博士学位论文在此基础上继续深入，以贵州清水江下游的民间土地交易契约文书为主体性资料，继续集中论述传统中国土地交易中重要的类型即"典"的交易。他在梳理前人研究成果的基础上，对典的概念、典和当的区别、典和活卖、典和胎借、典产生的原因、回赎机制、回赎率、"出典回佃"等问题都提出了自己的见解，具有相当的特色和创新意义。

现在，他在原有研究的基础上进一步从深度和广度方面进行拓展的成果凝聚于这本著作中，我相信，这本著作一定会给关心中国土地问题的人以启发，对探索中华文明长盛不衰的研究者从新的侧面提出值得思索的问题。

当然，作为已有相当积累而又有年龄优势的作者，我们有理由期待他今后更多更好的作品问世，并给学术界做出新的贡献。是为序。

复旦大学历史学系　朱荫贵

2023 年 3 月 1 日

目　　录

第一章

绪　　论

　　"典"是传统中国社会常见的带有信贷性质的经济行为。在传统中国社会中，典包含两种意义："典当"和"典卖"。所谓"典当"，简而言之是指出当人将其拥有的财物抵押给当铺，从当铺获取相应资金（贷款），在双方约定期限内偿还贷款、赎回原物，并交付当铺一定利息（视不同时间段、区域或所需资金数额大小而定，月息一分至三分不等）的经济行为。此处所指的"典"，其标的物主要是近代法律意义上的"动产"，一般不包括土地、房屋等不动产。出当人在超过约定时限无力偿还贷款之时——即所谓"死当"——则将出当之标的物让与当铺所有，以此抵销所借之款。"典卖"则是指出典人将自己名下的土地或者房屋等财产，在双方约定的期限内出典与他人，并在到期后以原价赎回标的物的经济行为。在这一交易过程中，出典人可获得所需的资金或实物，承典人则可在双方约定的出典时限内使用标的物，或者转让标的物的使用、收益等权益以获取经济收益。一般而言，出典者在约定期限后无力回赎，可将标的物变卖给承典人或他人。虽然"典当"同"典卖"有一定相似性，但是二者的异质性也比较明显。本书研究和论述的对象为后者，如无特别说明，本书所指的"典"均为第二种含义。

典源于北朝北齐时期①的"帖卖"，② 隋唐时期进一步发展，至宋代入法，明清时期发展至烂熟，并延续至民国，③ 前后持续千余年。典是中国民间独创的一种制度，他国所无，德国所谓古质、日本所谓不动产质虽与典存在颇多相似之处，但实际上不甚相同。④

自 20 世纪 30 年代末傅衣凌以福建永安地区的民间契约文书为主体性材料，研究传统中国乡村社会和经济等问题伊始，⑤ 这一方法越来越受到重视，⑥ 最终形成"社会经济史"这一专门性学科。近年来，地处

---

① "典"字产生的时间较早，金文中就多次出现。春秋战国时期，典也时常见于典籍，具体可见赵晓耕、刘涛《论典》，《法学家》2004 年第 4 期。需要注意的是，当时的典没有本书所指"典"的含义。

② 孔庆明、胡留元、孙季平编著：《中国民法史》，吉林人民出版社 1996 年版，第 208 页；又见赵晓耕、刘涛《论典》，《法学家》2004 年第 4 期；赵晓耕、刘涛《中国古代的"典"、"典当"、"倚当"与"质"》，《云南大学学报（社会科学版）》2008 年第 1 期。另有学者如彭慕兰则认为典产生于明代中期，见 Kenneth Pomeranz, "Land Markets in Late Imperial and Republican China", *Continuity & Change*, Vol. 23, No. 1, 1993, pp. 101 – 150。显然，典产生的年代要远早于明代中期。

③ 郭建：《典权制度源流考》，社会科学文献出版社 2009 年版。作者在书中对典的产生和发展有具体而细致的考述。

④ 对于德国的质，郑玉波有详细论述，他认为德国民法采用日耳曼法体系，其不动产分为古质和新质。新质发展为抵押，显然与中国的典不一样。古质和中国的典存在诸多相似之处：第一，两者标的物均是不动产；第二，两者成立之时标的物均发生转移占有；第三，古质的质权人和典交易的承典人都可使用收益标的物；第四，典不以债权人（承典人）存在为前提，古质有时亦不限有债权之存在。具体见郑玉波著，黄宗乐修订《民法物权》，三民书局有限股份公司 2010 年版，第 193—194 页注释 3。日本的不动产质和中国的典也存在相似之处：第一，两者均以不动产为标的物；第二，两者均有期限（不动产质不得超过 10 年）；第三，两者均可以标的物为使用收益。但是不动产质以债权存在为前提，属于担保物权，和典不同。见郑玉波著，黄宗乐修订《民法物权》，第 194 页注释 4。另外王利明对典和不动产质也有过分析，见氏著《物权法研究》，中国人民大学出版社 2004 年版，第 514—515 页。

⑤ 傅衣凌据其在福建永安县城郊发现的契约文书先后撰写《明清时代永安农村的社会经济关系》《福建佃农风潮考证》《清代永安农村赔田约的研究》诸文，1944 年将前述论文编为《福建佃农经济史丛考》一书，上编收《明清时代福建佃农风潮考证》一文，下编辑入《近代永安农村的社会经济关系》和《永安农村赔田约的研究》。见傅衣凌《福建佃农经济史丛考》，福建协和大学中国文化研究会 1944 年版。

⑥ 因《福建佃农经济史丛考》一书对明清时期福建永安农村的社会构造、阶级斗争以及一田二主等问题作了清晰阐述，遂成为中国社会经济史区域研究的奠基之作。又傅衣凌这种治史方法恰好切合国际史学界借重民间文献揭示社会经济发展的主流，因此该书出版之后便引起国内外学者的重视，时任东京大学田中正俊和重田德曾共同翻译该著作，仁井田陞亦高度认同该著。见王日根《由"体认""自觉"而"升华"：傅衣凌治史对唯物史观的践行》，《近代史研究》2017 年第 5 期。

中国西南边陲的贵州刊布大量清水江文书，① 所谓清水江文书是"广泛遗存于贵州省东南部清水江流域台江、三穗、剑河、锦屏、黎平、天柱等县以林契和地契为主体的民间性文书"②。据张新民估计其总数约有30 至 50 万件之巨，是堪与敦煌—吐鲁番文书、徽州文书并埒的第三大文书体系，③ 其研究价值也日益为学界重视和肯定。④

清水江文书中有大量土地典交易契约，其形式同徽州、福建、浙江等地出版的典契约类似，不同之处在于清水江文书形成于苗、侗等少数民族聚居之所，文书记录少数民族的社会经济生活状况，带有明显地区特性。另外，关于明清以来中国社会经济研究，以往学者多将目光集中在中国东部地区和汉民族地区，对远离中原、地处西南山区，且常被视为"化外之地"的贵州关注较少。清水江文书的陆续刊布及研究，将改变此种状况，并使从事中国东部和西部、汉族地区和少数民族地区、发达地区和欠发达地区、平原地区和山地地区的社会经济比较研究有了可能。对相关文书加以研究，可深入比较和研究各地的不同特色。鉴于此，本书研究的对象定为清代中期至民国时期贵州清水江下游地区的土地典交易。

---

① 清水江文书的研究起步较晚，但整理则较早。1959 年黔东南苗族侗族自治州工商联与锦屏县工商联联合汇编《锦屏县木材行业史料》一书即收录有相关文书。1964 年贵州省民族研究所组成"近代经济调查组"，调研苗、侗民族聚居较为集中的清水江流域，在其调研成果《侗族社会历史调查》一书中引用多份文书。

② 张新民：《清水江文书的整理利用与清水江学科的建立——从〈清水江文书集成考释〉的编纂整理谈起》，《贵州民族研究》2010 年第 5 期。

③ 张新民：《走进清水江文书与清水江文明的世界：再论建构清水江学的题域旨趣与研究发展方向》，《贵州大学学报（社会科学版）》2012 年第 1 期。

④ 关于贵州清水江流域民间契约文书研究价值的论述，具体可参见张新民《走进清水江文书与清水江文明的世界——再论建构清水江学的题域旨趣与研究发展方向》，《贵州大学学报（社会科学版）》2012 年第 1 期；张新民《清水江文书的整理研究与清水江学的建构发展》，《贵州大学学报（社会科学版）》2016 年第 1 期；谢开键《民间文书整理与研究的重大学术成果——国家重大课题"清水江文书整理与研究"阶段性成果〈天柱文书〉出版首发式巡礼》，《贵州大学学报（社会科学版）》2013 年第 6 期；张应强《文献与田野："清水江文书"整理研究的方法论》，《光明日报》2015 年 10 月 15 日；赵世瑜《清水江文书在重建中国历史叙述上的意义》，《原生态民族文化学刊》2015 年第 4 期等。另外，《贵州大学学报（社会科学版）》和《原生态民族文化学刊》先后开辟"清水江文书研究"专栏。

对某一问题展开研究之前，必须对其学术史有所了解，这是继续该项研究的基础。同时通过梳理学术史，也有助于我们了解前贤研究的长处和不足，亦是本书进行研究所要避免或补充的关键所在。

第一节 学术史回顾

一 民国学者对典的研究

民国时期对典展开研究的学者主要来自法律界，其中最早当属黄右昌。黄氏对典的研究贡献不限于理论性，更在于其立法实践。前文述及，典为中国所独有，但在清末修订民法之时，清廷法律修订馆聘请的日本学者志田甲太郎和松冈正义误典为日本的不动产质，因此在他们主持制定的《大清民律草案》"物权编"中未涉及典。北洋政府时期，黄右昌负责《民国民律草案》"物权编"的起草，他纠正了日本法学家对典的误解，并将典定义为"典权人因支付典权（价），占有他人之不动产而为使用及收益"①。而后，他在《民法诠释·物权编》中逐条解释《中华民国民法》关于典权的法律条文，且在解释之前先书明古代对典的相关法律规定及习惯，最后将典权归入限定物权范畴。② 在当时西化倾向严重之时，黄右昌在论著中较多地顾及中国历代固有法典对典的规定及民间习惯，这是该书的一大特点。

余棨昌是《民国民律草案》"总则"的起草者，他在纠正日本学者对典误解的同时，考察典权的性质、取得、存续期间、效力和削弱。余氏将典权视为他物权，并指出典权是以占有他人不动产使用收益为目

---

① 潘维和：《中国历次民律草案校释·民国民律草案》，汉林出版社1982年版，第496页。又见杨立新点校《大清民律草案·民国民律草案》，吉林人民出版社2002年版，第335—336页。需要指出的是，吴向红在其论著中引用这一定义时的引文为"典权人因支付典价，占有他人之不动产而为使用"，并以此认为《中华民国民法》在定义"典"时，将"使用"修改为"使用收益"，（见氏著《典之风俗与典之法律》，法律出版社2009年版，第97—99页），不知吴氏引文所依为何。

② 黄右昌：《民法诠释·物权编》，下册，商务印书馆1945年版。

的，它与中国古代的"活卖"相似，且是由活卖改造而来。① 民法学者梅仲协则将典权定义为用益物权。② 与梅仲协同时代的另一法学者史尚宽在阐释《中华民国民法》有关典权条文后指出，典权兼具用益物权和担保物权的性质，因为无论从典权的历史源流，抑或是现实作用来看，典权都具有担保物权性质。③ 日本学者长野郎运用中央研究院、金陵大学农林科等科研学术机构的实地调查报告，指出一块土地的田面或田底均可以作为标的物进行典交易，并给出相应契约样式。④ 因长野氏研究主题在于中国的土地制度，故而对典着墨不多。虽然如此，但运用调查资料研究典则是一种创举。

前述对典的研究仅在专著中有所涉及，最早系统性研究典的专门著作则是钟乃可的《典权制度论》。作者在书中对典权和抵押权、典权和质权、典权和土地债务、典和当、典和卖等相似的交易形式进行比较研究，并在此基础上得出典权属于用益物权的结论。此外，他通过分析典权的民间习惯和立法精神后认为，《中华民国民法》规定的三十年出典时限过长，最合适的年限为二十年。由此建议典交易到期之后，在征得当事人同意之后可以更换新契约。⑤ 其后，刘权在《典权法论》中详细论述典权的取得、变更、期限、权利和义务关系及消灭等，该书是民国学者对典权制度进行系统研究的代表性著作，有助于我们了解民国时期典权的研究概况。⑥ 但该书的缺陷在于司法指导意味大于学术价值。

从以上民国学者对典的研究可以看出，研究者多是法律学者，其他领域的学者鲜有涉足。此阶段的研究者多以注释民法——《中华民国民法》——的方式对典展开论述，且带有浓厚的物权理论色彩。这陷

---

① 余棨昌：《民法要论物权》，朝阳学院出版部1931年版。
② 梅仲协：《民法要义》，中国政法大学出版社1998年版，第571—583页。
③ 史尚宽：《物权法论》，中国政法大学出版社2000年版，第433—482页。
④ ［日］长野郎著，强我译：《中国土地制度的研究》，神州国光社1932年版，第220—230页。

⑤ 钟乃可：《典权制度论》，商务印书馆1937年版。
⑥ 刘权：《典权法论》，艺文书社1946年版。

入典是属于用益物权还是担保物权的理论之争，限制了典研究的广度和深度。

二 当代学者对典的研究概述

（一）法律史学界的研究概况

中华人民共和国建立之后法学界对典权的研究成果甚夥，关于这方面的学术史，已有学者梳理过，① 因此本书只梳理法律史学者对典的研究成果。根据各学者的研究重点，可将以往的研究成果分为以下四个方面：

1. 专门性研究

所谓专门性的研究是指就典的某个环节或要素进行深入的研究。中国法律史学界较早对典进行研究当属戴炎辉，他在《中国法制史》中论述典权和卖、抵押的区别，但由于该书论述的主题较多，对典的阐述未能展开。② 日本学者寺田浩明对清廷制定的乾隆十八年定例关于民间土地交易找价回赎三十年期限、典交易十年期限的背景及含义进行详细的论述。③ 岸本美绪则对明清时期民间土地交易找价惯例的各种形态，特别是对明清政府关于找价回赎的法律规定有详细的梳理，同时作者还结合地方官员对民间找价回赎纠纷的审判案例，指出官员在处理纠纷时很少按照法律拟判，更多的是对弱者的情感照顾，但都力图防止纠纷的再次发生。④ 笔者在寺田和岸本的研究基础上，结合《大清律例》、中国第一历史档案馆及清代浙江地方相关档案资料，阐释找价回赎三十年

---

① 邹亚莎：《清末民国典权制度研究》，法律出版社 2011 年版，第 7—8 页。
② 戴炎辉：《中国法制史》，三民书局 1979 年版，第 313—317 页。
③ ［日］寺田浩明：《清代中期の典規制にみえる期限の意味について》，島田正郎博士頌寿記念論集刊行委員会編：《東洋法史の探究：島田正郎博士頌寿記念論集》，汲古書院 1987 年版，第 339—366 页。
④ ［日］岸本美緒：《明清時代における「找価回贖」問題》，《中国：社会と文化》12 号，1997 年 6 月。

期限的真实含义。① 罗海山结合清代的律例，论述了传统中国民间典交易中的找价习俗。②

2. 系统性研究

张晋藩将典权制度置于传统中国社会的背景下进行考察，他在论述各朝代对典权立法的变化之时，还重视运用民间典交易契约论证典权制度。③ 另外，张晋藩在其主编的《中国民法通史》中指出：典权制度滥觞于秦汉时期，唐朝时期得到发展，最终确立于明清时期。该著的特点在于在论述各朝典制度时，重视揭示典制度在各朝代的特点和发展。④ 赵晓耕和刘涛在中国各朝代对典制度的立法及演变的基础上，对典和典当、不动产质、倚当及质的异同加以辨析，并指出传统中国土地制度的松懈是典产生和发展的条件，"一田二主"则激发典制度的产生和发展。⑤ 郭建在《中国财产法史稿》中运用丰富的史料和民间契约文书梳理典权的源流。⑥ 他的另一专著《典权制度源流考》则是在前书的基础上，运用大量的正史、历代典章制度及相关的民间典交易契约，更为详细而系统地论述典的产生、发展和变化。⑦ 该书是笔者所见论述典的产生、发展和变化最为细致的研究专著，具有较高的参考价值。

3. 跨学科研究

近年以来，跨学科研究越来越被各学科所提倡、重视，法律史学者开始运用社会学、文学等学科的方法，并结合档案、民间契约文书甚至民俗或文学小说等材料研究中国法律史，张生所著《中国近代民法法典化研究》便是典范。作者在梳理历朝制定有关典制度的法律规定基

---

① 谢开键：《清代找价回赎三十年时限考析》，《史林》2018 年第 4 期。
② 罗海山：《试论传统典契中的找价习俗》，《文化学刊》2010 年第 4 期。
③ 张晋藩：《中国法制文明的演进》，中国政法大学出版社 1999 年版。该书于 2010 年出修订版，见张晋藩《中国法制文明的演进》（修订版），法律出版社 2010 年版。
④ 张晋藩主编：《中国民法通史》，福建人民出版社 2003 年版。
⑤ 赵晓耕、刘涛：《论典》，《法学家》2004 年第 4 期。
⑥ 郭建：《中国财产法史稿》，中国政法大学出版社 2005 年版，第 112—156 页。
⑦ 郭建：《典权制度源流考》，社会科学文献出版社 2009 年版。

础之上，使用社会学的方法，结合政府、法学家、人民群众等社会角色对民法法典化所持的态度和立场，深入分析典制度存在于传统中国社会的合理性及其在中国近代民事生活中的负面影响。同时，他对民国北京政府和南京国民政府分别制定的《清理不动产典当办法》和《中华民国民法》进行分析后指出：民国时期的典权制度已大不同于传统中国的典权，这一时期的典权无论是在功能还是在形态上，都与大陆法系的物权法更为相似。最后，作者在进行法律文本考察的同时，通过对民国时期大理院判例的援引和分析，指出民事判案进一步加大固有法和《中华民国民法》的断裂。①

著名美籍华裔学者黄宗智在出版两部讨论中国近代经济发展为何停滞不前的巨著后，② 将重心转向清代至民国时期的法律研究。他在《法典、习俗与司法实践：清代与民国的比较》一书的第五章中专门比较研究清代和民国时期的典。在该章中，作者以清代四川巴县、台湾新竹—淡水三县、直隶宝坻县和民国时期河北顺义、四川宜宾、浙江乐清和江苏吴江等县的司法档案为材料，依次分析清代法典至南京国民政府法典这一过渡期内长期存在的四个主要问题，"找贴，亦即由典卖权改为绝卖权时所支付的款项；合法回赎的时间限制；买卖典权以及典与抵押（即借贷中以土地为担保抵押）惯习之间的混淆"③。通过分析因典交易引起纠纷的案例后，作者指出清代地方官在处理这些案件时显示前商业逻辑的力量，同时还反映出市场逻辑的不断侵蚀。民国时期的例子则显示"市场经济逻辑和部分市场、部分前商业的典逻辑之间的紧张关系"，承典人意欲依据信贷市场逻辑行事，法院却选择维持前商业逻辑，比较而言，在市场逻辑方面，国民政府比

---

① 张生：《中国近代民法法典化研究》，中国政法大学出版社 2004 年版。
② 即《华北的小农经济与社会变迁》（中华书局 1986 年版）和《长江三角洲的小农家庭与乡村发展》（中华书局 1992 年版）二书。
③ 黄宗智：《法典、习俗与司法实践：清代与民国的比较》，上海书店出版社 2003 年版，第61 页。

清政府做了更大让步。①

4. 摒弃西方大陆法概念，使用传统中国固有概念

在法学界应用西方大陆法体系分析传统中国土地交易时，部分法律史研究者开始质疑这一做法。首先发难的是梁治平，他从习惯法的角度探讨中国土地交易，特别是"一田二主"。梁治平刻意回避运用"永佃权"一词，他认为该概念起源于西方法律术语，而且它"已经带来的混淆和混乱至少和它在描述'永佃'关系时所具有的说明力一样大"，"永佃权与'永佃'，虽仅一字之差，其渊源、内涵及意义等则相去甚远。'永佃'如同'世耕''永耕'，乃清代民间契约用语，它们直接反映某种租佃关系，永佃权则否，它是一个分析概念，其确定内涵首先来自于现代民法，其渊源又可以追溯至古代罗马……无论上述哪一种永佃权定义，简单地说，其权能均较'永佃'为大，比'一田二主'为小。这即是引起永佃权一词在使用上产生各种混淆的主要原因"②。

在梁治平发表其观点的当年，寺田浩明也开始进行反思，他主张用传统中国民间固有的"业"这一概念来阐释中国的土地交易。③ 吴向红赞同寺田浩明提出的以中国传统的"管业"概念来阐释典制度，她认为典权是将西方法律硬套于中国产生的概念，主张将典置于"前所有权"的语境下考察。基于以上原因，吴氏提出"正典理论"试图重述典制，修订典权入《物权法》，具有一定借鉴意义。④ 邹亚莎论述中国

---

① 黄宗智：《法典、习俗与司法实践：清代与民国的比较》，上海书店出版社 2003 年版，第 67—91 页。后来作者又将该章以论文的形式发表，见黄宗智《中国历史上的典权》，《清华法律评论》第一卷第一辑，清华大学出版社 2006 年版。

② 梁治平：《清代习惯法》，广西师范大学出版社 2015 年版，第 89—90 页。该书最先以《清代习惯法：社会与国家》为名，由中国政法大学出版社于 1996 年出版，本书采用新版。

③ ［日］寺田浩明：《权利与冤抑——清代听讼和民众的民事法秩序》，载［日］寺田浩明著，王亚新等译《权利与冤抑——寺田浩明中国法史论集》，清华大学出版社 2012 年版，第 218 页。作者此文最先于 1996 年 9 月在日本镰仓市召开的名为"后期帝制中国的法、社会与文化——美日学者之间的对话"（Law, Society, and Culture in Late Imperial China: A Dialogue between American and Japanese Scholars）的研讨会上发表，后来正式发表于日本东北大学《法学》第 61 卷第 5 号，1997 年。

④ 吴向红：《典之风俗与典之法律》，法律出版社 2009 年版。

古代典的源流后指出，从典到典权的近代化过程中，典权虽然保留典固有法的外形，但失却原有精神。典被纳入民法范畴，却失去传统文化内涵。中国虽积极引介西方法律，但缺乏相应的社会支持，难以发挥其功能，传统的典制度却因入民法而遭受质疑。这对中国当今制定法律提供诸多经验和教训。①

此外，还有大量学位论文提到"典"，但无论是在资料运用，还是基本观点，抑或是表述等方面，都存在较大重复性，不再一一赘述。从法律史学界对典的研究成果来看，主要集中于对典制度法律规定的梳理及法理性质的辨析，其中虽不乏让人耳目一新的观点，但是总体缺乏对传统中国农村社会广泛存在的典进行深入而具体的研究成果。

（二）史学界对典的研究

史学界和法律史学界对典研究的重要区别在于，前者主要依据的材料是民间契约文书，后者则多运用法律条款。史学界关于典研究主要可分为以下三类：

1. 引入物权理论研究典和其他土地交易形式的异同

傅衣凌为"中国社会经济史"学科主要奠基者之一，他对民间契约文书研究的重要贡献之一在于讨论"培田"——"一田二主"问题。② 杨国桢在傅氏研究基础上进一步论述"一田二主"，尤为着重研究典。杨氏在其所著《明清土地契约文书研究》一书引入法学物权理论的所有权、占有权、使用权和处分权等概念对典加以阐释、研究，他指出土地在出典期间，出典人转让的是土地使用权和处分权，并在此基

---

① 邹亚莎：《清末民国时期典权制度研究》，法律出版社 2012 年版。
② 国内外学界关于"一田二主"的研究很多，日本学者寺田浩明对此有较为全面的总结，参见［日］寺田浩明《田面田底惯例的法律性质——以概念性的分析为中心》，载［日］寺田浩明著，王亚新等译《权利与冤抑——寺田浩明中国法史论集》，清华大学出版社 2012 年版，第1—71 页。对于"一田二主"出现的时间，学界一般认为其源于宋代，如漆侠、戴建国等（分见漆侠《宋代经济史》上册，上海人民出版社 1987 年版，第 223 页；戴建国《宋代的民田典卖与"一田两主制"》，《历史研究》2011 年第 6 期）。最新的研究表明，"一田二主"在唐代业已出现，具体参见杨际平《论唐、五代所见的"一田二主"与永佃权》，《中国经济史研究》2018 年第 3 期。

础上区分典和抵押、典和当的区别：土地的出押者对土地保留有土地所有权和使用权，当则是在典的基础上每年另外加纳若干银粮。此外，他还对"活卖"发生的原因作了分析并指出，活卖的发生是因为明代黄册和推收制度引起，二者时间上的脱节使得活卖"蜕变为貌似典当、抵押关系"[①]。典和当虽然常被连用，但是典和当属于不同的交易形式，当的本意应该是抵押，关于这点，杨国桢未加分别。另外，杨氏虽然指出抵押和典的区别，但未进一步阐述。

有鉴于此，曹树基在杨国桢的研究基础上应用产权理论，将土地"所有权分割为处置权、收益权和使用权，而不使用'占有权'及其他概念"[②]，对典和其他土地交易形式进行较为全面和翔实的比较，具体参见表1-1。

表1-1　　中国传统乡村产业买卖、信贷及租佃的类型与性质

转让形式		产业性质		转让后原业主权利			转让后钱主（或佃户）权利			
		动产	不动产	处置	收益	使用	处置	收益		使用
								产品	利息	
买卖	绝卖	●	●				●			●
信贷	典（活卖）		●	○			○	●		●
	押租（顶）		●	○	○		○	○		
	抵押（当）									
	钱息型	●	●	○		●			●	
	谷息型	●	●	○		●		●		
	质	●		○					●	
租佃	普通租佃		●	●	○			○		●
	永佃		●	●	○			○		●

资料来源：曹树基《传统中国乡村地权变动的一般理论》，《学术月刊》2012年第12期。

说明："●"表示全部权利，"○"表示部分权利。

---

① 杨国桢：《明清土地契约文书研究》（修订版），中国人民大学出版社2009年版，第2—28页。
② 曹树基：《传统中国乡村地权变动的一般理论》，《学术月刊》2012年第12期。

从上表中我们可以清晰看出，曹树基对典和其他土地交易区别的研究较杨国桢更为全面、简单和明晰。龙登高认为"土地权利可以分解或分层"，① 他引入物权特别是他物权来分析土地交易形式的异同（见表1-2）。龙氏运用这一框架解释传统中国的土地交易对笔者具有一定的启发性，他引入他物权本意或是为更加简单明了地阐释上述问题，然而事与愿违，这一解释框架不仅造成概念上的繁复，还使得本已较为复杂的概念更加复杂难解。

表1-2   所有权、他物权、使用权概念辨析

概念	土地权利	代表性交易形式	形态
所有权	所有权及其各种权益	买卖	田底权、清业田
他物权	用益物权和担保物权	典	田面权、永佃权
使用权	用益物权	租佃	佃农耕作权、土地承包经营权
地租	土地收获物	胎借	

资料来源：龙登高《地权市场与资源配置》，福建人民出版社2012年版，第8页。

上述学者将典的研究推到新高度，遗憾的是，他们对典的基本概念都存在一些误识。杨氏诸人均重视对"一田二主"的论述和研究，而对典存有误解的一个重要原因恰恰由此引起。在"一田二主"形态下，一块完整的土地可以分为"田底（或称为根、骨）"和"田面（或称为皮）"②，土地的底和面都可以出典，出典田底实际是将土地

① 龙登高：《地权市场与资源配置》，福建人民出版社2012年版，第7页。
② 在某些地区，对田底和田面的称法恰恰相反，在福建闽北地区的建宁、延平、邵武等府属诸县和闽西汀州府属地区，通常称土地田底为田骨，田面为田皮；而福州、福宁府属诸县则称田面为田骨，称田底为田皮。见刘克祥《中国永佃制度研究》上册，社会科学文献出版社2017年版，第1—2页。另外，对于田底和田面，在中国很多地方有不同的称呼，具体可参见杨国桢《明清土地契约文书研究》（修订版），中国人民大学出版社2009年版，第219、308—309页；刘克祥《中国永佃制度研究》，上册，社会科学文献出版社2017年版，第1页；赵晓力《中国近代农村土地交易中的契约、习惯与国家法》，《北大法律评论》1998年第2期。

的地租典出，而地租既非不动产也不涉及土地的使用权。"一田二主"是传统中国社会土地交易发展多样化和灵活化的重要且具体的表现，土地交易形式在不断变化，运用静态视角分析动态过程，其结果可想而知。

2. 对典交易及其作用的评价

20 世纪 80 年代以来史学界对典多持批评态度。彭超认为土地典当①交易"以租代利"所缴纳的谷息要高于一般的地租剥削，因此土地典当带有高利贷剥削性质，这对农民而言无异于"饮鸩止渴"，从而对土地典交易持否定态度。② 彭文宇分析清代福建田产典当契约后指出田产典当利息的偿还有小苗谷代息、大小苗谷代息、大苗谷代息和定额等四种方式。他认为土地典当带有高利贷性质，"它一方面不断吞噬田产，加剧了封建土地私有权的日趋分化，以及造成了越来越多的农民倾家荡产而陷入困境，从而在客观上动摇了封建土地所有制的稳定性。但另一方面，高利贷本身又不能产生新的社会生产方式，他们把侵占的土地大部分出佃收租，仍然实行封建的地租剥削形式，这在一定程度上，又起到延缓封建制度迅速崩溃的作用"③。由此可知，彭氏对土地典当持否定态度。

以上研究是从土地典当带有高利贷性质而否定典交易。另外，我们知道典交易的一个重要特征是在约定期限内以原价回赎标的物。有论者基于以上特征指出典交易没有效率，如周翔鹤通过分析清代的土地典交易后认为，"典牺牲了效率，对于资源配置是不利的，显然，在土地可能被赎回的情况下，承典人是没有什么意愿去改良土地的"④。张泰苏（Taisu Zhang）亦持类似观点，甚至认为典是造成中国经济在清代民国

---

① 前文已经论及，典和当不同，为方便叙述，笔者依据研究者的表述。
② 彭超：《论明清时期徽州地区的土地典当》，《安徽史学》1987 年第 3 期。
③ 彭文宇：《清代福建田产典当研究》，《中国经济史研究》1992 年第 3 期。
④ 周翔鹤：《清代台湾的地权交易——以典契为中心的一个研究》，《中国社会经济史研究》2001 年第 2 期。

停滞不前的重要原因。① 美国学者罗伯特·C. 埃里克森从典交易会打击承典人改善土地的热情、增加交易成本、阻碍土地的合理流转、妨碍大规模农业农场的经营等四个方面，对典交易予以批判。② 需要指出的是，罗伯特的论述和结论表面上看似有理有据、无懈可击，但他的论证依据都源于黄宗智和张泰苏的既有研究，缺乏第一手资料。龙登高等人以清华大学馆藏清代山西省民间典契约为中心撰文，对罗伯特的观点加以批驳，他们认为典交易消除了典权交易无法保证土地投资的质疑，成熟的转典市场降低典的交易成本，原价回赎机制使交易双方有固定预期，因此不会导致资源配置到低效率的生产者、抑制土地规模扩大，相反，高效率的劳动者可以通过典权交易扩大自己的经营规模。典权交易是农户进行资源配置的一种选择，其中体现的权益关系分明，产权安排清晰，同时结合传统农业生产以短期投资为主的技术特点，使非土地生产要素的投资维持在有效水平，是一项有效率的制度安排。③ 此外，龙登高在其他论著中多次论述典交易具有优化配置的作用，对典交易作用持积极肯定态度。④

3. 法律史学界和史学界聚焦：典和活卖是否相同之辨

前文论及杨国桢在分析活卖的产生原因基础上指出，活卖和典相同。赞同此观点的学者如孔庆明认为"典卖已成为唐代债的关系的普遍形式"，在清代表现为活卖。⑤ 郭建认为典和活卖相似，后者的性质

---

① Zhang, Taisu, "Property Rights in Land, Agricultural Capitalism, and the Relative Decline of Pre-Industrial China" (2011). Student Scholarship Papers. Paper 109. http://digitalcommons. law. yale. edu/student_ papers/109.

② ［美］罗伯特·C. 埃里克森，乔仕彤、张泰苏译：《复杂地权的代价：以中国的两个制度为例》，《清华法学》2012 年第 1 期。

③ 龙登高、温方方：《论中国传统典权交易的回赎机制——基于清华馆藏山西契约的研究》，《经济科学》2014 年第 5 期。

④ 具体可参见龙登高《地权市场与资源配置》，福建人民出版社 2012 年版；龙登高、林展、彭波《典与清代地权交易体系》，《中国社会科学》2013 年第 5 期；龙登高、温方方、邱永志《典田的性质与权益——基于清代与宋代的比较研究》，《历史研究》2016 年第 5 期等。

⑤ 孔庆明、胡留元、孙季平编著：《中国民法史》，吉林人民出版社 1996 年版，第 259、639 页。

要归于前者。① 李力通过解读清代的"典"契约指出在清人的观念中，典等同于卖。此结论与作者误读契约有关，因为他所引"典"契约实为卖契。② 此外，曹树基、陈志英等人也持相同观点。③

章有义、郑力民、刘高勇和龙登高诸人则持不同意见，他们认为典和活卖非同一土地交易方式。章有义认为活卖和典不同之处在于，典具有债务担保实物性质，"是使用及收益权的转移，并非所有权的转移"④。郑力民指出典和活卖存在以下四种区别：第一，土地无论是田底或是田面出典，都称为典，活卖则是指底为卖，指面为退；第二，田底活契一般不立取赎年限，田面活契和典契则多注明取赎年限；第三，据加价和找价二词区分，活卖变绝卖时使用加价，典变绝卖时则用找价；第四，典价要高于活卖价。⑤ 刘高勇从税赋过割、契约双方影响、回赎权能强弱和初始价格比等四个方面论述典和活卖的区别，最后指出活卖是卖的一种表现。⑥ 假如出典的标的物为田底，转移的是收大租权益，不涉及使用权的转移。因此章有义观点的缺陷在于没有认识到"一田二主"下典交易的情况。郑力民则过于重视"一田二主"，活卖不仅只存在于田面和田底分离的情况，也可将底、面合一的田活卖，所以其认为的第一点和第二点区别并不全面。关于第三点，则不知作者所据为何，明清时期，民间加典情况很普遍，找价和加价二词的使用并不能作为区分典和活卖的标准。另外，对于典价，郑力民和刘高勇二人的观点正好相反，其实典价主要是根据出典者需要的资金，在不超过卖价的前提下商议价格。郑、刘二人观点相左恰恰说明典价并不一定高于或低于活卖价格。

① 郭建：《典权制度源流考》，社会科学文献出版社 2009 年版，第 148 页。
② 李力：《清代民间土地契约对于典的表达及其意义》，《金陵法律评论》2006 年第 1 期。
③ 分见曹树基《传统中国乡村地权变动的一般理论》，《学术月刊》2012 年第 12 期；陈志英《宋代物权关系研究》，河北大学历史学博士论文，2006 年，第 66 页。
④ 章有义：《清代鸦片战争前徽州土地制度——从休宁朱姓置产薄所见》，载氏著《明清徽州土地关系研究》，中国社会科学出版社 1984 年版，第 77—78 页。
⑤ 郑力民：《明清徽州土地典当蠡测》，《中国史研究》1991 年第 3 期。
⑥ 刘高勇：《论清代田宅"活卖"契约的性质》，《比较法研究》2008 年第 6 期。

龙登高从典和活卖性质不同的角度否定典为活卖。除此，龙氏从所有权交割、物权转让、交易税、出售方称呼等方面对典和活卖加以辨析，[①] 具体可参见表1-3。

表1-3　　　　　　　　　　　典与活卖的辨析

	典	活卖	绝卖
所有权交割	不发生	转让并办理所有权过割手续	最终转让
物权转让	他物权在约定期限内转让；"离业典田"	自物权的无条件转让	最终转让
赎回	约定期限内赎回物权	回赎所有权	特殊情况
交易税	明清无、宋元有	有	
出售方称呼	业主、出典人	卖方	
承接方称呼	钱主、典权人、典主	买房	
交易余绪	加典、续典	找价	不应找价
交易性质	物权关系；他物权交易	所有权买卖	

资料来源：龙登高《地权市场与资源配置》，福建人民出版社2012年版，第75页。

前文已经指出，龙登高将他物权引入地权的研究，造成概念繁复等问题在上表中同样可以体现。另外，就交易税（即契税）而言，明代典交易需要缴纳契税，清代就中央政府而言，在乾隆二十四年（1759）之前需要缴纳契约，之后至宣统时期无须缴纳契税。[②] 典交易的出售方可以成为业主，承接方可以成为钱主，这点对活卖和卖都适用，并非它们的区别，而且这些区别也不涉及其性质上的区别，意义不大。从以上对典和活卖辨析的梳理可知，典和活卖为不同的交易形态，它们存在一定差异，但是对它们之间差异的考察也并非毫无缺陷，存在一些可以商榷之处。此外，典同当、抵押、胎借等交易形式的辨析也存在进一步研

---

① 龙登高：《地权市场与资源配置》，福建人民出版社2012年版，第72—77页。
② 谢开键：《读〈地权市场与资源配置〉二札》，《中国经济史研究》2017年第3期。

究空间，亦是本书论题之一。

综上所述，目前无论是法学界抑或是史学界，对典的概念、典交易过程中的各个环节、典所起作用、典交易衍生出新的交易方式等方面，都存在进一步研究空间。此外，对清水江流域土地典交易研究的成果不多，① 因此本书选择清水江下游流域的锦屏县和天柱县的土地典交易契约文书为中心，研究清乾隆至民国时期的中国乡村的土地典交易。另外需要说明的是，已刊锦屏县和天柱县的清水江文书特别是典交易契约主要集中于乾隆至民国时期，虽然中华人民共和国成立之后也有部分典交易契约，但数量较少，时间和空间分布较为零散。因之，本书将研究的时段限定于清代乾隆至民国时期。

第二节　问题、资料、理论和方法

一　本书主要研究的问题

基于前贤的研究，本书研究的主要问题包括以下几个方面：

第一，典的基本概念。在史学界对典概念研究的基础上，对典的内涵进行重新界定。以往学界以静态性来看待典，忽略其动态性，具体表现在将典的标的物限定为不动产，但是土地在"一田二主"形态下，土地作为典的标的物已超出不动产范畴。在"一田二主"形态下，田面和田底均可作为典交易的标的物，即土地的大租和小租均可出典，而大租和小租均非不动产。换言之，传统中国土地形态发展的实际表明，典的标的物既可以是现今法律术语上的动产，也可以是不动产。

第二，典制度产生及其延续的原因。典产生的根本原因在于国家土

---

① 盘应福：《清代中后期清水江下游文斗苗寨的产业信贷方式——基于对"借当契"与"典契"的讨论》，载洪名勇编《生态经济评论》第四辑，经济科学出版社 2014 年版，第 111—120 页；崔尧：《清代清水江下游典当契约研究》，硕士学位论文，贵州民族大学，2015 年；王凤梅：《〈天柱文书〉典当契约分类探析》，载张新民主编《人文世界——区域·传统·文化》第六辑，巴蜀书社 2015 年版，第 38—56 页。

地政策的改变——均田制限制土地买卖。均田制下的露田不可买卖，即便是买卖桑田也是在有限范围内进行，仅可卖出盈余或买进不足部分。典交易的规则不违背国家对土地买卖的限制，典便由此产生。典制度的一项重要交易规则是可以原价回赎典产，在传统中国重视孝道的文化环境之下，出典者不会因此背负不孝或败家的骂名。加上传统中国的金融机构十分有限，典制度由此得以长期存在于民间。典自其产生以来得到不断发展，同时它又具有较强适应性，随土地形态的变化而改变，最典型者便是在"一田二主"的情况下，典的标的物可以是田面，也可以是田底，正因为如此，典才能延续千余年之久，成为明清以来中国农村社会最为广泛、重要的土地交易方式之一。

第三，出典的原因。典交易发生的原因乃是多元的，并非贫困这一简单因素便能概述，就贵州清水江下游典交易而言，丧葬、婚姻、官司、偿还债务等费用，缺少粮食、筹集商业资本均是典交易发生的重要因素，除此还有进行农业再产生的投入等因素。这些都与人类生产生活紧密相关，通过出典田宅而获得资本对人们生活的延续、商业或农业的生产和发展起着重要作用，农村秩序也因此得以稳定。同时也有利于资本流通，促进土地等资源重新配置，或朝优化方向发展。

第四，典产的功效。多种处置典产的方式考察证明典交易"弊端论"并不准确。承典人可以向出典人索要其对典产投资或增值之投入，这点无论在法律规定层面，抑或是民间习惯层面都可得到印证。此外，"一田二主"土地形态下的典交易，承典人只是典入大租或小租，并不参与实际的农业生产活动。转典虽然较一般典交易复杂，但转典遵循最初出典人向最后承典人回赎标的物的原则，不会增加典交易成本。造成传统中国无法进行大规模农业经营的原因同中国的地理环境、财产传递方式及人口增长密切相关。另外，承典人的土地常常与其典入土地接壤，因此典交易不仅没有限制土地规模的扩大，而且在土地交易"先问亲邻"原则的推动下，使农业生产规模有进一步扩大的可能。

第五，"出典回佃"式交易。"出典回佃"式交易是指出典人将出典土地佃回耕种的经济行为，它是典型典交易的衍生，它的产生和发展适应当时、当地经济发展需求。采用"出典回佃"式交易是理性思考后的选择，因为无论是从交易成本，抑或是从地理、合伙（股份）制度等角度看，这些既是出于现实考虑，也是出于理性思考。同时，这一交易方式对出典人（借入方）和承典人（出借方）而言都颇为有利，是一种双赢的借贷方式。对承典人而言，"出典回佃"式交易具有节约交易成本、避免不必要纠纷、最大限度保障出典人能够交纳利息等优势。对出典人而言，"出典回佃"式交易的利率相对较低，另外还能保证缺少土地的出典人能继续耕种土地。这些无不体现"出典回佃"式交易是出典和承典双方基于理性思考后的双赢信贷方式。

通过对上述问题的研究可知，典制度随社会经济的发展而发展，并衍生出新的交易方式，表明典制度具有很强的生命力，符合传统中国经济发展需求。同时，典制度在稳定中国农村社会秩序、优化配置土地资源方面都起着重要作用。

二 本书所用主要资料

史料是史学研究的根本，史料的重要性正如傅斯年所说"一分材料一分话，十分材料十分话，没有材料不说话"[1]。本书依据的史料主要为近年来陆续整理出版的清水江流域下游地区的民间契约文书，它们主要包括陈金全主编的《贵州文斗寨苗族契约法律文书汇编——姜元泽家藏契约文书》[2]、《贵州文斗寨苗族契约法律文书汇编——姜启贵等

---

① 傅斯年：《历史语言研究所工作之旨趣》，《历史语言研究所集刊》第一本第一分册，1928 年。

② 陈金全、杜万华主编：《贵州文斗寨苗族契约法律文书汇编——姜元泽家藏契约文书》，人民出版社 2008 年版。

家藏契约文书》，① 收录文斗寨姜元泽、姜启贵等人家藏的近一千二百份文书。张应强、王宗勋主编的《清水江文书》（三辑）② 辑有锦屏县加池、文斗、平鳌、岑梧、林星、魁胆等村寨万余件文书。吴大华主编的《清水江文书研究丛书：土地关系及其它事务文书》、③ 高聪、谭洪沛主编的《贵州清水江流域明清土司契约文书·九南篇》④，收录锦屏县敦寨镇九南四百余件契约文书。张新民主编的《天柱文书》⑤ 收录天柱县近七千件文书。⑥ 本书所用资料主要为这些出版物中收录的典交易契约，这是本书研究最重要的资料，也是研究得以开展的根本所在。

本书论述时还将参考其他如安徽省博物馆编《明清徽州社会经济资料丛编》（第一集）;⑦ 中国社会科学院历史研究所徽州文契整理组编《明清徽州社会经济资料丛编》（第二集）;⑧ 杨国桢主编《闽南契约文书综录》;⑨ 陈金田译《临时台湾旧惯调查会第一部调查第三回报告书——台湾私法》（第一卷）;⑩ 福建师范大学历史系编《明清福建经济契约文书选辑》⑪ 等相关契约文书。此外，中国第一历史档案馆编的

---

① 陈金全、梁聪主编：《贵州文斗寨苗族契约法律文书汇编——姜启贵等家藏契约文书》，人民出版社 2015 年版。

② 张应强、王宗勋主编：《清水江文书》（三辑），广西师范大学出版社 2007、2009、2011 年版。

③ 吴大华主编：《清水江文书研究丛书：土地关系及其它事务文书》，民族出版社 2011 年版。

④ 高聪、谭洪沛主编：《贵州清水江流域明清土司契约文书·九南篇》，民族出版社 2013 年版。

⑤ 张新民主编：《天柱文书》第 1 辑，江苏人民出版社 2014 年版。

⑥ 谢开键：《〈天柱文书〉评介》，《中国史研究动态》2015 年第 4 期。

⑦ 安徽省博物馆编：《明清徽州社会经济资料丛编》（第一集），中国社会科学出版社 1988 年版。

⑧ 中国社会科学院历史研究所徽州文契整理组编：《明清徽州社会经济资料丛编》（第二集），中国社会科学出版社 1990 年版。

⑨ 杨国桢编：《闽南契约文书综录》，《中国社会经济史研究》1990 年增刊。

⑩ 陈金田译：《临时台湾旧惯调查会第一部调查第三回报告书——台湾私法》（第一卷），台湾省文献委员会 1990 年版。

⑪ 福建师范大学历史系编：《明清福建经济契约文书选辑》，人民出版社 1997 年版。

《清代土地占有关系与佃农抗租斗争》、①前南京国民政府司法部编著的《民事习惯调查报告录》②等也是本研究的重要参考资料。

三　本书所用理论和方法

社会经济史是考察社会经济发展的历史过程，"它是叙述性的，又是理论性的，兼有经济科学和历史科学双重性质，是一门交叉学科或边缘学科"③，"交叉学科"说明我们应当借鉴和使用其他学科的理论方法以研究社会经济史，"除了经典理论外，最好也能涉猎点现代经济学。经典理论究竟太经典了，不太够用"④，且"不同的方法各有所长。如能适合课题的需要，有助于揭示历史过程和客观规律，都要实行拿来主义，为我所用。什么样的问题用什么的方法。不能因为熟悉传统的研究方法而不支持和运用新方法，也不能由于热衷新方法而抛弃行之有效的传统方法"⑤。此点同吴承明多次强调"史无定法"⑥的观点不谋而合，

---

① 中国第一历史档案馆编：《清代土地占有关系与佃农抗租斗争》（上下），中华书局1988年版。

② 前南京国民政府司法行政部编，胡旭晟、夏新华、李交发点校：《民事习惯调查报告录》，中国政法大学出版社2005年版。

③ 严中平：《在中国经济史学会成立大会上的开幕词》，《中国经济史研究》1987年第1期。

④ 赵冈：《地主制经济质疑》，《中国社会经济史研究》1989年第2期。

⑤ 严中平：《在中国经济史学会成立大会上的开幕词》，《中国经济史研究》1987年第1期。

⑥ 1984年，吴承明应邀参加在意大利米兰召开"International Conference on Spacial and Temporal Trends and Cycles in Chinese Economic History，980—1980"，在会上吴承明发言时提出"史无定法"，（叶坦：《史实·史法·史观——吴承明先生的生平与学术》，载吴承明《经济史：历史观与方法论》，商务印书馆2014年版，第407页）他说："就方法论而言，有新老、学派之分，但很难说有高下、优劣之别；新方法有新的功能，以至开辟新的研究领域；但就历史研究来说，我不认为有什么方法太老了，必须放弃。"而且"在方法论上不应该抱有倾向性，而是根据所论问题的需要，和资料等条件的可能，作出选择。同一问题可能用不同的方法论证者，不妨并用。所有的方法都有局限性；这也说明，没有一种万能的方法，而应'史无定法'，吸取各家之长"。（见氏著《中国经济史研究的方法论问题》，《中国经济史研究》1992年第1期）此后，他又多次提及这一观点，如1997年为王玉茹所著《近代中国价格结构研究》的序中说道："经济史研究可以根据问题的性质和资料的可能，采取不同的经济学（以及其他学科）的方法来分析和论证。"（见王玉茹《近代中国价格结构研究》，"吴承明序"，陕西人民出版社1997年版，第4页）又如1999年发表的《经济史学的理论与方法》（刊于《中国经济史研究》1999年第1期）；2001年所撰的《经济史：历史观与方法论》（刊于《经济研究》2001年第3期）等等。

他说："研究经济史，唯一根据是经过你考证的你认为可信的史料，怎样解释和处理它，可根据所研究问题的性质和史料的可能性，选择你认为适宜的方法进行研究。不同的问题可用不同的方法；同一问题也可用多种方法来论证，结论相同，益增信心，结论相悖，可暂置疑……历史观和方法论是分不开的，在研究具体问题时，一切的史学理论都可以视为方法论。"[①] 因之，笔者贯彻吴氏的"史无定法"原则，视问题而运用相应的理论加以研究阐述。需要特别强调的是，笔者将以两条主线贯通本书，即流动和渐变。所谓流动指的是在典交易过程中——出典、转典、回赎等——土地在不断变更使用者；渐变则是指，典交易在历史发展过程中衍变出新的交易方式，本书所述"出典回佃"式典交易就是典型。

严中平曾说经济史的研究要努力做到"或者提出新的问题，或者提出新的观点，或者提出新的材料，或者运用新的方法"，又说"必须对外国经济史有相当程度的了解，不能就中国论中国；必须对政治法律典章制度乃至社会心理有一定程度的了解，不能就经济论经济；必须对经济发展全过程有所了解，不能就所研究的那个时代而论那个时代；必须重视理论上的提高，不能就事论事"[②]。此即所谓立"四新"和破"四就"。诚然，要做到立"四新"和破"四就"实非易事，但这终究是笔者追求的目标。

第三节 本书的结构和主要内容

根据前述学术界对典交易研究存在的不足及清水江下游地区民间典交易契约的具体内容，本书分为六章，主要内容如下。

第一章为绪论，主要回顾典研究的学术史，并指出以往研究的不足

---

① 吴承明：《经济史：历史观与方法论》，《经济研究》2001 年第 3 期。

② 严中平：《在中国经济史学会成立大会上的开幕词》，《中国经济史研究》1987 年第 1 期。

之处及本书主要研究的问题，主要使用的资料、理论和方法等。

第二章首先辨析典的基本概念，在学术界认为典的概念研究基础上，并结合明清以来"一田二主"土地形态的实情，对典的概念进行重新阐释。其次，在对典的理解之上，辨析典和当、典和活卖、典和胎借之间的异同。最后论述典产生及其延续千余年的原因。

第三章以清水江下游地区的典交易契约为中心，分析典交易契约的基本要素和典交易的基本过程，及典交易发生的原因。

第四章以贵州锦屏县的典交易契约为中心，从两条路线——法律的规定和民间的实践——分析未按期回赎或无力回赎典产的处置方式、典交易双方承担的交易风险，即在梳理相关的法律规定后，结合清水江下游及中国其他地区的具体实践，并在此基础上与所谓典交易"无效率论"进行商讨。

第五章运用《天柱文书》的归户性特征，通过比较典交易的交易双方和文书现持有者等人的姓氏，辅之以相关文书中体现交易者等人的身份关系，以此讨论典交易的回赎率，并分析回赎典产主要集中在光绪年间和抗日战争时期的原因。

第六章以典型典交易衍生的新方式——"出典回佃"为对象，根据粮食价格，将谷息换算成银两，考察"出典回佃"交易与"借钱还钱"利息的高低，进而分析采用"出典回佃"式典交易的原因。

最后的结语部分对各章节论述传统中国社会民间的典交易予以总结，并对该研究主题可能进行的扩展研究做一展望。

第二章

典的基本问题：概念、辨析及
产生的缘起

中国的土地私有制自商鞅变法开始确立并合法化，私人正式取得政府认可的土地所有权。此后，土地私有成为中国历史上最重要的土地所有方式，[①] 与此同时土地也可公开买卖，这是中国和封建时代的西欧、日本的重要区别。土地交易以买卖为主，也衍生出其他多种交易方式，如源于北齐时期"帖卖"的典，最终发展成为中国特有的土地交易形式。迨至明清，土地交易形式趋于多样化，租佃、抵押、顶、退、押租、典、活卖、绝卖等方式在此时得到进一步发展和成熟，并形成"一般租佃——押租——典——押、抵——活卖——绝卖、股份交易"的体系。[②] 土地交易形式的多样化为有意以土地为媒介获取资金之人提供更多选择。

在诸多土地交易形式中，学界给予最多关注的当属典交易。近年来，越来越多的学者采用法学的物权理论、经济学的产权理论，并结合各地已出或新出的民间土地契约文书分析传统中国的土地交易。同时部分学者试图运用前述理论将传统中国的土地交易纳入统一的解释

---

① 自北魏太和九年（485）孝文帝颁行均田制始，至唐德宗建中元年（780）实行两税法止，此间近 300 年的时间内，中国土地私有制发生变化，土地为国家所有，唐中叶之后，随着均田制的崩溃，土地私有制再次在全国范围内确立。

② 龙登高：《地权市场与资源配置》，福建人民出版社 2012 年版，第 51 页。

框架，① 由于中国土地交易所具有的多样性和复杂性，学者们在论述时往往顾此失彼，对土地"交易规则及其功能的差异尚未厘清，有的甚至被误读"②，尤其是典交易，学界对其认识存在诸多可进一步讨论之处。因此本章从梳理和评述典的基本概念入手，重新界定典的概念，并由此辨析典和当、活卖及胎借等土地交易形式的异同，最后论述典产生及其延续千余年的原因。

第一节　典的基本概念

本书所述的典，是指土地交易而言，非指传统中国常见的将具有一定价值的物品——诸如金银首饰、衣裤棉被——抵押于当铺，以获取资金的"典当"交易。前贤对典概念的论述成果甚夥，但不尽相同，概括起来可以分为以下几种。

一　将典视为典权

法学界学者多是将典解释为典权。典在清末至民国时期的法典中，经历从无到有、从"不动产质"到典权的一个过程。修订法律是清政府新政的重要内容之一。光绪三十四年（1908）十月，时任法律修订馆大臣的沈家本奏请聘用"日本法学博士志田钾太郎、冈田朝太郎、小河滋次郎、法学士松冈义正，分纂刑法、民法、刑民诉讼法草案"③，其中志田钾太郎和松冈义正负责起草《大清民律草案》，二人误将"典"等同于日本的"质"，因此将"典"释为"不动产质"，所以

---

① 近年最主要者为曹树基和龙登高，分见曹树基《传统中国乡村地权变动的一般理论》，《学术月刊》2012 年第 12 期；龙登高《地权市场与资源配置》，福建人民出版社 2012 年版。另外，有学者以"地权——地价或地租"的框架来解释中国的土地交易，见刘志《地权的分割、转移及其阐释——基于传统中国民间土地市场》，《中国经济史研究》2017 年第 3 期。

② 龙登高：《清代地权交易形式的多样化发展》，《清史研究》2008 年第 3 期。

③ （清）朱寿朋编，张静庐等校点：《光绪东华录》，中华书局 1984 年版，第 5 册，第 179 页。

《大清民律草案》只有"质权"而无典。有鉴于此，黄右昌在起草《民国民律草案》时纠正误识，他将传统的典阐释为"典权"，并将其定义为"典权人因支付典权（价），占有他人之不动产而为使用及收益"[1]。《中华民国民法》的编纂者则将"典"释为"支付典价占有他人之不动产，而为使用及收益之权"[2]。之后，法学研究者在论述"典"时，多采用此定义。[3]《中华民国民法》对典的阐释是否正确呢？笔者以为该定义至少存在以下三个缺陷：

第一，将典视为典权，不符合中国实际。前文提及，清末民国时期，统治者试图通过修订法律，以示其与世界法律接轨，起源于传统中国社会的典制度在民国时期被正式载入民法。"典权"是近代中国西化的一个缩影，是中国近代部分法学者在西方思想（显然包含法律方面）东渐的潮流下，接受近代西方民法理论——他们对西方法律的先进性深以为然——并以其为蓝本，抛弃传统中国固有典制度，对这一制度加以改造、重塑的典型产物。"典权"这一中西方结合的概念由此而生。将"典"表述为一种"权利"使"典权"陷入理论和实践的矛盾困境之中。在理论上，"典权"引发其到底属于"用益物权"或是"担保物权"的法理之争，至今未形成共识，争论不息。[4] 究其原因在于：物权起源于罗马法，

---

[1] 潘维和：《中国历次民律草案校释·民国民律草案》，汉林出版社1982年版，第496页。

[2] 《中华民国民法》，徐百齐编：《中华民国法规大全》，第1册，商务印书馆1936年版，第76页。

[3] 采纳这一定义的研究者较多，今仅举几例，如史尚宽（《物权法论》，中国政法大学出版社2000年版，第433页）、梅仲协（《民法要义》，中国政法大学出版社2004年版，第571—572页）、郭建（《典权制度源流考》，社会科学文献出版社2009年版，第1页）等。

[4] 持"用益物权"说的代表性人物有黄右昌、梅仲协、郑玉波、姚瑞光、赵中孚、王泽鉴、王利明、梁慧星等，持"担保物权"说的代表性人物有戴炎辉、林咏荣等，见柴荣《古代物权法研究——以土地关系为研究视角》，中国检察出版社2007年版，第241—242页。此外还有学者以为"典权"属于"特种物权"，亦即兼具担保物权及用益物权性质，见史尚宽《物权法论》，中国政法大学出版社2000年版，第435页。高富平、米健、赵晓耕等人也持此说，分别见高富平《土地使用权与用益物权——我国不动产物权体系研究》，法律出版社2001年版，第225页；米健《典权制度的比较研究——以德国担保用益和法、意不动产质为比较考察对象》，《政法论坛》2001年第4期；赵晓耕、刘涛《中国古代的典、典当、倚当与质》，《云南大学学报（社会科学版）》2008年第1期。

而传统中国的典制度无法还原于罗马法的范畴。在实践上，则让人产生一种权利的幻觉，这显然与传统中国社会的实际不符。①

第二，忽视典交易的重要规则——回赎。典的一个重要特征是可以原价回赎标的物，亦即在签订典契约之时，出典方和承典方会约定标的物出典期限，在约定期限届满时，出典人上门抽约取赎。虽然有部分契约未书明标的物的出典时限，但会在契约内标明可回赎，或书有"不拘年限""不限远近"诸语，民间对此持默认态度，故有"一典活千年""典田千年有分"的俗谚。

第三，将典的标的物限定为不动产。动产和不动产是近代传入中国的一组法律概念，潘维和认为在传统中国社会中，也有动产和不动产之分："称动产为物、财或财物，称不动产曰产、业或产业。物之所有权人为物主或业主。"② 此观点颇为流行，受其影响，很多学者在论述相关问题时也常常采纳。相较而言，张晋藩则走得更远，他以为"动产所有权人为'物主'或'财主'；不动产所有权人为'业主'、'田主'、'地主'、'房主'"③。遗憾的是，在传统中国社会中，无论是现实生活抑或是历朝的法典法规中，均无动产和不动产之分。

明清两朝法律对典的标的物均有涉及，《大明律》明确规定"田宅、园林、碾磨等物"可以作为标的物出典，同时对典雇妻女的行为视情况之不同处以杖六十至一百的惩罚，④ 这表明民间存在以妻女作为标的物的典交易行为。《大清律》的相关规定沿袭明律。⑤ 台湾地区的"典有广狭两义，广义不仅出典动产及不动产，出典妻妾奴婢亦包括在内，即律例所谓的'典卖田宅''典卖田房''典卖妻妾'。狭义是出典不动产，出

---

① 参见吴向红《典之风俗与典之法律》，法律出版社 2009 年版，第 99—103 页。

② 潘维和：《中国民事法史》，汉林出版社 1982 年版，第 354 页。

③ 张晋藩：《清代民法综论》，中国政法大学出版社 1998 年版，第 82 页。

④ （明）刘惟谦等：《大明律》卷六《户律三·典雇妻女》，《续四库全书》，上海古籍出版社 2002 年版，第 862 册，第 457、460 页。

⑤ 分见（清）姚雨芗原纂，胡仰山增辑《大清律例会通新纂》卷八《户律·典买田宅》、卷九《户律·典雇妻女》，同治十二年刊本，第 25、8 页。

典动产通常称为'当'或'押'，亦有称为'典'者，例如《福建省例》称出典动产为'小典'"①。此外，民间还存在将自身出典的情形。② 以上均表明，传统中国典交易的标的物超出所谓不动产范畴。

本书论述的对象是土地典交易，学者常简单地将土地视为"不动产"，以为"典卖是业主将不动产交给钱主，钱主占有不动产，但业主向国家纳税，并同时保留在约定期限内或无限期以原价从钱主手中赎回的一种不动产出卖方式。业主拥有'田底权'，钱主拥有'田面权'"③，这是忽视明清时期民间土地交易存在田骨（田底）和田皮（田面）分别交易的实际，土地的田面权和田底权可分别出典。④ 浙西地区的土地出典分出典田底面（面底合一）或田底两大类，且理论上存在第三种类型的土地出典，即出典田面，只是在浙西的调查未曾发现。⑤ 另外出典田底包括田底和田面分别属于不同之人、田底和田面为同一人所有两种情况，浙江平湖县便存在田面和田底分属两个人，且田底主出典田底的情况，⑥ 此如下纸契约文书所示：

> 立典契建功里人李栋老，有自己分过阃内户根田一亩一分，应贰丘，坐北门棋盘洋落，年载早冬大小租肆石官，今因无银用度，自愿托中将户根田立契出典徐府松房为业，三面商议，实值时价九

---

① 陈金田译：《临时台湾旧惯调查会第一部调查第三回报告书——台湾私法》（第一卷），台湾省文献委员会1990年版，第344页。

② 《癸卯年（九四三年）敦煌吴庆顺典身契》，张传玺主编：《中国历代契约会编考释》，上册，北京大学出版社1995年版，第270—271页。

③ 曹树基：《传统中国乡村地权变动的一般理论》，《学术月刊》2012年第12期。需要指出的是，在曹树基对典的定义中，曹氏似乎将典等同于一般的一田二主，这一观点值得商榷，所谓"田面权"是永久性取得的，而出典的"田面"的时期仅限于典期内，并不是永久性的。关于此点，已有相关的研究指出这一认识的错误，具体参见刘志《地权的分割、转移及其阐释——基于传统中国民间土地市场》，《中国经济史研究》2017年第3期。

④ ［日］长野郎著，强我译：《中国土地制度史的研究》，神州国光社1932年版，第224—225页。

⑤ 冯和法编：《中国农村经济资料》，下册，华世出版社1978年版，第558—560页。

⑥ 冯和法编：《中国农村经济资料》，下册，华世出版社1978年版，第566页。

五色广戥银贰拾陆两正，其银即日交足，其户根田即听松房掌管为业，认佃收租。此田系自己物业，与兄弟叔侄诸人无干，在先不曾典挂他人账物，保无交加不明等事。如有此色，系是典主支当，不干银主之事。期约叁年为准，备银贴契赎回。如无银仍听银主掌管收租。此系两愿，各无反悔。今欲有凭，立典契为炤者。

递年贴纳米银六分民。

赎回言纳定价柒拾陆扣。再炤（照）。

乾隆叁拾捌年贰月日（具名略）①

乾隆三十八年（1773）二月，建功里人李栋老将自己名下分的户根田一亩一分，典与徐府松房为业。显然，李栋老出典之田存在两个"主人"，李栋老只拥有田底。作为田底主，李栋老负责缴纳赋税，向田面主收租谷，即大租。田面主若将田面出佃，则其向佃户所收之租为小租。契约内所载"户根田即听松房掌管为业，认佃收租"，即言承典人直接向佃户收租，实际上没有耕管其承典的"户根田"。换言之，李栋老只出典大租。徽州地区亦存在此种情况：

立当契支丁永根，今将遗受大买田，共计田、塘税五亩四分七厘四毫二丝，所有字号、税亩、土名逐细开列于后；又小买田一亩八分，一并凭中出当与荫祠名下管业收租，得受时值当大买田价英（鹰）洋五十四元七钱四分，小买田价英（鹰）洋九元。其洋业已收足，其大、小买田即交管业收租。（略）

光绪十九年五月　日立当大小买田、塘契人　支丁永根②

---

① 原件藏于福建师范大学地方史研究所，转引自杨国桢《明清土地契约文书研究》（修订版），中国人民大学出版社2009年版，第280页。

② 《歙县许永根当大小买田契》，见安徽省博物馆编《明清徽州社会经济资料丛编》（第一集），中国社会科学出版社1988年版，第415页。

此份文书题为"当"，是因徽州地区常当、典混用，但实为典田契约文书。对于该问题，笔者将于下节详述。文书所谓"大买田"即指田骨，"小买田"即为田皮，出典大买田即出典大租。那大租是否属于"不动产"范畴呢？答案显然是否定的。

明清时期商品经济日益发展，地主和农民与商品货币市场的联系逐渐加强，同时地主又兼营商业，加之"城镇豪华生活的吸引以及经商本身的需要，地主居城之风也日渐盛行"①，这类地主即所谓"城居地主"。福建建阳一带在明代前期就有相当数量的地主居住城内，"乡民多耕市民田土"的情形较为常见。② 闽清和闽侯等地的地主多居住在福州城内，因此在这些区域内的土地买卖契约文书大都标注有"福城林衙""福城王衙""福城郑衙"等字样。③ 另外，在安徽的休宁、江苏、浙江等地，亦存在大量城居地主。因此，这类占有田底的城居地主"徒抱租薄内之土名，向赔（笔者按：赔即赔主，指田面主）收租，不审其田在何图里，坐何村落"④，他们只是坐收地租，不亲自经管田地。⑤ 更有部分城居地主在乡间设置收租场所，明末福建地区的"田主及有力家城居者，仓廒既设外乡，或设他县，每年不过计家口所食谷几何，量运入城，余尽就庄所变粜，即乡居大户亦然。盖米谷重滞，且多折耗，而出谷入银，轻便易贮，故凡稍知心计之人，皆相率积银逐末生息，决不作积谷迂缓之务"⑥，他们留下家人的口粮，其余的谷物则就

---

① 刘克祥：《中国永佃制度研究》，上册，社会科学文献出版社2017年版，第14—15页。

② 《明英宗实录》卷一七八，正统十四年五月癸卯条，台湾"中央研究院"历史语言研究所1982年版，第3446页。

③ 傅衣凌：《闽清民间佃约零拾》，载氏著《明清农村社会经济》，中华书局2007年版，第60、64页。又见傅衣凌《明万历二十二年福州的抢米风潮》，载氏著《傅衣凌治史五十年文编》，中华书局2007年版，第144页。

④ 民国《南平县志》卷五《田赋志》，《中国地方志集成·福建府县志辑9》，上海书店出版社2000年版，第340页。

⑤ 杨国桢：《明清土地契约文书研究》（修订版），中国人民大学出版社2009年版，第233页。

⑥ （明）周之夔：《弃草文集》卷五《广积谷以固闽圉议》，转引自傅衣凌《闽清民间佃约零拾》，载氏著《明清农村社会经济》，中华书局2007年版，第65页。

地变卖。雍正时期的福建邵武地区，城居地主不仅不经营土地，甚至要佃农将租谷送往城里，"田米名色不同，佃人负送城中曰送城大米，散贮各乡者曰顿所小米"①。所以他们"不知田之所在"便不足为奇。②

由以上论述可知，城居地主出典田底只出典大租，根本不涉及所谓的"不动产"。或许是出于此种认识，有调查报告将大租等称之为"不动产权"，日据时期台湾地区的"典以贷款占有收益他人的物体为本则，所以不动产及动产均可作为典的物体。不动产以田园、鱼塭、盐埕、山埔、厝地、房屋、埤圳等为主，不动产权以大租、番租、水租地基租为主"③。本书所用主要资料——贵州清水江流域下游地区的典契约中涉及的标的物也不仅限于不动产（详见本书第三章）。

民国民法典对典制度的定义除存在以上问题外，定义中涉及的"使用权"和"收益权"亦不甚准确，部分学者已有所认识，笔者将于下文详述。以上论述无不表明，典的标的物超出不动产范畴，将典的标的物限定为不动产——既不符合中国的历史实际，也无法展现典交易标的物的丰富性——是部分学者将近现代西方法律关系和概念生搬硬套传统中国社会某些词汇或社会经济行为的典型附会。

二　引入产权或物权中的使用权、收益权等概念

史学界自杨国桢伊始，运用产权相关理论以定义和阐释典制度，他对典所下定义为："典是债务人直接以土地在一定期限内的经济收益抵算利息，交由债主掌管收租。当是在典的基础上，每年另加纳粮银若

---

① 咸丰《邵武县志》卷四《田赋志》，见方宝川、陈旭东主编《福建师范大学图书馆藏稀见地方志丛刊》，北京图书馆出版社 2008 年影印版，第 24 册，第 362 页。

② 康熙《崇安县志》卷一《风俗》，中国社科学院图书馆选编：《中国稀见地方志汇刊》，中国书店出版社 1992 年影印版，第 32 册，第 953 页。

③ 陈金田译：《临时台湾旧惯调查会第一部调查第三回报告书——台湾私法》（第一卷），台湾省文献委员会 1990 年版，第 345 页。

干。"同时他还指出，在土地出典期间，承典人有对土地的使用权和处分权，"可以自种或召佃收租，或原主耕作纳租，或转典于他人"①。随后严桂夫、王国健等运用类似的理论解释中国土地交易问题，他们认为徽州地区的典契是"将土地财产典出后，土地暂时归受典人支配，出典人已无耕种权、租佃权等使用权"②。黄宗智在比较研究清代和民国民事法律制度后认为典"是一个西方现代法律所没有的、附有回赎权的土地转让制度，一旦出典，使用权便即转移，但出典人仍然保留以有条件回赎土地的权利"③。孔迈隆根据台湾南部弥弄地区（金美浓镇）的契约，将典视为抵押销售（pledge sale），或赎回销售（redeemable sale），或是有条件销售（conditional sale）。亦即将土地或其他财产交给支付现金的一方当事人，收取土地或者其他财产的一方可对土地或其他财产进行耕种或使用，双方约定一旦偿还现金，土地或其他财产将返还到其原所有者手中。④ 曹树基则在上述学者的基础上指出，土地出典后，原业主保留部分的土地处置权，钱主拥有对土地的全部收益权和使用权，以及对土地的部分处置权。⑤

随着 2007 年 10 月 1 日中国正式颁行《物权法》，人文学科更多地运用物权理论研究相关课题，史学界特别是地权研究者，运用物权中的他物权、自物权，以及涉及物的使用权、收益权、处置权和占有权等概念分析地权的分割。其代表人物为龙登高，他认为："典，指地权所有者出让约定期限内的土地控制权与收益权，获得现金或钱财，期满之

---

① 杨国桢：《明清土地契约文书研究》（修订版），中国人民大学出版社 2009 年版，第 27—28 页。

② 严桂夫、王国健：《徽州文书档案》，安徽人民出版社 2005 年版，第 153 页。

③ ［美］黄宗智：《中国历史上的典权》，《清华法律评论》第 1 卷第 1 辑，清华大学出版社 2006 年版，第 1 页。

④ ［美］孔迈隆（Myron L. Cohen）：《晚晴帝国契约的构建之路——以台湾地区弥浓契约文件为例》，载 ［美］曾小萍（Madeleine Zelin）、欧中坦（Jonathan Ocko）、加德拉（Robert Gardella）编，李超等译《早期近代中国的契约与产权》，浙江大学出版社 2011 年版，第 46 页。

⑤ 曹树基：《传统中国乡村地权变动的一般理论》，《学术月刊》2012 年第 12 期。

后，备原价赎回。其特色是约定期内以土地物权转移与经营收益来偿还债务。"① 之后，龙登高等人又指出，典 "是土地收益与资本利息之间的交易，指地权所有者出让约定期限内的物权获得贷款，以土地经营权与全部收益支付资本利息。出典人保留最终所有权或自物权，在政府产权登记中不发生交割过户；期满后备原价收回土地。出典人获得贷款，成为债务人，承典人即债权人（银主）获得约定期限内的土地物权"②。

以上诸位学者对典所下定义极富启发性。他们指出典的可回赎性质，并分析典交易双方在土地出典前后转移及获取的权益。同时，他们都对 "一田二主" 问题有深入研究，都认为田骨和田皮均可以买卖，但他们恰恰忽视了田骨和田皮亦可以出典，田底主所有的田骨，其义务是向政府交租，另外向田面主收租（大租），但是大租根本就不涉及土地的使用权益。因此，认为出典人转让典标的物的使用权益并不正确，至少无法解释土地在 "一田二主" 形态下的典交易。

三　与当、活卖等田宅交易方式混同

典和当以及活卖是明清时期常见的土地交易方式，因它们存在诸多相似性，许多学者往往将典等同于当或活卖，并以此解释典的含义："典田是一种过渡性的买卖行为。有的农村将出典土地称之为'活卖'，即没有绝卖，将来还有机会赎回。"③ 又以为："所谓典，类似动产的当。双方在契约中写明，到了规定的期限，原业主有权退还典价，收回原业。"④ 美国学者步德茂以清刑科题本的土地债务纠纷档案为资料，对典和当有如下论述："典和当如典卖一样，都被译作抵押、典当和保证。这两种行为的区别往往不明显，并且有时就直接合用，即'典

---

① 龙登高：《地权市场与资源配置》，福建人民出版社 2012 年版，第 52 页。
② 龙登高、林展、彭波：《典与清代地权交易体系》，《中国社会科学》2013 年第 5 期。
③ 张之毅：《玉村农业和商业》，载费孝通、张之毅《云南三村》，天津人民出版社 1990 年版，第 401 页。
④ 经君健：《清代关于民间经济的立法》，《中国经济史研究》1994 年第 1 期。

当'。"同时他对典和当予以区别，在四川，"一块地既'典'又'当'。这些术语都是相似的，但各地与不同时代的实践中存在着微妙的差异，这些都使得这两种行为很难被区分。当然，还有一种泛化的区分：'典'常常用作贷款的担保，当然'典'常常是绝卖的前奏，典权人还能实际掌控土地。虽然这两种现象在四川、广东两省都存在，相对而言，'典'在广东更常见，而'当'则在四川更常用。当然，无论是典还是当，在案件中都是可以被回赎的。随着时间的推移，契约中要求的对回赎权的规定也更加具体"①。

另外，有学者将晋西北的"典当地"———亦称"活卖田"——视为土地抵押借贷的一种形式。同时指出当地的典地为"小买"，典又分为"活典"与"死典"。"活典"也称"活契"，典约上规定"钱到回赎，无钱永远管业"，没有回赎期的限制。"死典"亦称"死契"，即有回赎期限。"死典"还可细分为两种：一是约定回赎年限，过期未赎即作绝卖；二是将土地出卖，但写明回赎年限，过期未赎便绝卖。② 以上学者或将典视为当，或将典等同于活卖，甚至混淆典和抵押的异同，还将土地的当（即抵当、抵押）误为当铺之"当"，所谓典当的雅号是"长生库""穷人的后门""穷人衣物的储藏所"诸语均是形容当铺，而非抵当。实际上，典和当、典和抵押均有区别，笔者将在下节详述。

四　运用传统中国民间惯用的"管业"概念

前文提及，众多学者使用西方的法律概念，并将其"类推到明清

---

① ［美］步德茂（Thomas M. Buoye）：《诉讼，合法性以及致命暴行——19 世纪中国乡村法庭无法阻止财产暴力纠纷制原因》，载［美］曾小萍（Madeleine Zelin）、欧中坦（Jonathan Ocko）、加德拉（Robert Gardella）编，李超等译《早期近代中国的契约与产权》，浙江大学出版社 2011 年版，第 96 页。

② 张玮：《战争·革命与乡村社会：晋西北租佃制度与借贷关系之研究（1937—1945）》，中国社会科学出版社 2008 年版，第 253—254 页。

契约文书的内容上"①，至 20 世纪 80 年代，中国和日本的学者开始反思这一研究方法。首先发难的是中国学者梁治平，他在《清代习惯法》一书中反对以西方法律术语生搬硬套于传统中国的土地研究。② 继梁氏之后，日本学者寺田浩明主张用传统中国民间固有的"业"这一概念阐释中国的土地交易。③ 李力在寺田氏基础上对"业"的内涵加以扩展，指出传统中国的"业"可以"被用来指称地权、田骨权、田皮权、永佃权、典权、股权、井权等一系列财产性权利，在观念上并不以对物的占有为核心，而以收益的权利为其基本内涵"④。吴向红着力将典置于"前所有权"语境下考察，基于以上原因，吴氏提出"正典理论"。⑤ 但无论是扩大"业"的内涵还是所谓的"正典理论"，都无法阐释典和其他交易形式的区别。在他们的解释框架内，典和其他交易方式都属于"业权"范畴，其结果是典和其他交易方式并无二致。虽然使用"业"的概念分析土地交易具有一定启发性，但这不仅无助于区分典和其他土地交易方式的异同，反而引起新的概念混乱。

五　本书对典的理解

通过上述的梳理可知，学界对典的解释或是存在缺漏，或是存在误解，那应当如何正确阐释典的基本概念呢？研究经济史，唯一根据是经过考证后的可信史料，再根据所研究问题的性质和史料的可能性，选择适宜的方法加以研究。⑥ 运用西方经济或法律理论解释中国土地交易未

---

　　① ［日］岸本美绪：《明清契约文书》，见王亚新、梁治平编《明清时期的民事审判与民间契约》，法律出版社 1998 年版，第 294 页。
　　② 梁治平：《清代习惯法》，广西师范大学出版社 2015 年版，第 89—90 页。该书最早由中国政法大学出版社于 1996 年出版，之后作者做过修订，修订版于 2015 年由广西师范大学出版社出版，本书参考的是新版。
　　③ ［日］寺田浩明：《权利与冤抑——清代听讼和民众的民事法秩序》，［日］寺田浩明著，王亚新等译：《权利与冤抑——寺田浩明中国法史论集》，清华大学出版社 2012 年版，第 218 页。
　　④ 李力：《清代民法语境中"业"的表达及其意义》，《历史研究》2005 年第 4 期。
　　⑤ 吴向红：《典之风俗与典之法律》，法律出版社 2009 年版。
　　⑥ 吴承明：《经济史：历史观与方法论》，《经济研究》2001 年第 3 期。

尝不可，曹树基和龙登高等人的解释存在不足，乃是因为他们忽视"一田二主"形态下的土地交易。相较而言，曹树基运用产权理论来解释中国土地交易形式的异同更为清晰明了，因之，笔者在曹氏基础上结合中国实际以阐释典的概念。

所谓中国实际，指的是"一田二主"这一特殊形态，因此要解释典，必须厘清典交易的标的物。在土地面底合一的情况下，典是在一定期限内将土地全部使用权益、收获权益（包括土地的收获权益或土地种植物的收获权益）和部分处置权益（转典、招佃或撤佃等）转让给承典人获得典价的行为。到期后出典人以原典价（绝大多数情况）将前述全部权益收回，无力回赎者可要求承典人增加典价，延长出典期限，或承典人将其在典期内获得的权益转让给他人（即转典），抑或将土地绝卖。既有的研究对此已有深入研究，兹不赘述。

本书着重阐释的是"一田二主"形态下的土地典交易。倘若出典的是田面且田面主为土地的实际耕种者，此情况下田面主转让的权益和田底合一之情况相同。若田面主将土地佃与他人耕种，那么此时出典田面是转让收小租的权益，不涉及土地的使用权益。若出典田底，田底主转让的是收大租的权益，不涉及土地的使用权益。因此，综合以上论述，土地典交易是指，出典人在约定期限内将土地的全部使用权益和收获权益（包括土地或土地上种植物的收获权益）及部分处置权，或将大租、小租（大租或小租的出让不涉及土地使用权益）转让给承典人，获得典价（贷款）的一种经济行为。期限到后出典人以原典价将前述全部权益赎回，或赎回收大租、收小租的权益。无力回赎者可通过增加典价的方式延长典期，或承典人将其在典期内获得的权益转让给第三者，抑或将土地绝卖，而将土地变卖已经不属于典交易范畴。

第二节 多样化土地交易方式：典与当、活卖、胎借的辨析

当和活卖是明清时期民间常见的土地交易方式，学者往往将它们与典混同，因此有必要辨析它们之间的异同。另外，源于福建地区的胎借虽属抵押借贷范畴，但其在传入台湾地区后衍生出其他形式，学界对此研究存在不足或误解，因此亦有必要对其展开进一步讨论并同典进行比较。通过辨析典和当、活卖及胎借的异同，不仅可以帮助我们理解典的性质和特色，也有助于我们了解其他土地交易方式，还有益于我们更进一步认识明清以来民间的土地交易方式多样化。

一 典和当的辨析

（一）当的含义及其与典的混用

当常常和典字连用，典当在古代中国的典籍时有出现，二者常被混用，由此造成后人对典和当的误解，认为二者含义相同，其实不然。许慎将当释为："田相值也。从田尚声。"① 段玉裁解释为："值者，持也，田与田相持也。引申之，凡相持相抵皆曰当。"② 即当有"相等""相当于"的含义。《广雅·释诂》言道："当，直也。"③ 《三国志·吴书·韦曜传》言韦曜不胜酒力，因此吴主孙浩在宴会时密赐他"茶荈以当酒"④，由此可知，当又引申为"当作"之意，即以某事物当作另一事物。其后，当字在隋唐时期衍生出"抵销""顶替"之义，如《隋

---

① （汉）许慎：《说文解字（附检字）》卷十三下，中华书局1963年影印本，第291页上。
② （清）段玉裁：《说文解字注》卷二十六，上海古籍出版社1981年版，第697页上下。
③ （魏）张缉撰，（清）王念孙著，钟宇讯点校：《广雅疏证》卷三上《释诂》，中华书局1983年版，第82页上。
④ （晋）陈寿撰，（宋）裴松之注：《三国志》卷六十五《吴书·韦曜传》，中华书局1959年版，第1462页。

书·刑法志》载南朝陈律时言及"五岁四岁刑，若有官，准当二年……其三岁刑，若有官，准当二年"①。隋代律法亦规定"以官当徒"，"犯私罪以官当徒者，五品已上，一官当徒二年；九品已上，一官当徒一年；当流者，三流同比徒三年"②。在此处，当明显有"抵销""顶替""代替"之意。唐宋法律均有"以官当徒"的规定，民间也常以当字表示"顶替""代替"之义。③

另外，当字很早开始就用以表示抵押。当的对象可以是人，也可以是物品。《左传·哀公八年》载："以王子姑曹当之，而后止。"④ 杜预注释说："复求吴王之子以交质。"⑤ 此处之当意为提供人质。需要特别指出的是，唐宋时期当字的这一用法还远不如"抵销""顶替""代替"等用法之普遍。唐及北宋时期习惯以典或质表示抵押，当字还很少和典、质混用。南宋的立法开始混用质、当。元代民间则将"当"作为"质""典"等作为担保、质押的替用字。⑥

因"当"和"质"混用，导致容易和"质"混用的"典"亦逐渐和"当"开始混用。典和当的混用最明显体现在传统中国社会的典当业。典和当最早连用始于《后汉书》，据载："虞所赍赏典当胡夷，瓒数抄夺之。"⑦ 清人郝懿行在解释典当时言道："俗以衣物质钱谓之当，盖自东汉已然。"⑧

---

① （唐）魏征等：《隋书》卷二十五《刑法志》，中华书局 1973 年版，第 703 页。
② （唐）魏征等：《隋书》卷二十五《刑法志》，中华书局 1973 年版，第 711 页。
③ 郭建：《典权制度源流考》，社会科学文献出版社 2009 年版，第 29 页。
④ （清）阮元校刻：《十三经注疏·左传》卷五十八，中华书局 1980 年影印本，第 2164 页下。
⑤ （清）阮元校刻：《十三经注疏·左传》卷五十八，中华书局 1980 年影印本，第 2164 页下。
⑥ 郭建：《典权制度源流考》，社会科学文献出版社 2009 年版，第 29—30 页。
⑦ （宋）范晔撰、（唐）李贤等注：《后汉书》卷七十三《刘虞传》，中华书局 1965 年版，第 2356 页。笔者按：曲彦斌在其专著《中国典当史》中引此条资料后说，唐代李贤随文注云：当，音丁浪反，亦谓之为典（见曲彦斌《中国典当史》，上海文艺出版社 1993 年版，第 21 页）。对于李贤的注，笔者查阅中华书局版的《后汉书》并没有发现李贤的注中有"亦谓之为典"五字，不知作者所据为何。而后许多论者亦有和曲彦斌相同的表述，如赵晓耕、刘涛《论典》，《法学家》2004 年第 4 期，等等。
⑧ （清）郝懿行：《证俗文》卷六《典当》，《续修四库全书》，上海古籍出版社 2002 年版，第 192 册，第 503 页下。

郝氏乃是依据《后汉书》之记载，他只释"当"义而未言"典"，原因在于二者为同义语素。虽然《后汉书》中典当二字连用，但是并不能说明典当业在东汉已经形成，典当业起源于南北朝时期佛教的"质库"，① 是为抵押借贷的一种，所以典当铺其实只能称之为当铺，当用作当铺时只有抵押之义。这种典当不分的情况，不仅知识分子没有区分，民间亦如此，这就直接造成土地等交易中的典和当的混用。

（二）土地交易契约中的典和当

就清水江下游地区土地交易而言，存在典和当混用的情况，试举天柱县的二纸契约文书加以说明。

　　立典契人潘赞成，今因家下要银使用，无从得处，父子兄弟商议，情愿将到水田土名下元田，大小陆坵，计禾贰拾伍稝，欲行出典，无人承就，自己请中问到龙祖成名下承典。凭中议定典价纹银拾捌两整，其银赞成亲领入手用度，其田祖成耕种收花为利。在后备得原价上门赎收，不得短少分厘。今人不古，立此典契存照。②

　　立帖当田山各色木枝禁林等项人补元祖，今因要钱无凑。请中在内，自愿将先年得当胥应恺、应其、应魁兄弟，出当土名干田冲大田右边壹大截，并基地禾地；并基地外之田一并在内；又并右边坎上二塔口井水田壹坵；又并左边坎上旁口田右边壹小涧；又坎口

　　① 杨肇遇：《中国典当业》，商务印书馆 1929 年版；宓公干：《典当论》，商务印书馆 1936 年版，第 2 页。另外有学者认为出自南朝"长生库"，这一观点并不正确，据王文书的研究，"长生库"这一称谓最早出现在陆九渊给邓文范的一封信中，他说："近忽有劫盗九人，劫南境村中软堰寺长生库，迟明为烟火队所捕。"陆游在《老学庵笔记》中说的更为清楚："今僧寺辄作库质钱取利，谓之长生库，至为鄙恶。"见王文书《宋代借贷业研究》，河北大学出版社 2014 年版，第 219 页。
　　② 《乾隆七年十一月二十五日潘赞成典田契》，张新民主编：《天柱文书》，第 1 辑，江苏人民出版社 2014 年版，第 4 册，第 120 页。

中腰田壹坵；又坎上榜头田壹坵；又左边堘上台田壹坵；又并上下左右应恺兄弟面分山场；并不存留并转帖与香运洪名下爱理；当日凭中议作时值，当价扣贰青红钱贰拾六仟文正。其钱亲手领足，领不另立，并不准短少。田山自当日为始，任凭钱主耕理，帖当人不得异言阻挡，在后恐口原主亲房人等近前赎取，价仍以旧不得增减。今欲有凭，立帖当子（字）一纸为据。①

据上引契约文书可知，潘赞成将名下"下元田，大小陆坵，计禾贰拾伍稿"典与龙祖成，其田交由龙祖成"耕种收花为利"；补元祖将先年得当胥应恺兄弟三人的"土名干田冲大田右边壹大截，并基地禾地"等当与香运洪名下为业，并约定"田山自当日为始，任凭钱主耕理"。在上述交易中，无论是出典人和出当人都将标的物交由承典人或承当人耕管。此种情况又如民国二十二年（1933）蒋景田将"老鼓皮水田乙连三坵，计谷拾运"当与蒋景耀名下为业；② 民国三十二年（1943）蒋景落将"地名割水口水田，一连三坵，收花贰拾箩"当与田宗明为业；③ 据此可知，天柱县民间将典和当混用，但二者意义相同，都为典之义，亦即上引当契实为典契。天柱县的情况如此，锦屏县则不同，当为抵押之意，如下纸文书所示：

立当字人本寨姜廷华，为因家中［缺少］用度，自己上门问到姜之摸名下实借钱本银二两正，亲手领回。自愿将到杉木坐落地名冉石丹又一团、皆反从后二团，作当是实。其银照月加三行利。

---

① 《同治十三年三月十六日补元祖当田山各色木枝禁林等项字》，张新民主编：《天柱文书》，第1辑，江苏人民出版社2014年版，第18册，第239页。

② 《民国二十二年四月十六日蒋景田当田契》，张新民主编：《天柱文书》，第1辑，江苏人民出版社2014年版，第8册，第44页。

③ 《民国三十二年十月十二日蒋景落当田字》，张新民主编：《天柱文书》，第1辑，江苏人民出版社2014年版，第1册，第97页。

恐后无凭，立此当字为据。

　　姜开科笔

　　嘉庆二十一年十二月二十三日　　立①

　　姜廷华因缺少银钱，以"杉木坐落地名冉石丹又一团；皆反从后二团"作当，向姜之摸借钱二两，可知文书中当字应作抵押之意解，它和典的区别在于典交易的标的物需要交由承典人耕管，而当交易的标的物依旧为出当人耕管并向承当人交纳一定的利息，在出当人无法偿还本金之时交付承当人耕管为业。

　　对于土地交易中典和当是否有区别，有学者展开争论。郑力民以徽州的契约文书为例，言其"所见典当契中，也有部分契种名不副实，但细加甄别，却都是错典为当，而决不错当为典"②，乾隆二十四年（1759）之前出现这种情况的原因是为规避契税，因为按照作者的观点，此前当契无需缴纳契税，典契则需要。他又指出"在此之后，虽仍有错典为当的，但肯定已不再是为逃税，如究其原委，看来是为错已久，遂相沿成习，以至专用当而不立典，从而还造成典、当不分的假象，给后人留下了一道难题"③。针对郑氏观点，吴秉坤提出不同的看法，后者根据黄山学院徽州文化资料中心收藏的文书指出，明代至民国时期的徽州地区存在"错当为典"情况，即便在乾隆二十四年之前亦存在"错典为当"的契约，且这些契约都缴纳过契税。④ 此外，吴氏将典当交错运用的原因归结为"不是为逃避税收，而是因为'典'、'当'意义相通，皆是'典当'的省略之称，二者是可以互

---

①　《姜廷华当杉木字（嘉庆二十一年十二月二十三日）》，张应强、王宗勋主编：《清水江文书》，第1辑，广西师范大学出版社2007年版，第7册，第183页。
②　郑力民：《明清徽州土地典当蠡测》，《中国史研究》1991年第3期。
③　郑力民：《明清徽州土地典当蠡测》，《中国史研究》1991年第3期。
④　吴秉坤：《清至民国徽州田宅典当契约探析——兼与郑力民先生商榷》，《中国经济史研究》2009年第1期。

换、连用和混用的"①。笔者在前文业已解释当的含义，用于土地等物时具有"抵押"之义，典在意义上更接近卖，民间典当交错运用并非"典当"省略之故，而是长期以来对典和当二词含义的误解，民间由此混用典和当并形成习惯。需要注意的是，并非所有地区都典当不分，如前述锦屏县对典和当有明确区分。因此，"错典为当"是将典误认为当，实际为当交易；"错当为典"是将当误解为典，实际上是典交易。

另外，郑力民还指出典和当存在以下五种区别：第一，典不行息，当则偿利；第二，典价与产业相关，当价与利租作比；第三，典需要立回赎年限，当则不需要；第四，典契不行加价，只行找价，当契虽然都可以，但实际上只行加价，不行找价；第五，就信用而言，典契毋须立假言条件句，而当则必以立之。对于第一点，其实典也需要交纳利息，假如标的物为土地，那么土地的收益（包括地租）相当于利息，故而有典交易契约中常常出现"耕种收花抵利"的字眼。对于第三点，当也存在约定回赎年限，如嘉庆八年（1803）二月，鲍乐臣将"地化字九百八十六号"出当与正桂名下为业，约定"十二年之外原价取赎，十二年之内不准取赎"②；又如嘉庆二十一年（1816）八月胡圣钦将"己业化字四千二百六十二号"出当给本都许名下为业，言定"其田以十二年为期，期外原价取赎"，又注明"二十三年三月得受找价钱九两"③，则又说明郑氏所言第四点区别不成立。

或许典和当存在郑氏所言的第二和第五点区别，但是这并非典和

① 吴秉坤：《清至民国徽州田宅典当契约探析——兼与郑力民先生商榷》，《中国经济史研究》2009 年第 1 期。

② 《歙县鲍乐臣当地契》，安徽省博物馆编：《明清徽州社会经济资料丛编》（第一集），中国社会科学出版社 1988 年版，第 408 页。

③ 《歙县胡圣钦当地契》，安徽省博物馆编：《明清徽州社会经济资料丛编》（第一集），中国社会科学出版社 1988 年版，第 409—410 页。

当的本质区别。二者本质区别何在呢？土地作为标的物有三种情况，即田面底合一、田底和田面，其中田面又可分为自己耕种和他人耕种两种，以下便按照土地标的物的三大类型对典和当的不同展开区分，具体参见下表 2 - 1。

表 2 - 1　　　　　　　　　　　　典和当的辨析

土地形态		交易方式	使用权益	处置权益	收获权益	
					钱息	谷息
田底合一		典	全部转让	部分转让		全部转让
		当	不转让	部分转让	不转让	全部或部分转让
田面	自己耕种	典	全部转让	部分转让		全部转让
		当	不转让	部分转让	不转让	全部或部分转让
	他人耕种	典	无	部分转让		转让全部小租
		当	无	部分转让	不转让	全部或部分转让小租
田底		典	无	部分转让		转让全部大租
		当	无	部分转让	不转让	全部或部分转让大租

说明：（1）转让意为出典者或者出当者将权益转让给承典者或承当者。（2）"无"代表出典者或出当者本身就不具有该项权益。（3）"大租"和"小租"：田面主将土地交由他人耕种，向佃农收取小租，向田底主交大租。为更清晰表明转让的具体权益，因此使用大租和小租概念。

另外需要再次申明的是，如果是向当铺借贷，同样要将标的物交付与当铺，但是当铺无权使用标的物，只有在出当人无法赎回标的物（即所谓"死当"）时，当铺才有权处置标的物。由此可知，土地典交易和当交易及当铺当交易三者之间的区别便显而易见。

二　典和活卖的辨析

活卖是明清时期一种比较特殊的土地交易方式，它介于卖（绝卖）和典之间，活卖产生的原因或许与土地交易时间和推收过割二者在时间上的脱节有关。① 典和活卖被混同，主要因为典籍之中经常出现"典卖"连用的情况，且二者都可回赎。另外，有些契约的书写使得"活卖和典当的界限不清"②，很多学者由此认为典和活卖是同一种交易形态。③ 典和绝卖的区别非常明显，明代刑部官员应槚就指出："盖以田宅质人而取其财产曰典，以田宅与人而易其财曰卖，典可赎而卖不可赎也。"④ 乾隆皇帝于雍正十三年（1735）的谕旨⑤中也有区分："活契典业者，乃民间一时借贷银钱，原不在买卖纳税之例，嗣后听其自便，不必投契用印，收取税银。"⑥ 因此本书不再区别典和绝卖，但需要引起学界注意的是，无论是典或是绝卖，应考虑"一田二主"这种特殊的土地形态。

（一）明清政府对活卖的认识

活卖——特别是活卖随带的找价和回赎问题——从其出现开始就引起诸多社会纠纷和矛盾，明清两朝政府都对此十分重视，制定相关律例试图解决找价回赎引起的纠纷。成化五年（1469）十月兵科给事中官荣奏折中提及民间存在"将田产绝卖与人，已得实价，过割年远，又行告赎"的现象，⑦ 官荣所言"绝卖"可能为活卖，也可能是要求回赎绝卖的土地，但无论是何种情况，这表明当时民间已经存在土地活卖现

① 杨国桢：《明清土地契约文书研究》（修订版），中国人民大学出版社 2009 年版，第 20 页。

② 章有义：《清代鸦片战争前徽州土地制度——从休宁朱姓置产薄所见》，载氏著《明清徽州土地关系研究》，中国社会科学出版社 1984 年版，第 77 页注释①。

③ 如孔庆明、陈志英、郭建、李力和曹树基等人均认为典就是活卖，分别参见孔庆明、胡留元、孙季平编著《中国民法史》，吉林人民出版社 1996 年版，第 259、639 页；陈志英《宋代物权关系研究》，河北大学历史学博士论文，2006 年，第 66 页；郭建《典权制度源流考》，社会科学文献出版社 2009 年版，第 148 页；李力《清代民间土地契约对于典的表达及其意义》，《金陵法律评论》2006 年第 1 期；曹树基《传统中国乡村地权变动的一般理论》，《学术月刊》2012 年第 12 期。

④ （明）应槚：《大明律释义》卷五《田宅》，《续修四库全书》，上海古籍出版社 2002 年版，第 863 册，第 59 页。

⑤ 雍正皇帝于是年八月二十日即西历 1735 年 10 月 8 日去世。

⑥ 中国第一历史档案馆编：《雍正朝汉文谕旨》第 2 册，广西师范大学出版社 1999 年版，第 387 页。

⑦ 《皇明条法事类纂》卷一二《已分产不许告争卖绝田地不许告赎有辱骂捏告勘问官者照刁徒处置例》，载刘海年、杨一凡主编《中国珍稀法律典籍集成》，乙编，科学出版社 1994 年版，第 4 册，第 515 页。

象。之后明廷依据官荣的建议于弘治十三年（1500）制定法规："告争家财田产，但系五年之上，并虽未及五年，验有亲族写立分书已定、出卖文约是实者，断令照管业，不许重分、再赎，告词立案不行。"[①] 但该法规太过简略，特别是没有对"五年"时限给出具体解释，地方官员对此理解有所不同，处理结果亦不同，而且官员也多不依据此条律文断案。[②] 入清后，清政府于雍正八年（1730）制定如下定例：

> 卖产立有绝卖文契，并未注有找贴字样者，概不准贴赎。如契未载绝卖字样，或注定年限回赎者，并听回赎。若卖主无力回赎，许凭中公估找贴一次，另立绝卖契纸。若买主不愿找贴，听其别卖，归还原价。倘已经卖绝，契载确凿，复行告找告赎，及执产动归原先尽亲邻之说，借端挟勒，希图短价，并典限未满，而业主强赎者，俱照不应重律治罪。[③]

从明代及雍正八年定例的律文来看，无论是统治者或是官员，他们都还未曾意识到，找价回赎纠纷是由活卖引起，没有解决活卖问题，一味对找价回赎与否加以规范，无异于缘木求鱼，难以达到预期目标。乾隆九年（1744）户部官员在议覆湖北巡抚晏斯盛的奏折时说道："嗣后如系卖契，又经年远，即无杜绝等项字样，总属卖断之产。"[④] 似乎对活卖和绝卖有朦胧的区分意识，可惜没有进一步说明。乾隆十八年

---

① 《问刑条例（弘治十三年）》，载刘海年、杨一凡主编《中国珍稀法律典籍集成》，乙编，科学出版社1994年版，第2册，第229页。

② 关于这点日本学者已有详细而深入的研究，具体参见岸本美绪《明清時代における「找価回贖」問題》，《中国：社会と文化》12号，1997年6月。

③ （清）姚雨芗原纂，胡仰山增辑：《大清律例会通新纂》卷八《户律·典买田宅》，同治十二年刊本，第27—28页。按：此为嘉庆六年修改后定例，原例无"并典限未满，而业主强赎者"等语，见（清）吴坤修等编撰《大清律例根原》卷二八，上海辞书出版社2012年版，第443、445页。

④ （清）薛允升：《唐明清三律汇编》，载杨一凡、田涛《中国珍稀法律典籍续编》，第8册，黑龙江人民出版社2002年版，第181页。

（1753），清政府在浙江按察使同德的奏请下，制定被称为乾隆十八年定例的律例，其文如下：

> 嗣后民间置买产业，如系典契，务于契内注明回赎字样。如系卖契，亦于契内注明绝卖、永不回赎字样。其自乾隆十八年定例以前，典卖契载不明之产，如在三十年以内契无绝卖字样者，听其照例分别找赎。若远在三十年以外，契内虽无绝卖字样，但未注明回赎者，即以绝产论，概不许找赎。如有混行争告者，均照不应重律治罪。①

根据上引律文可知，此时清政府应该是对解决活卖才能解决找价回赎引起社会纠纷的逻辑有比较清晰的认识，所以律文规定乾隆十八年定例之后进行的土地交易有典和绝卖之分，正式否定"活卖"这一交易方式的合法性。而从律文对典的表述来看，制定律文的官员应该是认为典和活卖有区别，所以要求典契必须注明回赎年限，换言之，注明回赎年限的土地交易便是典交易，回赎年限和典交易是充分必要条件关系。乾隆十八年定例虽然对典和活卖的区别有所认识，但是比较笼统，那么典和活卖有哪些具体的区别呢？

（二）典和活卖的区别

由于传统中国社会的土地存在"一田二主"形态，在这一形态之下，土地的田面、田底都可以作为典交易的标的物。以下先论述土地田面合一情况下典和活卖的区别，田面、田底分离情况下典和活卖的区别可同理推导。

前文论及，典是在一定期限内将土地的使用权益、收获权益及部分处置权益转让给他人，土地仍归出典人所有，其属"民间一时借贷银

---

① （清）姚雨芎原纂，胡仰山增辑：《大清律例会通新纂》卷八《户律·典买田宅》，同治十二年刊本，第29页。

钱"的债务关系。① 活卖不仅将土地的使用权益、收获权益及处置权益转让与买主，且土地的所有者也发生转移，即土地为买主所有。这是典和活卖最根本的区别。典和活卖虽然都可以回赎，但典回赎在土地所有者为发生改变之前便已发生，活卖则是在土地所有者改变之后进行。② 典回赎是典交易重要环节之一，只要出典者有能力回赎便受到法律保护，清律规定出典的标的物"年限已满，业主备价取赎，若典主托故不肯放赎者，笞四十，限外递年所得花利追还给主，依价取赎。业主无力取赎者，不拘此律"③。活卖的回赎则是另一种交易，回赎后土地所有者再次发生改变。

契税方面，清初典交易需要缴纳契税，税率为典价的 3%，乾隆二十四年（1759），清政府正式在全国范围内取消契税，光绪末年，部分省份又开始征收典交易契税，各省税率不一。宣统元年（1909），清廷在湖广总督陈夔龙的奏请下，于是年十月再次在全国范围内征收典契契税，税率为 6%。④ 活卖的契税则同卖一样，在宣统元年其税率为 9%，此前则为 6%。这是典和活卖的又一区别。

无论是典抑或是活卖，在交易进行之后都可以找价，典一般称为加典或续典，加典一般是延长典期，活卖一般称为找价。典在加典后，土地所有者依然未发生改变。活卖的找价则是在土地所有者发生改变后进行。有学者认为活卖变为卖，其本质未发生改变，所以用加价，典变为卖后其性质发生改变则只用找价，⑤ 笔者以为这一结论是作者对民间找价的情况不甚了解所造成，各地对加找的称

　　① 中国第一历史档案馆编：《雍正朝汉文谕旨》，第 2 册，广西师范大学出版社 1999 年版，第 387 页。

　　② 龙登高：《地权市场与资源配置》，福建人民出版社 2012 年版，第 73 页。

　　③ （清）姚雨芗原纂，胡仰山增辑：《大清律例会通新纂》卷八《户律·典买田宅》，同治十二年刊本，第 25 页。

　　④ 谢开键：《读〈地权市场与资源配置〉二札》，《中国经济史研究》2017 年第 3 期。

　　⑤ 郑力民：《明清徽州土地典当蠡测》，《中国史研究》1991 年第 3 期。

呼很多，仅福建地区就有数十种之多，[①] 仅凭称呼很难推定是典或是活卖。

另外，刘高勇从赋税交割方面区分典和活卖，即活卖需要交割赋税，典不需要。[②] 吴秉坤则认为存在"钱粮赋税从出典人户内推入受典人户内，由受典人承担；钱粮赋税不需推割，由出典人自己承担；钱粮赋税不需推割，但由受典人每年贴钱与出典人，由出典人代为交纳赋税；钱粮赋税不需推割，但典价内已经包含一笔经费，这笔经费的利息收益就是用来交纳钱粮赋税"等四种情况[③]，据此知刘氏的观点并不准确。又龙登高从典和活卖交易的出售方和承接方区分二者区别，即称典的出售方为业主、出典人，承接方为钱主、典权人、典主；活卖的出售方为卖方，承接方为买主。[④] 在土地买卖时，称买主为钱主或银主的情况十分常见，试举几例加以说明：称买主为钱主者如光绪二十五年（1899）魏发明、魏爱明将名下之田卖与陈世亮时便说到"其田任从钱主子孙永远管业"；[⑤] 民国三十三年（1944）陈代乡卖田时亦称"其田卖与钱主子孙永远耕管为业"；[⑥] 称买主为银主者如道光三年（1823）杨玉清卖茶园地契中载"其地在于银主耕管为业"；[⑦] 同治十二年

---

① 笔者根据《明清福建经济契约文书选辑》所收录的找价契约统计，仅福建地区（多为闽北地区）对找价的称呼便有"尽契、追价契、尽断契、添契、凑契、撮契、断契、贴契、凑断契、加典契、洗契、找契、找贴契、扎契、增契、洗断契、尽洗贴契、尽断贴契、加增尽契、洗尽契、凑尽契、断尽契、缴断尽契、找断根契、凑统断契、绝洗断契、凑根字、添断推关插花契、缴尽田根契"等二十九种之多，见福建师范大学历史系编《明清福建经济契约文书选辑》，人民出版社1997年版，第216—365页。

② 刘高勇：《论清代田宅"活卖"契约的性质》，《比较法研究》2008年第6期。

③ 吴秉坤：《再论"活卖"与"典"的关系》，《黄山学院学报》2012年第1期。

④ 龙登高：《地权市场与资源配置》，福建人民出版社2012年版，第75页。

⑤ 《光绪二十五年十一月十六日魏发明、魏爱明卖田契》，张新民主编：《天柱文书》，第1辑，江苏人民出版社2014年版，第1册，第19页。

⑥ 《民国三十三年十一月十三日陈代乡卖田契（附：陈代卿除帖领田价字）》，张新民主编：《天柱文书》，第1辑，江苏人民出版社2014年版，第1册，第25页。

⑦ 《道光三年十月四日杨玉清卖茶园地契》，张新民主编：《天柱文书》，第1辑，江苏人民出版社2014年版，第3册，第147页。

（1873）周长春卖水田契中载"其田卖与银主子孙耕管为业"；① 因此，仅从交易双方的称呼上无法区别典和活卖。

以上是土地面底合一情况下典和活卖的区别，田面和田底分离的情况可以根据上述逻辑推导（见表2－2），但需要指出的是，田面和田底分别买卖，不为清政府所认可，② 所以在田面和田底分别进行的典和活卖就不存在是否需要缴纳契税的问题。

表2－2　　　　　　　　　　　**典和活卖的辨析**

土地形态		交易方式	使用权益	处置权益	收获权益	土地所有者	契税
田底合一		典	全部转让	部分转让	全部转让	不变	1759年停征，1909年重征
		活卖	全部转让	部分转让	全部转让	改变	有
田面	自己耕种	典	全部转让	部分转让	全部转让	不变	不合法
		活卖	全部转让	部分转让	全部转让	不变	不合法
	他人耕种	典	无	部分转让	转让全部小租	不变	不合法
		活卖	无	部分转让	转让全部小租	不变	不合法
田底		典	无	部分转让	转让全部大租	不变	1759年停征，1909年重征
		活卖	无	部分转让	转让全部大租	改变	有

说明：1759年为乾隆二十四年，1909为宣统元年。

据上表可知，土地的田面典和活卖交易在各项权益的转让上没有什么区别，从这点来看，典和活卖确实等同。典交易多是在典期内转让田面及其包含的各项权益，这应当是造成学者将典视为活卖的根源所在。

---

① 《同治十二年三月六日周长春卖水田契》，张新民主编：《天柱文书》，第1辑，江苏人民出版社2014年版，第1册，第30页。

② [日] 仁井田陞著，姚荣涛译：《明清时代的一田两主习惯及其成立》，刘文俊主编：《日本学者研究中国史论著选译》第8卷《法律制度》，中华书局1993年版，第410、419—420、432—433页。

三 典和胎借的辨析

胎借是明清时期源于福建地区以土地或房屋为抵押物的一种借贷形式，在清代"开发台湾的高潮中，闽南移民把这种借贷形式带到台湾"①。关于胎借的含义，清末民初的调查报告中有所涉及，据漳平县（今为福建漳平市）邓知事报告称："漳平以不动产向人押款，谓之'胎借'。其产仍由原主管理，其款须如约计息，到期如不能清偿，债权人得扣留所胎之产。"② 另外据福清县（今为福建福清市）邓承审员报告知："福清民间订借银款时，恒约明利率、偿期，将田园或屋宇作抵，写立'胎'字为凭，届期，债务人如不偿还，债权人得将所胎物产召回管业，以抵本息，但债务人有款时仍可随时取赎，名曰'胎借'。"③ 台湾早期调查报告对胎借则有如下解释：

> 台湾的惯例，胎或胎借是出胎人对承胎人交付某种物体作为信凭，借用金钱之谓。"胎"字除熟用为孕胎、怀胎、胚胎、胎生、胎教、胎儿等外，并无其他意义。未知自何时起以"胎"称金钱贷借关系，台湾初见于乾隆时期，此后未见律例及省例等认定胎借的法律关系，可谓一任民间发达的制度。又对"胎"的意义有两种见解，一是"后人以'胎'字有母子之义，而为借母生子之附会乎"，即贷与母银时生出子利。一是"胎借必有物在其中，若怀胎然"，即贷借金钱时必有作为信凭之物，犹如怀胎。台湾通常称普通的贷借为信借，有信凭的贷借为胎借，后说的意义较为适合台湾的惯例。④

---

① 周翔鹤：《清代台湾民间抵押借贷研究》，《中国社会经济史研究》1993 年第 2 期。
② 前南京国民政府司法行政部编，胡旭晟、夏新华、李交发点校：《民事习惯调查报告录》，上册，中国政法大学出版社 2000 年版，第 315 页。
③ 前南京国民政府司法行政部编，胡旭晟、夏新华、李交发点校：《民事习惯调查报告录》，上册，中国政法大学出版社 2000 年版，第 321 页。
④ 陈金田译：《临时台湾旧惯调查会第一部调查第三回报告书——台湾私法》（第一卷），台湾省文献委员会 1990 年版，第 367 页。

据上引史料可知，无论是在福建还是台湾地区，"胎"乃是借贷时的抵押物，即担保物，它可以是田宅，也可以是山地、林园。这些抵押物在出胎人不能偿还借款时，便归债权人所有，此如下份文书所示：

> 立胎契人林辟，自置有厝一间，址在本社内，厝左边盖黄土角，左右与自己兄弟厝基为界。今因缺银生理，自情愿将厝壹间，托中送就与咤叔为胎，借出清水佛面银①拾大员，约利息长年加贰行，限来年备母利银一足送还，不得少欠。如欠，取出文契一纸，将厝付与银主掌管，不敢阻当（挡）。此系自置之业，与兄弟及别人无干，并无来历不明等情。如有，胎主自当，不干银主之事。此系二比甘愿，各无反悔。恐口无凭，立胎契一纸，付执为照。
>
> 并上手尾契一纸，付执为照。
>
> 即收过契内银完足，再照。
>
> 为中人林光嫌押
>
> 嘉庆五年庚申七月　日　　　　　立胎契人林辟押②

据上引文书可知，嘉庆五年（1800）林辟因缺少经营生意的本钱，以自置之厝③一间为胎，向咤叔借出"清水佛面银拾大员"，约定年利率为20%，次年归还本息。如果不能按时归还，房屋则交由咤叔掌管。这是胎为房屋的情况，如果胎为田地，出胎人不能按时归还本息，则将田地交给债务人，由此可知，这种胎借形式和其他地区常见的抵押借贷相同，只是称呼不同而已。

---

① 所谓"佛面银"，曾被称为"鬼面""番面"，后被称为"佛头"，是指印有西班牙国王头像的西班牙银元，具体可参见林满红《两千年间的"佛"与"国"：传统中国对西方货币领袖头像的认知》，《中国经济史研究》2018 年第 2 期。

② 《林辟立胎契》，载《闽南契约文书综录》，《中国社会经济史研究》1990 年增刊，第 126 页。

③ 方言，在闽南语中意为房屋。

胎借在传到台湾地区之后，衍生出新的形态，据《临时台湾旧惯调查会第一部调查第三回报告书》称，台湾地区的胎借主要有以下几种形式：

（一）对佃胎借由当事人、胎物体的不动产佃耕人或瞨（笔者按：租佃之意）厝人合议成立，承胎人得向不动产佃耕人或瞨厝人收取相当于利息的租谷或租银，此种胎借又称汇租。因为普通胎借的承胎人仅占有不动产字据，对不动产的收益并无直接权利，但是对佃胎借较为安全可靠，北部地区有甚多人采用此种方法。

（二）约定起耕胎借时，承胎人不仅占有不动产字据，亦得占有、使用、收益胎物体的不动产及更换佃人或瞨厝人，并以收益充为利息，但超过利息额的收益要还给出胎人。此种胎借的性质与典相同，仅约定计息及超过利息额的收益要还给出胎人不同而已。日据初期采用此种方法之人逐渐增加，尤以宜兰地区为然。①

根据上述报告可知，台湾地区实际上存在三种胎借方式：

一是普通的胎借，即和前述福建地区的胎借一样，出胎人以田或房屋为抵押物向他人借款，交纳利息。此类胎借和抵押无异，因此普通胎借和典的区别可参见前述典和当之区别，兹不赘述。

二是对佃胎借，亦即汇租。对佃胎借的承胎人可直接向租佃人收取租谷或租银，因此出胎人无法支付利息的风险亦随之减小，其较普通胎借更为安全可靠，故而该类型胎借在台湾北部地区比较流行。此类胎借如下引文书所示：

---

① 陈金田译：《临时台湾旧惯调查会第一部调查第三回报告书——台湾私法》（第一卷），台湾省文献委员会 1990 年版，第 368 页。

　　立对佃胎借银字人黄阿番、黄阿顺，缘因番承祖遗下向社番给有青山垦批，址在九芎林中坑庄，开辟成田后，因番之叔父黄志宽与潘默林争较大租，互控在案。费用不敷，乏银应用，宽将此大租出卖与陈唐宝，番招得族叔黄阿顺贰人津银赎回。兹因贰人乏银应用，将此社番垦批为胎托中向得赐福尝经理人林德胜、许壬贵、杨庆云、包来春四人手内，胎借出赐福尝内佛银壹佰柒拾大员正。其银色现即日经中交番、顺贰人亲收足讫。当日凭中面言议，定每元银周年愿贴银利早榖壹斗贰升，计共该贴利榖贰拾石零肆斗。至早季收成即对中坑庄众佃大租量清，不得湿（？）有抵塞，亦不得少欠升合。其利银谷果量清款，仍剩有大租谷加减转交番、顺贰人收回，倘若银利不清，仍向番、顺贰人支理清楚。

　　（中略）

　　光绪八年壬年岁十一月　　日　　立胎借银字人黄阿番、黄阿顺①

　　黄阿番、黄阿顺因"乏银应用"，以"承祖遗下向社番给有青山垦批"为胎，向林德胜等四人借佛银170元，每元每年交纳谷利1.2斗，共计20.4石。谷息则直接由债权人向佃农收取，假若大租有余则交由债务人。从文书的表述可知，对佃胎借方式并不是在"一田二主"的形态下进行，所以只需比较田面田底合一情况下的典和对佃胎借的区别即可。对佃胎借的债权人并不将土地的使用、处置等权益转让给债务人，其只是以土地的大租作为偿还利息，且大租收入多于利息时，债务人可将多余部分留为己有，即转让部分的收获权益。典则需要转让使用权益、部分土地处置权益和全部的收获权益。

　　三是起耕胎借，这种胎借方式，债权人可以对抵押物进行管业，可以更换佃人和瞨厝人，同时以抵押物产生的收益作为利息，但如果所得

---

　　①　台湾大学，《台湾历史数字图书馆》，档名：〈cca100003-od-bk_ isbn9576711436_ l2071_ 1000-0004-u. xml〉。

收益超过需要支付的利息，债权人需将溢出部分退与出胎人。下份文书便是起耕胎借：

> 立起耕尽租胎借银字人谢天送，缘先年有承祖父遗拨阄分内应得水田埔地壹处，坐落土名桃涧保洽路屋庄，其田址屋前陂仔脚份，东至坎面圳路透下至赖家毗连为界，西至河坎为界，南至谢顺田墈毗连直透为界，北至罗家屋边车路前为界，四至界址面踏分明，中央并无他人混杂……今因乏银应用，母子相商，情愿将此阄份内应得水田、物业一暨尽行与人胎借，先问房亲人等不欲承受，外托中向与谢霖雨手内借出佛银壹佰贰拾大元正。其银即日经中交送母子亲收足讫，随即立胎借契据，两相交收明白。其水田、物业、屋宇壹应在内，全中踏分界址，交付银主前去掌管、收租抵利纳课。……其银叁年为限，自壬辰年冬冬起至乙未年冬至止，限满之日，银到字还，务宜八月中先送定银式拾大元；倘若至期无可还，仍照原字而行诏，送不得习难。此系二比甘愿，各无反悔，恐口无凭，立起耕尽租胎借银字壹纸，又带上手合约分股字壹纸，又带结租单壹纸，又带拨租单壹纸，又带老阄分壹纸、又红单壹纸，共陆纸，付执为照。
>
> （中略）
>
> 光绪拾捌年十壹月　日立起耕尽租胎借银字人谢天送①

谢天送因"乏银应用"，以"祖父遗拨阄分内应得水田埔地壹处"为胎，向谢霖雨借洋银 120 元，双方约定水田等物交由银主"掌管、收租抵利"，多余的谷息要退还给债务人，所以债权人拥有胎借土地的全部使用权益、部分处置权益和部分收获权益。正如调查者所说的那样，

---

① 台湾大学，《台湾历史数字图书馆》，档名：〈cca100100-od-002590702-001-n.txt〉。

这种胎借方式和典非常相近，但并不完全相同，除了约定计息及超过利息额的收益要还给出胎人不同之外，典交易中的承典人不能随意更换佃农，但起耕胎借可以。

综合以上三种胎借方式，笔者将它们和典之间的区别制成下表。

表2-3　　　典和普通胎借、对佃胎借及起耕胎借的辨析

	土地使用权益	土地处置权益	土地收获权益	是否可以随意更换佃农
典	全部转让	部分转让	全部转让	否
普通胎借	不转让	不转让	不转让	否
对佃胎借	不转让	不转让	部分转让	否
起耕胎借	全部转让	部分转让	部分转让	是

另外需要指出的是，对于胎借在台湾地区发生的变化，即衍生的对佃胎借和起耕胎借，杨柳认为只是"利息的支付方式、土地占有转移的时间、回赎期限以及所交易的财产权的性质"等方面有新变化。[1] 然其所谓利息的支付方式变化是福建地区的胎借仅以现金作为利息的观点并不正确，《闽南契约文书综录》就收入大量以谷息作为利息的胎借契约文书。[2] 至于回赎期限，假若普通胎借的债务人能够按时还款，无需回赎。另外，依据杨氏的表述，笔者以为其所谓回赎期限应当是指还款期限，福建地区胎借的还款期限有长达五年者，[3] 更有"不限年月"，[4] 不知杨氏据何所得福建地区胎借的回赎期限为"半年到一年"。此外，龙登高认为胎借是"以土地为胎，订立契约借贷银钱，即以地权为抵

---

① 杨柳：《市场、法律与地方习惯：清代台湾的胎借》，《中外法学》2009 年第 3 期。

② 杨柳认为"胎借起源于福建。在福建，它指以不动产的文书（如地契、房契）为担保并以现金的形式支付利息来借款"，见杨柳《市场、法律与地方习惯：清代台湾的胎借》，《中外法学》2009 年第 3 期。福建地区以谷物作为利息的胎借契约文书可参见《闽南契约文书综录》，《中国社会经济史研究》1990 年增刊，第 123—137、241—248 页。

③ 《闽南契约文书综录》，《中国社会经济史研究》1990 年增刊，第 123、128 页。

④ 《闽南契约文书综录》，《中国社会经济史研究》1990 年增刊，第 123、128、130、131 页。

押，以土地收货物来还本付息。土地收益归债主，不能依约还债则发生地权转移"①。张晋藩认为胎借"以产业（土地）作为抵押而形成的借贷关系。抵押田由'银主（债权人）收租抵利'，一旦拖欠利粟，抵押之田便听银主'起耕掌管'。但如偿清债务，不拘年月，即可赎回抵押物，银主不得刁难"②。上述两位学者仅注意到胎借在台湾地区演变之后的情况，忽视胎借的原始形态。而且前者认为的以土地产物偿还本息观点可进一步讨论，普通胎借的利息为谷息或银息，对佃胎借和起耕胎借仅是以土地收获物偿还利息而非本金。除此，龙登高还认为"胎借是一种不须改变原有租佃关系的借贷形式，土地所有者借债，直接由佃户向债主交纳地租来偿还；佃户改变，则由新佃户直接交纳地租给债主"③，所以他在另外一篇文章中简单地将胎借视为地租交易。④ 前述起耕胎借的债权人可以改变土地原有的租佃关系，龙氏的观点并不准确。

在对典的概念及其与其他交易方式的不同之处有初步了解后，可知典具有其他土地交易方式不同的交易规则，有其独特性，那么典产生于何时？其产生的原因又如何呢？

第三节　典制度产生及其延续的原因

美国已故著名经济史学者诺斯认为制度是"一个社会的博弈规则，或者更规范地说，它们是一些人为设计的，型塑人们互动关系的约

---

① 龙登高：《清代地权交易形式的多样化发展》，《清史研究》2008 年第 3 期。之后龙氏对胎借有类似的表述："胎借，指'立胎借银'，主要流行于台湾和福建。以土地为胎，订立契约借贷银钱，即以地租为担保并以之还本付息。不能依约还债则发生地权转移。"见氏著《地权市场与资源配置》，福建人民出版社 2012 年版，第 61 页。

② 张晋藩：《清代民法综论》，中国政法大学出版社 1998 年版，第 161—162 页。

③ 龙登高：《地权市场与资源配置》，福建人民出版社 2012 年版，第 61 页。

④ 龙登高、林展、彭波：《典与清代地权交易体系》，《中国社会科学》2013 年第 5 期。

束"①。典交易的规则乃是人为设计，在这一框架内，出典人和承典人之间的关系、二者拥有的权利和义务均十分明确。以回赎期限为例，典交易契约中一般会书明典产的回赎年限，在此年限之内出典人不得向承典人回赎，承典人亦不能强迫出典人回赎。因此，将典视为一种制度是可行的。

新制度的产生和延续，不仅与当时的社会背景有十分密切的联系，而且符合当时的社会需要或经济规律。换言之，即某项新制度在社会经济中能发挥其独特的作用，是其他制度无法替代的。典制度亦是如此，它萌芽于北齐，唐宋时进一步发展并最终确立，盛行于明清时期，延续千余年不衰，其产生和延续的原因为何呢？对于这一疑问，历史学界鲜有论及，解答者多为法学界学者，如台湾地区著名的法学者郑玉波认为典制度的出现同国人的"重孝好名"有关，因为出卖祖产乃不孝的行为，将土地出典则可避免背负变卖祖产的不孝骂名。② 郭建与郑氏的见解相似，同时郭氏还认为商品经济的不发达是典制度出现的重要原因，儒家"不患寡而患不均"思想则是典制度出现的另一重要因素。③ 固然，典制度的出现同中国传统社会的"重孝"思想有着千丝万缕的联系，但典制度产生之因是商品经济不发达的观点则有待进一步讨论。综合前人的研究，笔者以为典制度的产生和延续的原因主要有以下几种。

一 土地国有政策对典制度的催生

据前辈学者研究，早在井田制时期，传统中国的土地以公有制为主体，但土地的私有制在此时业已萌芽。④ 迨至战国秦孝公时商鞅变

---

① ［美］道格拉斯·C. 诺斯著，杭行译，韦森译审：《制度、制度变迁与经济绩效》，格致出版社、上海三联书店、上海人民出版社 2014 年版，第 3 页。

② 郑玉波著，黄宗乐修订：《民法物权》，三民书局股份有限公司 2011 年版，第 193 页。

③ 郭建：《典权制度源流考》，社会科学文献出版社 2009 年版，第 7—10 页。

④ 郭沫若主编：《中国史稿》第 1 册，人民出版社 1976 年版，第 245 页。又见赵俪生《中国土地制度史（下）——中国土地制度史讲稿》，载氏著《赵俪生文集》第二卷，兰州大学出版社 2002 年版，第 210 页。

法——"废井田，开阡陌"之后，土地"可以自由买卖"[1]，"私有土地合法化，私人正式取得了政府认可的土地所有权"[2]，因此"私人的土地所有权，从此奠立"[3]。此后，土地私有制也成为传统中国最主要的土地所有制度。[4] 但自北魏太和九年（485）孝文帝拓跋宏下令实行均田制，至建中元年（780）唐德宗下令实行两税法，此段近 300 年时间内，以土地私有为主体的制度发生改变，土地为国家所有，并由国家主导将土地分配给民人。

北魏施行的均田制从现存史料记载可看出些许端倪，如《魏书·食货志》载：

> 诸男夫十五以上，受露田四十亩，妇人二十亩，奴婢依良。丁牛一头受田三十亩，限四牛。所授之田率倍之，三易之田再倍之，以供耕作及还受之盈缩……桑田不在还受之限，但通入倍田分。于分虽盈，没则还田，不得以充露田之数。不足者以露田充倍……桑田皆为世业，身终不还，恒从见口。有盈者无受无还，不足者受种如法。盈者得卖其盈，不足者得买所不足。不得卖其分，亦不得买过所足。[5]

均田制授民人露田和桑田，民人在身故后需将露田返还国家，桑田则不需返还。露田不能买卖，可以买卖的桑田也只是在有限范围内进行，即桑田超过或不足律令规定的应授田土，可以卖出盈余部分或者买进不足部分。换言之，均田制限制土地买卖。之后北朝及隋唐各

---

① 所谓土地能自由买卖只是相对之前不能买卖而言，并不是说可以完全不受宗族等因素的限制。
② 赵冈、陈仲毅：《中国土地制度史》，新星出版社 2006 年版，第 15 页。
③ 赵俪生：《中国土地制度史（下）——中国土地制度史讲稿》，载氏著《赵俪生文集》第二卷，兰州大学出版社 2002 年版，第 210 页。
④ 赵冈、陈仲毅：《中国土地制度史》，新星出版社 2006 年版，第 15 页。
⑤ （北齐）魏收：《魏书》卷一一〇《食货志》，中华书局 1974 年版，第 2853—2854 页。

代都沿袭这一土地所有制度，不同的是授受田亩的数额及授受土地的名称。与此同时，土地不能自由买卖的原则也为北朝及隋唐各朝所继承。受此限制，北齐时期发展出新的土地交易形式——帖卖。据宋孝王《关东风俗传》记载可知："帖卖者，帖荒田七年、熟田五年，钱还地还，依令听许。"① 就"钱还地还"而言，这种土地交易方式实际上已经具备典交易的主要规则。这种土地交易方式为当时的政府所承认，是合法的。

迨至唐代，虽然继续施行均田制度（将露田改称为口分田，桑田改称为永业田），但较前朝而言已有所松动，政府允许民人在一定条件下买卖口分田和永业田。开元二十五年（737），唐玄宗下令：

> 诸庶人有身死家贫无以供葬者，听卖永业田，即流移者亦如之。乐迁就宽乡者，并听卖口分。卖充住宅、邸店、碾硙者，虽非乐迁，亦听私卖。诸买地者，不得过本制，虽居狭乡，亦听依宽制，其卖者不得更请。凡卖买，皆须经所部官司申牒，年终彼此除附。若无文牒辄卖买，财没不追，地还本主。②

据上引史料可知，假若迁居"宽乡（按：土地较为充裕者，即地广人稀之处）"，可以买卖口分田。在因亲人死亡无力料理后事者，亦准出卖永业田。

在土地买卖程序上，必须要向本地官府"申牒"，得到批准后方可进行交易，并且在年终之时，官府改换买卖双方的土地登记。没有文牒而进行土地交易属违法行为，交易的土地需交还原主。土地买卖的限制

---

① （唐）杜佑撰，王文锦、王永兴、刘俊文等点校：《通典》卷二《食货志·田制下》，中华书局 2007 年版，第 1 册，第 28 页。
② （唐）杜佑撰，王文锦、王永兴、刘俊文等点校：《通典》卷二《食货志·田制下》，中华书局 2007 年版，第 1 册，第 31 页。

虽有所松动，但并非十分自由。帖卖形式的土地交易在民间较为流行，唐代统治者曾下令禁止："诸田不得贴赁及质，违者财没不追，地还本主。"① 然而面对民间的现实需要，唐代统治者又不得不做出让步，"若从远役、外任，无人守业者，听贴赁及质。其官人永业田及赐田，欲卖及贴赁者，皆不在禁限"②，即允许被朝廷征发前往边远地区服役人员及前往外地任职的官员，可以"贴赁"或"质"的形式转让土地。另外，官员的永业田和赐田可以自由买卖和"贴赁"。郭建指出此处的"质"应当就是北齐时期的"帖"，③ 此即表明，唐政府承认限制条件下类似典的土地交易形式。

唐朝统治者意欲禁止土地买卖和出典，但民间已经突破这种限制，唐玄宗于天宝十一载（752）下令：

> 如闻王公、百官及豪富之家，皆置庄田，恣行吞并，莫惧章程……爰及口分、永业，违法买卖，或改籍书，或云典、贴，致令百姓无处安置，乃别停客户，使其佃食。既夺居人之业，实生浮惰之端。远近皆然，因循已久。④

这一诏令依旧力图维持均田制，否定典、贴的合法性。此时的典只是作为一种非正式性的约束广泛存在于民间，尚未进入国家法律体系，但由于其在民间"因循已久"，"嵌入在习俗、传统和行为准则中"⑤，

---

① （唐）杜佑撰，王文锦、王永兴、刘俊文等点校：《通典》卷二《食货志·田制下》，中华书局 2007 年版，第 1 册，第 32 页。

② （唐）杜佑撰，王文锦、王永兴、刘俊文等点校：《通典》卷二《食货志·田制下》，中华书局 2007 年版，第 1 册，第 32 页。

③ 郭建：《典权制度源流考》，社会科学文献出版社 2009 年版，第 45 页。

④ （宋）王钦若等编：《册府元龟》卷四九五《邦计部·田制》，中华书局 1960 年影印本，第 6 册，第 5928 页下。

⑤ ［美］道格拉斯·C. 诺斯著，杭行译，韦森译审：《制度、制度变迁与经济绩效》，格致出版社、上海三联书店、上海人民出版社 2014 年版，第 7 页。

政府的法令（刻意的政策）难以对其发生较大作用。面对民间实情，唐代宗于宝应二年（763）下诏："客户若住经一年已上，自贴、买得田地，有农桑者，无问于庄荫家住、及自造屋舍，勒一切编附为百姓差科，比居人例量减一半，庶填逃散者。"① 诏令将民间土地交易中的"贴"与"买"行为并列，并要求百姓"差科"，确认土地现有占有情况，亦即正式承认民间贴赁行为的合法性。"贴赁所占有的土地既然承担了政府的赋税，也就是从反面而言得到了官府法令确认的权利。"② 又古代中国的法律有以设定义务默认权利的传统，③ 承认贴赁的义务亦即表明承认贴赁的权利。该诏令是现存最早明确承认贴赁行为合法性的史料。

由以上论述可知，典制度是在北魏施行土地国有政策下，民间的土地买卖受到限制的情况下催生而成，并最终得到唐朝统治者的承认。

二　中国传统社会的儒家孝文化

孝是传统中国社会的核心伦理之一，故而儒家十三经中有《孝经》。统治者也十分重视孝道，④ 是其统治思想的重要有机组成部分。又流传有"二十四孝"的故事，⑤ 以教化民众遵行孝道。田宅等物多是家族或家庭中经过数代或祖、父辈等人的努力经营而得，前一代人将其继承或者经营积累所得的田宅等财物，通过分家的形式传递给下一代。对于绝大多数民众而言，田宅是他们最主要的财产，房屋是安身之所，

---

① （宋）王溥撰：《唐会要》卷八五《籍帐》，中华书局 1955 年版，第 1560 页。
② 郭建：《典权制度源流考》，社会科学文献出版社 2009 年版，第 56 页。
③ 郭建：《中国财产法史稿》，中国政法大学出版社 2005 年版，第 22—23 页。
④ 以西汉为例，西汉统治者推崇孝道，是以皇帝的谥号中带有"孝"字，如汉孝文帝、汉孝景帝、汉孝武帝等。
⑤ 二十四孝分别为：孝感动天、戏彩娱亲、鹿乳奉亲、百里负米、啮指痛心、芦衣顺母、亲尝汤药、拾葚异器、埋儿奉母、卖身葬父、刻木事亲、涌泉跃鲤、怀橘遗亲、扇枕温衾、行佣供母、闻雷泣墓、哭竹生笋、卧冰求鲤、扼虎救父、恣蚊饱血、尝粪忧心、乳姑不怠、涤亲溺器、弃官寻母。见（元）郭居敬《全相二十四孝诗选》，嘉靖二十五年刊本。

田土则是立命之根本。因此，田宅对于传统中国社会的民众来说有不可言状的意义。也正因为如此，变卖祖产往往被视为不孝的行为，虽算不上孟子所谓"三不孝"①，但也甚是不孝，且往往被视为败家的征兆，②正所谓"至富莫起屋，至贫莫弃田"③，田土不到万不得已之时不可轻易抛弃。此正如著名法学者谢在全所言："（典）兴起之缘由，乃因我们认为变卖祖产尤其是不动产，筹款周转以应付急需，乃是败家之举，足使祖宗蒙羞，故绝不轻易从事，然又不能不有解决之计，于是有折衷办法之出现，即将财产出典于人，以获得相当于卖价之金额，在日后有可以原价将之赎回，如此不仅有金钱以应融通之需，复不落得变卖祖产之讥。"④

典制度正是古代中国民众为避免背负"败家子"的恶名，而创制的一项新制度。典制度既可免除败家的指责，又能筹集应急之款，可谓一举而两得。又作为物体的房屋和土地，持有者可能与之发生情感联系，而汉民族"确是和泥土分不开"⑤，要土地所有者永远舍弃田宅等产业，情有不甘，"贫民下户方地寸土皆是汗血之所致，一旦典卖与人，其一家长幼痛心疾首，不言可知。日夜夫耕妇蚕一勺之粟不敢以自饱，一缕之丝不敢以为衣，忍饿受寒，铢积寸累，以为取赎故业之计，

---

① 孟子有云："不孝有三，无后为大"。汉赵岐注曰："于礼有不孝者三事，谓阿意曲从，陷亲不义，一不孝也。家穷亲老，不为禄仕，二不孝也。不娶无子，绝先祖祀，三不孝也。三者之中，无后为大。"见（清）阮元校刻《十三经注疏·孟子注疏》卷七下《离娄上》，中华书局1982年影印本，第2723页。

② 关于此点文学作品中也有所反映，如陈忠实的《白鹿原》中白嘉轩想变卖祖宗留下的二亩水田，央求冷先生做中人时潸然泪下，因为"变卖祖先业产是不肖子孙"，白嘉轩将会因此在"白鹿原上十里八村的村民中落下败家子的可耻名声"。另外，即便"那些被厄运击倒的人宁可拉枣棍子出门讨饭也不卖地，偶尔有忍痛割爱卖地的大都是出卖原坡旱地，实在有拉不开栓的人咬牙卖掉水地，也不过是三分八厘，意思不大"。见陈忠实《白鹿原》，人民文学出版社2012年版，第31—32页。

③ 中国民间文艺出版社编：《俗谚》，下册，中国民间文艺出版社1983年版，第469页。

④ 谢在全：《民法物权论》，中册，中国政法大学出版社2011年版，第548页。

⑤ 费孝通：《乡土中国》，上海人民出版社2007年版，第7页。

其情亦甚可怜矣"①。因此，在田土出典后，土地所有者对田土念念不忘，希冀能通过辛勤劳作赎回出典的田土。典制度的产生及其能延续千年不衰，正是和传统中国的文化有着密切的关联。

然而此处存在一个明显的矛盾，出卖祖产乃是不孝之行，那么为尽孝道——诸如父母等亲人死亡，需要款项处理后事——而出卖土地是否也属不孝？儒家以为："死，葬之以礼，祭之以礼。"② 民间十分重视父母等亲人的葬礼及祭祀，另外从前文提及的开元二十五年诏令允许"身死家贫无以供葬者，听卖永业田"的情况来看，政府认可此种行为。因此变卖祖产以操办亲人的后事，非但不是败家行为，反而可能获得尽孝的称赞。

三　小农经济下有限的融资途径

传统中国以农业立国，历代统治者都重视农业生产。在近代信贷业兴起之前，民众在遇到天灾或者婚丧嫁娶，或是进行再生产，抑或是从事商业等活动缺乏资金，农业生产所得又无法提供足够资金的情况下，民众可以通过变卖田宅，或是借贷等方式来获取足够的资金。出卖土地，固然是获得资金的一项重要措施，其作用不可忽视，对于此点，已有学者指出："出卖土地的大多是农民，他们出卖土地主要是用于生老病死、婚丧嫁娶、清偿债务、交纳租赋等等。当土地所有者需要支付上述种种消费需要，而又手头拮据的时候，他们就会出卖土地，将这些积累与储蓄转化为社会消费基金，以补充社会消费基金的不足，维持社会再生产的顺利运行。"③ 又土地买卖是"社会平衡和调节社会再生产中积累与消费基金比例的必不可少的特定的途径和

---

① 中国社会科学院历史研究所宋辽金元史研究室点校：《名公书判清明集》卷九《户婚门·取赎》，中华书局1987年版，第317页。

② （清）阮元校刻：《十三经注疏·论语注疏》卷二《为政》，中华书局1982年影印本，第2462页。

③ 方行：《中国封建社会的土地市场》，《中国经济史研究》2001年第2期。

手段，具有不可抗拒的、客观的内在必然性"①，这些观点都有一定道理，但农民一旦出卖田宅，则表明他们将永远失去这些财产。笔者前文论及，变卖田宅可能会背负败家恶名，典交易同样可以获得资金，虽然相对较少，但典价同出典的年限有关，理论上延长典期可获得更高的典价。

抵押借贷同样可以获得金钱，但是抵押需要交纳利息，且被政府视为不合法的行为，宋代的法律便禁止债务人在不能按期偿还债务时将田宅抵偿，《名公书判清明集》卷九《户婚门·违法交易》记载："在法：典卖田宅以有利债负准折价钱者，业还主，钱不追。"② 更重要的是，债务人如果无法在约定的时间内偿还贷款，那么他所抵押的土地便归债权人所有。典交易则一般不会出现上述情况，可回赎是其重要特征。且从前文的论述中可知，典较其他土地交易方式更具优越性，这是典制度得以延续千余年，并且得到不断发展的关键所在。

综上，典制度的创制同国家的土地国有政策、传统中国的孝文化及农业经济下融资途径的匮乏息息相关，上述因素对典制度的形成均有重要作用，但其形成的最根本因素当是北魏限制土地买卖的土地国有政策。典制度本身也具备优越性，如出典田宅只是出典者暂时将田宅的部分权益出让，在约定的期限内可以回赎，甚至在有些地区是"典田千年有分"，"卖田当日死，典田千年活"，"一当千年在，卖字不回头"③；另外出典田宅也可以获取所需的钱物，以田宅的收益作为典价的利息，无须另外再付利息。正因为如此，典制度才能得以延续千年之久而不

---

① 张忠民：《前近代中国社会的土地买卖与社会再生产》，《中国经济史研究》1989年第2期。

② 中国社会科学院历史研究所宋辽金元史研究室点校：《名公书判清明集》卷九《户婚门·违法交易》，中华书局1987年版，第302页。

③ 以上分别见中国民间文艺出版社编《俗谚》，中国民间文艺出版社1983年版，上册，第173页；中册，第157页；下册，第333页。

衰。明代正式将典纳入国家法，表明其从一种非正式的约束成为正式的制度安排。

本章小结

本章在学界对典的基本内涵研究基础上，考虑明清时期民间土地广泛存在"一田二主"的实际，并结合福建、徽州等地的相关典交易契约文书，指出土地典交易是指出典人在约定期限内将土地的全部使用权益和收获权益（包括土地或土地上种植物的收获权益）及部分处置权，或将大租、小租（大租或小租的出让不涉及土地使用权益）转让给承典人，获得典价（贷款）的一种经济行为。到期后出典人以原典价将前述全部权益，或收大租、收小租的权益收回。

在对典的基本概念有所认识之后，将土地的形态分为田面合一、田面和田底三种情况，分别对典和当、典和活卖、典和胎借进行比较区分。典和当在上述三种土地形态交易中都存在区别，就使用权益来说，在田底合一及出典人或出当人自己耕种土地时，出典人将土地的使用权益全部转让给承典人，出当则无需转移使用权益；出典人或出当人自己不耕种土地，或者标的物是田底之时，无论是出典人还是出当人都没有土地的使用权益，因此不存在使用权益的转移问题。在土地的处置权益方面，无论何种情况，出典人或出当人都将土地的部分处置权益转让给承典人或承当人。收获权益相对特殊，因为出当既可以缴纳钱息也可以缴纳谷息，典则不存在类似情况。土地由出典人或出当人自己耕种时，出典人将土地的收获权益转让给承典人，出当则视谷息的多寡全部或者部分转让与出当人，缴纳钱息则不转让收获权益；出典人或出当人自己不耕种土地时，出典人将土地的大租或者小租全部转让给承典人，出当则是转让全部或部分小租，抑或是全部或部分大租，缴纳钱息则不转让。同时还要特别注意，典、当以及当铺之当三者均有区别，当铺无权使用标的物，只有在出当人无法赎回标的物时，当铺方有权处置标的物。

典和活卖在标的物为土地田底合一、田面和田底三种情况上，使用权益、处置权益和收获权益的转让情况都一样，典和活卖最根本的差别在于土地所有者发生改变。倘若标的物是田面，则典和活卖完全相同，土地的所有者不发生改变，土地属于田底主，但是田皮交易并不为清政府承认，属非法交易。典和活卖存在以上诸多相似之处，是论者常将它们视为同一种交易方式的根本原因。

胎借可分为普通胎借、对佃胎借和起耕胎借三种，前面两种胎借方式同典的差异较大，在典交易中，出典人将土地的全部使用权益、收获权益及部分处置权益转让给承典人，普通胎借在以上三种权益方面都不发生转让；对佃胎借则是转让部分收获权益。起耕胎借和典最为相似，但也存在不同之处，首先胎借是以土地收获为借贷利息，但收获物超过利息部分则要退还出胎人，典是以土地的全部收获为借贷利息；其次，承胎人可以更换土地佃农，承典人则不可随意更换佃农。

典具有诸多交易规则，将其视为一种制度安排应当是可行的。典产生的根本因素在于国家土地政策的改变——均田制限制土地买卖。均田制下的露田不可买卖，即使是桑田，因其有数量限制，桑田的买卖仅在有限范围内进行，即可以卖出盈余或买进不足部分。典交易的规则不违背国家对土地买卖的限制，它便在此背景下产生。典制度的一项重要交易规则是可以原价回赎典产，因此典在传统中国重视孝道的文化环境之下，出典者不会因此背负不孝或败家的骂名。加上农村金融机构十分有限，典制度得以长期存在于民间。典自产生以来得到不断发展，同时它又具有较强适应性，随土地形态的变化而变化，最典型者便是在"一田二主"的情况下，典的标的物可以是田面，也可以是田底，正因为如此，典才能延续千余年之久，成为明清以来中国农村社会最为广泛、重要的土地交易方式之一。

第三章

典契的要素、典交易过程和原因

契约在中国民间的使用长达数千年之久，它源于西周，初步完善、成熟于唐宋，明清时期进一步成熟并发展到新阶段，这具体表现在明清政府"大力推行'标准契约'和'官版契纸'"，这一做法"使契约条款更加完善，更加符合社会和法律要求"①。作为民间契约重要组成部分的典契亦不例外。无论是民间自行制用的契约，抑或是"官版契纸"，典契约所包含的要素基本相同，典交易的过程亦未发生重大改变。既有研究多是针对典交易的某一具体问题展开，对典交易契约的形制、内容，典交易过程的描述和研究则较少见。

此外，对于出典的原因，以往学者一般将其归为出典者的贫穷。如有学者认为典田是过渡性买卖行为。出典土地和出卖土地一样，非家中需钱较多或者较急等情况，一般不会将田地出典或者出卖。无论是出典还是出卖田地，都是不光荣的事。② 或是认为当农民因婚丧嫁娶或者其他经济需要而无法筹到钱时，他们就会典卖土地。③ 抑或认为典买行为发生的背景通常是因为农民"急需现金以准备婚丧嫁娶事宜"，又刑科

---

① 张传玺：《中国古代契文程式的完善过程》，载氏著《契约史买地券研究》，中华书局2008年版，第62页。

② 张之毅：《玉村农业和商业》，载费孝通、张之毅《云南三村》，天津人民出版社1990年版，第401—403页。

③ Melissa Macauley, "Civil and Uncivil Disputes in Southeast Coastal China, 1723 – 1820", In Kathryn Bernhardt and Philip Huang, eds, *Civil Law in Qing and Republican China*, Stanford, Calif. : Stanford University Press, 1994, pp. 85 – 121.

题本的案例表明在 18 世纪的广东省，"人们典卖土地有时是为了积聚资金以投资商业或从事贸易"①。实际上出典的原因十分多元，贫困仅是重要因素之一。因此本章以清水江文书中的典契为例，论述典交易契约包含的基本要素、典交易的过程及典交易发生的原因。

第一节　典交易契约的基本要素

契约特别是土地交易契约，它既可反映传统中国政府法律规定的基本精神，又是法律规定在实践中的具体运用。② 履行契约条款是签约双方的义务，签约人在契约有效期限内的相关经济行为，受到条款的制约或保护。就土地交易而言，出让方首先对交易的土地具有完全的所有权，交易双方的意思表达一般不能违反政府的法律法规、契约原则或当地习惯。基于以上条件，清水江下游的典契一般包括以下要素：（一）立契约人（出典人）和承典人的姓名；（二）出典的原因；（三）标的物及其所在的位置（土地则包括四至）、数量；（四）典价；（五）典期，即回赎年限；（六）中人和代笔（书）等人署名画押；（七）立契时间，即交易日期；（八）出典人担保事项。为方便论述，试举一纸典契加以阐述。

> 立典田约人姜德清，今因家下缺少用度，无处设法出，情愿将祖遗水田壹坵，坐落地名迫斗，央中出典与姜子龙公名下承典为业。凭中三面议定时值典价银壹拾伍两整，亲手领回应用。其田任凭典主下田耕种管业，限至三年期满有钱方可赎回。不得巧施诈谋，另更新主逼赎。如果已有备足，价到归赎，不得指约需所。恐

---

① ［美］步德茂（Thomas M. Buoye），张世明、刘亚丛、陈兆肆译，张世明、步德茂（Thomas M. Buoye）审校：《过失杀人、市场与道德经济——18 世纪中国财产权的暴力纠纷》，社会科学文献出版社 2008 年版，第 95 页。

② 杨国桢：《明清土地契约文书研究》（修订版），中国人民大学出版社 2009 年版，第 11 页。

后无凭，立此典约存照。

凭中姜蔼交　喫（吃）银一钱五分

乾隆三十四年十二月初六日 依口代书姜绍虞 喫（吃）银一钱五分　立①

1. 立契约人（出典人）和承典人的姓名

出典人和承典人是典交易标的物的暂时出让者和承受者，是缔结契约和执行契约条款的主体，一般而言，二者缺一不可，契约内会明确书写交易双方的名字。如上纸契约，出典人（亦称业主）是姜德清，承典人（亦称钱主、银主或典主）为姜子龙。但情况并不绝对，部分契约内未写明具体的承典人，或略写承典人的姓名，如道光二十九年（1849）五月，姜月光将"白堵田大小二坵"出典，但契约内并未书明承典人姓名。② 福建地区则常略写承典人的姓名，如康熙五十九年（1720）三月，张惟久因乏费用，将田"托中典与严处"；③ 又如乾隆四年（1739）二月，王与亮将"承父阄分有民田数号"，托中"典与张处为业"。④ 徽州地区亦存在类似情况，如乾隆十六年十二月（1752），王元蕙因"无银支用"，将"客租拾觔"典与"邱名下为业"；⑤ 又如乾隆六十年（1795）八月，林云彩将"承祖客田乙（一）处，土名社屋前，计租式拾式勺五

---

①《姜德清立典田约（乾隆三十四年十二月初六日）》，张应强、王宗勋主编：《清水江文书》，第 2 辑，广西师范大学出版社 2009 年版，第 1 册，第 190 页。

②《姜月光典契》，陈金全、杜万华主编：《贵州文斗寨苗族契约法律文书汇编——姜元泽家藏契约文书》，人民出版社 2008 年版，第 418 页。

③《康熙五十九年闽清县张惟久典田契》，福建师范大学历史系编：《明清福建经济契约文书选辑》，人民出版社 1997 年版，第 19 页。

④《乾隆四年闽清县王与亮典田契》，福建师范大学历史系编：《明清福建经济契约文书选辑》，人民出版社 1997 年版，第 41 页。

⑤《清乾隆十六年十二月王元蕙立典租约抄白》，刘伯山主编：《徽州文书》，第 1 辑，广西师范大学出版社 2005 年版，第 1 册，第 6 页。

觔"，凭中典与"朱名下"。① 出现此种情况乃是因为乡村社会通常是熟人社会，交易双方相识或熟稔是十分常见之事，而且由于交易一般有中人，因此未写或略写承典人之名对交易双方而言无太大影响。

2. 出典原因

出典人通常未将典交易发生的具体原因书于契约之中，一般套用"家下缺少钱（银）用""家下要钱（银）使用"诸语，其原因可能是出典原因事关个人或家庭隐私，不便载于契约之中。但亦不乏说明具体原因者，对于此点，下文将会详述。

3. 标的物及其所在的位置（土地则包括四至）、数量

前文述及，典交易的标的物可以是土地，也可以是房屋、核桃树等物。土地包括田、山、园、池塘或房屋地基等。倘若标的物为土地，一般会标明出典土地的坐落或四至，在上引契约中则只注明土地的坐落，没有注明土地的四至，其原因可能是交易双方乃熟稔之人，承典人对出典人名下田地的位置较为熟悉，因此只需简单说明田地的坐落即可，无需标明土地四至。另外，部分典交易契约不仅标注土地的具体位置，还注明土地的作物产量，如嘉庆三年（1798）三月，周能贤将坐落"土名深冲田二坵，计禾谷二石"，典与熊光远名下为业；② 又如咸丰元年（1851）九月，朱达泉将产量为八十一石半的土地典与李正伦，③ 等等，都是这种情况。注明作物产量是为表明交易土地的面积，因贵州多山，田地难以形成成片土地，也难以丈量，故而多用种植物的产量表示土地面积。同时，也可用通过作物产量衡量土地的价值。

典交易的标的物为房屋、核桃树等物，如嘉庆十年（1808）四月，

---

① 《清乾隆六十年八月林云彩立典田约》，刘伯山主编：《徽州文书》，第1辑，广西师范大学出版社2005年版，第1册，第46页。

② 《周贤能深冲田典约》，高聪、谭洪沛主编：《贵州清水江流域明清土司契约文书·九南篇》，民族出版社2013年版，第280页。

③ 《朱达泉典田字（咸丰元年九月十八日）》，张应强、王宗勋主编：《清水江文书》，第1辑，广西师范大学出版社2009年版，第13册，第276页。

范宗尧将柱屋一间典与姜佐章;① 同治八年（1869）十二月，熊君富将核桃三株典与本寨关圣公会龙士江、龙兴魁等四人名下为业,② 等等。另外还有一些特殊的标的物，如道光十三年（1833）三月姜登智和姜明礼签订的典契约，交易物为"大粪"，承典人"每年担粪为业"。③ 他地如福建地区亦有此种现象，如道光十二年（1832）四月，林维如、林直如兄弟将粪池一座典与刘孔秀为业;④ 又如咸丰七年（1857）十二月，僧人慈修将粪池一口典与聂元章、蔡为开贮粪为业,⑤ 等等。粪便之所以能成为典交易的标的物，大概同其作用有关，"土瘠则草木不长，气衰则生物不遂。凡田种三五年，其力已乏"⑥，即土地肥力减退，作物收成就会下降，施肥是保持和增进土地肥力的重要方法之一，"人畜之粪与灶灰脚泥，无用也，一入田地，便将化为布、帛、菽、粟"⑦，人或动物的粪便是重要肥料来源。清人陈盛韶在《问俗录》中也有记述："禾方长，必以是滋之，缘田设寮，取其便焉。既暖以牛骨，复滋以粪土。"⑧ 粪便成为交易物便不难理解。⑨ 从以上典交易的标的物可

---

① 《范宗尧典屋字（嘉庆十年四月初六日）》，张应强、王宗勋主编：《清水江文书》，第1辑，广西师范大学出版社2009年版，第7册，第172页。

② 《熊君富核桃山出典契》，高聪、谭洪沛主编：《贵州清水江流域明清土司契约文书·九南篇》，民族出版社2013年版，第310页。按：契约的整理者将该份契约的标的物确定为"核桃山"，但依据契约的表述，标的物当为"核桃树三株"。

③ 《姜登智典毛私大粪约（道光十三年三月初二日）》，张应强、王宗勋主编：《清水江文书》，第1辑，广西师范大学出版社2009年版，第7册，第42页。

④ 《道光十二年宁德县林维如等典粪池契》，福建师范大学历史系编：《明清福建经济契约文书选辑》，人民出版社1997年版，第767—768页。

⑤ 《咸丰七年侯官县慈修典厕契》，福建师范大学历史系编：《明清福建经济契约文书选辑》，人民出版社1997年版，第770—771页。

⑥ （宋）陈旉：《农书》，"粪田之宜篇"，见《丛书集成初编》1461册，中华书局1985年影印版，第6页。

⑦ （清）张履祥撰，陈恒力校释，王达参校：《补农书校释》，农业出版社1983年版，第147页。

⑧ （清）陈盛韶：《问俗录》卷二《古田·粪寮》，《四库未收书辑刊》第10辑，北京出版社2000年版，第3册，第237页。

⑨ 对于这个问题，已有学者做了翔实而有益的论述，见李伯重《明清江南农业中的肥料问题》，载刘东编《中国学术》第32辑，商务印书馆2020年版，第219—297页。

知，典交易的对象不都是现代法律意义上的不动产，动产同样可作为交易对象，这也再次印证本书第二章中对典交易标的物的相关论述。

4. 典价

所谓典价指的是典交易中标的物的价格，因出典者进行典交易是为获得资金或实物，所以典价既可以是货币也可以是实物，实物一般为粮食，如光绪三十三年（1907），胡钟之将核桃山等物典与熊尚运，获得"典价谷四担整"。① 如果出典人未请中人，那么典价由交易双方商定；如果请中人，则一般由交易双方和中人共同议定，因此典交易契约中常有"三面议定典价"之类的表述。

典价低于绝卖价是学界共识，典价和绝卖价的比率则存在诸多见解。美国学者马若孟以为顺义县（今北京市顺义区）民间典交易的价格通常为绝卖价的 2/3。② 黄宗智认为 1930 年代华北地区土地的典价为绝卖价的 60%—70%。③ 史建云则指出近代河北清苑县土地的出典价格为绝卖价的 40%—70%，其中以 50% 最为常见；河北定县土地的典价则稍低于地价的一半；河南许昌、辉县、镇平等地的典价一般在地价的 50%—60% 之间。④ 日本学者寺田浩明认为典价约为绝卖价的 50%。⑤ 综合以上学者的观点，典价占卖价的 40%—70%，大多学者赞同典价占卖价 50% 以上。以上地区为现在中国中东部地区的情况，地处西南边陲的清水江下游地区情况又如何呢？笔者依据所见清水江流域先典后卖的土地契约文书，将典价和卖价的情况整理如下表（见表 3-1）。据下表可知，清代至民国

　　① 《胡钟之大陆坐屋外核桃山典契》，高聪、谭洪沛主编：《贵州清水江流域明清土司契约文书·九南篇》，民族出版社 2013 年版，第 323 页。

　　② ［美］马若孟（Ramon H. Myers）著，史建云译：《中国农民经济：河北和山东的农民发展，1898—1949》，江苏人民出版社 2013 年版，第 65 页。

　　③ ［美］黄宗智：《华北的小农经济与社会变迁》，中华书局 1986 年版，第 184 页。

　　④ 史建云：《近代华北土地买卖的几个问题》，载王先明、郭卫民主编《乡村社会文化与权力结构的变迁——"华北乡村史学术研讨会"论文集》，人民出版社 2002 年版，第 138 页。

　　⑤ ［日］寺田浩明：《权利与冤抑——清代听讼和民众的民事法秩序》，载［日］寺田浩明著，王亚新等译《权利与冤抑——寺田浩明中国法史论集》，清华大学出版社 2012 年版，第 216 页。

时期，贵州清水江下游区域土地的典价和卖价比率在 29.3%—82.9% 之间，这似乎表明典价依据一定的地价比例以确定。史建云认为"决定典价与地价比例高低的因素，除市场供求外，还有土地的肥沃程度与位置的优劣"①，该观点具有一定道理，笔者以为典价的高低还同土地的产量和出典的年限有关，一般来说土地产量高或典契长，典价相对较高。

表 3-1　　　　　　　　土地典交易价格与卖价关系示意表

出典时间	出典/卖人	承典/买人	典价	出卖时间	卖价	比率
乾隆三十五年二月初四日	姜甫亚	姜佐章	30 两	乾隆三十五年闰五月十二日	55 两	54.5%
嘉庆七年五月二十日	龙香蔼	邓大朝	5.7 两	嘉庆七年六月初三日	11 两	51.8%
嘉庆十年九月二十三日	范绍尧	承：姜佐彰 买：姜廷德	60 两	嘉庆十四年十月二十一日	89 两	67.4%
嘉庆十四年十二月初七日	姜敦智	姜佐兴	24 两	嘉庆十四年十二月初七日	45 两	53.3%
同治八年十一月初八日	姜凤凰	姜凤来	8 两	同治十三年五月初四日	22.08 两	36.2%
光十五年二月十二日	姜恩荣	典：胞弟 买：姜凤来	3.69 两	光绪十五年四月二十日	12.58 两	29.3%
光绪十五年十月十九日	姜凤岐	典：姜卓相 买：姜献义	49.1 两	光绪十七年三月初一日	90.8 两	54.1%
光绪十九年五月初六日	姜凤岐	姜献义	8 两	光绪十九年十月二十九日	15.8 两	50.6%
光绪二十二年二月十一日	姜世俊	姜凤连	15.4 两	光绪二十四日四月十一日	23.8 两	64.7%
光绪二十三年二月初八日	姜恩科	姜凤来	8.5 两	光绪二十四日三月二十六日	20.08 两	42.3%
光二十四年正月十三日	姜元英	姜凤沼	10.5 两	光二十五年十一月初六日	22.48 两	46.7%
宣统元年五月二十日	孙光前	典：元元秀 买：姜元贞	1500 文	民国十年六月二十五日	5080 文	29.5%
民国六年正月二十日	姜作琦	姜元贞	26.38 两	民国六年二月二十三日	36.8 两	71.6%

① 史建云：《近代华北土地买卖的几个问题》，载王先明、郭卫民主编《乡村社会文化与权力结构的变迁——"华北乡村史学术研讨会"论文集》，人民出版社 2002 年版，第 138 页。

出典时间	出典/卖人	承典/买人	典价	出卖时间	卖价	比率
民国九年七月初三日	姜作琦	姜元贞	28.85 两	民国九年十二月初四日	34.8 两	82.9%
不明	姜永炽 姜永清	姜源林	11 两	民国十五年五月初六日	14 两	78.5%

资料来源：张应强、王宗旭主编：《清水江文书》第 1 辑，广西师范大学出版社 2007 年版；陈金全、杜万华主编：《贵州文斗寨苗族契约法律文书汇编——姜元泽家藏契约文书》，人民出版社 2008 年版。

5. 典期

典交易的一个重要规则为出典人可以在约定的时限到期后以原价赎回标的物，因此典契一般会注明标的物的出典时限。以锦屏县为例，现今出版的境内契约文书中，清代至民国时期共计典契约 371 件，具体典期如下：

表 3 - 2　　　　**已出版锦屏县典交易契约出典期限示意表**

典期	契约数量（单位：件）
未注明	143
不拘远近	98
三年	88
一年内	27
二年	9
五年	3
十年	2
不得回赎	1

资料来源：张应强、王宗旭主编：《清水江文书》，第 1 辑，广西师范大学出版社 2007 年版；陈金全、杜万华主编：《贵州文斗寨苗族契约法律文书汇编——姜元泽家藏契约文书》，人民出版社 2008 年版；张应强、王宗旭主编：《清水江文书》，第 2 辑，广西师范大学出版社 2009 年版；张应强、王宗旭主编：《清水江文书》，第 3 辑，广西师范大学出版社 2011 年版；高聪、谭洪沛主编：《贵州清水江流域明清土司契约文书·九南篇》，民族出版社 2013 年版。

　　从上表可知，在 371 件典交易契约中，有 1 件注明"不得回赎"，这是因为该契约为加典，即出典者通过加典的方式将土地绝卖给承典人。余下 370 件典交易契约中，未注明典期或注明"不拘远近"的契约多达 241 件（"不拘远近"其实也可视为未注明典期），占典交易契约总数的 65.1%。在注明出典时限的典交易契约中，最常见的典期为 3 年，共计 88 件，占典交易契约总数的 23.7%；其次为 1 年之内，共计 27 件，占总数的 7%。另有需要指出的是，锦屏县未注明典交易期限的契约占典交易契约总量的大多数，且主要集中在清代，但自光绪年间开始，注明出典期限的典契数量逐渐增多。同治元年（1862）之前，共计典交易契约 160 件，其中未注明典期的契约有 136 件，占这一时期典交易契约量的 85%。这大概与典交易契约的日益完善有关，注明典期是典交易契约的重要内容，是减少纠纷的一项重要举措。而且作为土地交易而言，契约当中注明的条款越细致说明土地交易规则和市场越成熟，因此也可从侧面反映出锦屏县的土地典交易市场在光绪年间有日益成熟的趋势。

　　6. 中人和代笔（书）等人署名画押

　　中人亦称为中保人、中证人，是对交易或者其他契约关系中充当中介人或证明人的总称。中人一般为当地有声望、诚实之人，并且应该具有一定经济实力，因为他还是出典人的经济担保人。[①] 绝大部分的典交易都有中人。假若交易双方在交易后发生矛盾，中人有权力也有义务作为纠纷的调解人或证明人，因此在交易时，出典人或承典人常常会给中人一笔费用，具体数目视典价而定。从前引文书来看，中人的费用约为典价的 1%。需要指出的是，并非所有的典交易会在契约中注明这笔费用，更多的情况是未注明，但民间约定俗成，都会付一定的费用给中人。至于代笔者，其主要是帮助不识字之人书写契约，他虽然没有起到

----

　　① ［美］马若孟（Ramon H. Myers）著，史建云译：《中国农民经济：河北和山东的农民发展，1898—1949》，江苏人民出版社 2013 年版，第 64—65 页。

中介作用，但在交易发生纠纷时亦可作为证明人。代笔者也有一定的代笔费用，其所得报酬或与中人相同，或略少于中人。

7. 立契时间

立契时间一般和典交易的时间一致。因为典交易的标的物可以回赎，确定立契时间可为典期的计算提供依据，因此书明立契时间对交易双方来说均十分重要。政府对此也颇为重视，因为这有助于确定或催促交易者缴纳契税。当交易发生纠纷之时，立契时间便可作为官员审理案件的重要依据。特别是明清时期，土地交易中存在大量的"找价回赎"纠纷，官员可依据立契时间判定交易的土地是否属于可"找价回赎"的范畴。

8. 出典人担保事项

出典人在典契约中的担保事项一般包括两个方面：一是确保承典人的权利；二是承担契约中规定的义务。所谓承典人的权利是指，承典人行使典交易契约中规定对标的物享有的权利，具体到前引契约文书是对土地"耕种管业"。义务则包括出典人要确保标的物来源的合法性，不存在重复交易等情况，且在约定的取赎期限内不得提前取赎等。假如标的物存在重复出典或来源不明的情况，则所有责任由出典人承担，与承典人无关。另外，明清的法律对典交易双方的权利和义务有所规定，对于违反法律者处以相应的惩罚，以清律为例：（1）对于出典人而言，若是出典人将已出典的田宅等物重复出典，其重复出典所得典价为赃款，以盗窃论罪，并将所得典价追还给后承典人，田宅等物仍由原承典人管业。（2）对于承典人而言，在约定的出典年限已满、出典人备原价取赎之时，承典人不得借口不放赎，违者处以"笞四十"的惩罚，将典期之外获得的多余收益追还与出典人，出典人仍以原价取赎标的物。但出典人无力取赎，则不是承典人的过错，所以有"不拘此律"之语，标的物仍归承典人管业。[①] 由此可

---

① （清）姚雨芗原纂，胡仰山增辑：《大清律例会通新纂》卷八《户律·典买田宅》，同治十二年刊本，第25页。

见，出典人的担保事项受到社会及法律的监督和约束。如果说典交易契约偏重保证承典人的权益，那么法律则对典交易双方的权益都有顾及。

以上是典交易契约的基本要素，各地典交易契约的内容大同小异。这些要素从典出现的北齐算起，到明清的完备、成熟期，经历八百余年。契约得以日益完善，是民间长期使用契约经验积累的结果，明代常见的日用书为规范契约书写提供模板，一定程度上促进了契约内容和形式的完备。

第二节　典交易的基本过程

典交易的结果一般包括两种：回赎或绝卖。但绝卖的行为不属于典交易的过程，因此本书只论述回赎情况。单纯的土地典交易一般包括以下步骤：确定标的物→询问亲房、四邻→请中→议价→立契→契税→回赎。现将各步骤分述如次。

（一）确定标的物

出典人因为资金需求有意进行典交易时，首先需要确定标的物。当然标的物选择的数量同出典人的资金需求量有关，出典人对标的物的时价应当有一定认知，假如所需资金较大，那么所需的土地面积或产量相对要大一些。

（二）询问亲房、四邻

在确定出典土地的的面积和方位后，首先要询问出典人的亲房是否有人愿意承典，亲房无人承典再问四邻，所谓四邻指的应当是出典土地所在地四至相邻土地的所有者。亲房和四邻均无承典意愿，方可典与他人。此即所谓"优先权"。"优先权"早在唐代就已出现，《宋刑统》引唐代统治者在元和六年（811）发布关于典卖物业的相关敕文言道"应典卖、倚当物业，先问房亲，房亲不要，次问四邻，四邻不要，他人并得交易。房亲着价不尽，亦任就得价高处交易"①，即从法律上赋予亲房和四邻购买土地的"优先权"。后由于取问亲邻的手续繁杂，北宋政府曾一度废除此制度，但不久又恢复。这一制度延续至元代，明清时期则逐渐松弛，并为法律所禁止。民间"先尽房亲、地邻的习俗依然保存了下来，但是在文契上的限制有所松弛，可以不必用文字在契内标明"②，虽然如此，但"这只是对先问亲邻俗例的略写、并不表示亲邻先买权的消失"③，无论是契约内略写或未写，这不仅不能说明亲邻先买权的衰落或消失，恰恰表明这一习惯通过长期的实践，已经作为一种集体（社会）记忆深入交易双方的意识之中，难以磨灭，因此无需特别说明，民间都在践行这一习惯。

"优先权"多为现在的研究者诟病，其理由在于"优先权"限制土地的自由交易。④ 因为"优先权"主要是赋予亲房和四邻（交易土地之四邻，非指居住四邻）优先购买土地之权，故而也可认为是宗法制或宗族关系制约土地的自由交易。然而在清末民初之际，民间依旧保留有这一习惯，⑤ 这似乎表明"优先权"有其存在的合理性，正如张传玺所言"一是古代聚族而居，数世共财之事很多，亲族人等欲卖产业有优先权，是合理的。二是房亲近邻地连畔接，关系复杂，有亲邻或批退或购买，可以消除许多不必要的争执"⑥。虽然张氏是针对土地买卖而言，

---

① （宋）窦仪等撰，吴翊如点校：《宋刑统》卷十三《户婚律·典卖指当论竞物业》，中华书局 1984 年版，第 207 页。

② 杨国桢：《明清土地契约文书研究》（修订版），中国人民大学出版社 2009 年版，第 188 页。

③ 杨国桢：《明清土地契约文书研究》（修订版），中国人民大学出版社 2009 年版，第 188 页。

④ 李文治：《明清时代封建土地关系的松解》，中国社会科学出版社 1993 年版，第 508—509 页；李文治、江太新：《中国地主制经济论——封建土地关系发展与变化》，中国社会科学出版社 2005 年版，第 332—341 页。

⑤ 赵晓力根据《民事习惯大全》对中国各地先买权的习惯做过梳理，具体参见氏著《中国近代农村土地交易中的契约、习惯与国家法》，《北大法律评论》1998 年第 1 卷第 2 辑，第 440—441 页。

⑥ 张传玺：《论中国封建社会土地所有权的法律观念》，《北京大学学报（哲学社会科学版）》1980 年第 6 期。

但这同样适用于土地典交易。除此，"优先权"同传统中国民间习惯和现实有关。传统中国民间分家时采用"诸子均分"原则，家族的土地越分越细，坚持"优先权"是为阻止宗族田产的零碎化趋势。① 土地相邻者最常发生的纠纷当属灌溉和边界，将土地典与四邻不仅有利于土地的成片耕作，还可避免因承典人的突然介入而引起原本就十分敏感的灌溉和土地边界纠纷，② 因此张氏所谓"消除许多不必要的争执"当指前述纠纷。此外，赵晓力认为"优先权"乃是一种互惠制度，可以促进典交易双方互惠链的拉长，从长远的角度来看较为有利。③

（三）请中

一般而言，典交易都有中人。从寻找承典人、撮合交易、签押，典交易的加典、转典、回赎等过程均可见到中人的身影。另外中人有促使交易双方履行契约中的规定条款，产生纠纷时有作为调解者或证人的责任和义务。故而有学者认为"中国的土地交易在某种程度上似乎是一个买——卖——中三方的契约"④，第三方的出现，使得中国的土地典交易摆脱早期土地交易"私相授受"的情况，土地典交易有向公开交易发展的趋势。

土地出典人所请的中人一般是本村寨或其他村寨中具有一定社会地位、经济实力之人，当然也有部分中人是为获取中人费用，因此中人带有反职业化的倾向。杜赞奇根据日本于20世纪40年代进行的调查报告研究华北地区中人的活动情况指出："两个签订契约的陌生人都认得的第三人的出现，是促成交涉的一种方式，因为它给合同增添了人格化的因素。对

---

① 黄宗智：《华北的小农经济与社会变迁》，中华书局1986年版，第270页。
② 倘若承典人非出典人同族之人或非土地四邻，特别是外村人，对出典土地相邻土地的主人而言，可能是陌生人，更易引起纠纷。
③ 赵晓力：《中国近代农村土地交易中的契约、习惯与国家法》，《北大法律评论》1998年第1卷第2辑，第445页。
④ 赵晓力：《中国近代农村土地交易中的契约、习惯与国家法》，《北大法律评论》1998年第1卷第2辑，第473页。

于防止违反合同，亦是类似的考虑在起作用。"① 中人的职业化固然存在积极作用，但是在土地交易签订的契约中注入人格化的因素，会使得交易更加牢固。而且就乡村的土地交易市场而言，像牙人那样的职业化中人似乎没有存在的必要性，在土地交易中，人情和面子等人格化因素相较职业化中人发挥着更大作用。交易双方为陌生人如此，熟人亦如此。

（四）议价

在中人寻觅到有意向承典土地之人后，接下来便是商议标的物价格的环节，这可能是一个漫长的过程，因为对于出典方而言，希望获得期望或者现实需要的资金量；承典人则希冀以较低的价格典入土地。因此，这可视为出典人和承典人的博弈过程。但假如出典人急需资金，这一过程会相对缩短。在有中人在场的典交易中，典价一般是由出典方、承典方和中人三方协商，这主要体现在契约中"三面议定典价"的表述上，有些典交易契约甚至表述为"当日三面议定典价"。商议价格还涉及通货的问题，假若以银两支付典价，需要说明银两的成色，采用的砝码为何；采用铜钱亦比较复杂，各地流通的铜钱不一致，仅就贵州清水江下游而言，铜钱有大钱和小钱之分，大钱的面值有 10 文、50 文和 100 文等。还有外国的银元、法币等通货，因此这些问题都需要考虑和协商。而"三面商议"也可能并非是三方当面协商，熟人之间可能碍于人情和面子会请中人传达各自的价格意向，在双方都满意后最终确定典价，所以所谓"三面"有时或许只是套话。

（五）立契

在商定价格之后就应当书立契约，契约的执笔者可能是出典者自己或其至亲，或者请他人代笔。至于典契约需要书写的内容，笔者在本章前一节已有详细论述。

---

① Duara, "Elites and The Structures of Authority in the Villages of North China, 1900 - 1942", in Joseph W. Fsherick and Backus Rankin, eds., *Chinese Local Elites and Pattern of Dominance*, Berkeley: Univeisity of California Press, 1990, pp. 261 - 281.

（六）契税

就清朝中央政府颁布的律文来看，乾隆二十四年（1759）之前民间典交易沿袭明代，需要缴纳契税；乾隆二十四年至宣统元年十月，典交易不需要缴税；宣统元年（1909）十月，清政府再次在全国范围内向民间典交易征收契税。① 这是清代的情况，民国的情况相对复杂，但从北京政府于 1914 年 1 月 11 日颁布《契税条例》起，直至南京国民政府覆灭为止，各省民间的典交易缴纳的契税税率虽不一致，但都需要缴纳。

（七）回赎

回赎并非典交易的必要过程，因为不是所有出典者都能赎回典产，出典者最终的处理方式可能是将典产出卖与承典人或他人，此点在表 3 - 1 之中便有所体现。虽然如此，但出典者最初出典土地时应当是抱着能够回赎的心理而进行，这也是出典人期望的最终或最好的结果。关于回赎有两点需要注意：

第一，回赎的时间。所谓回赎的时间非指典期，而是指出典人在典产出典年限到期后的某一时间节点。一般而言，回赎的时间在春耕之前或秋收之后，虽然清水江下游地区大部分的典交易契约未载明典期，或注明"不拘远近"赎产，但是一般都会遵从这一原则。如嘉庆二十四年（1819）十一月，姜生保将田 1 坵典与姜载渭，双方签订契约之时虽然未注明典期，但是约定"对月回赎"，② 即姜生保若要回赎其土地，需在回赎当年的十一月份向姜载渭赎回典产。又如光绪二十五年（1899）三月，姜元英兄弟将 2 处田出典与姜德相兄弟，民国九年（1920）正月时，出典人之叔父姜献义将此田赎回。③ 之所以将回赎的时间限定于春耕前或秋收后是为不影响承典人的收益。各地根据春耕的时间不一致而有相应的

---

① 谢开键：《读〈地权市场与资源配置〉二札》，《中国经济史研究》2017 年第 3 期。

② 《姜生保立典田字（嘉庆二十四年十一月二十八日）》，张应强、王宗勋主编：《清水江文书》，第 3 辑，广西师范大学出版社 2011 年版，第 9 册，第 489 页。

③ 《姜元英兄弟典田字（光绪二十五年三月初四日）》，张应强、王宗勋主编：《清水江文书》，第 1 辑，广西师范大学出版社 2007 年版，第 1 册，第 204 页。

回赎时间，对于这点，学者已有详论，[①] 不再赘述。

第二，关于签订典交易契约时的费用。在签订典交易契约时，出典和承典人之一方需要给中人一定费用，另外也有宴席、酒水之类的开销，这些花费在出典时由承典人承担，待出典人赎回典产时将相关的费用补还承典人，但若是将典产卖与承典人，出典人便无须支付此笔费用。如嘉庆十五年（1810）十月，龙老美同姜氏美风二人将"大小田二坵"典与姜之林为业，双方约定"费用酒水与笔钱、中人钱共去三钱，日后田回赎当要补出"，[②] 即龙老美在回赎土地时需将承典人支付的酒水等费用补还姜之林。又如道光二十四年（1844）十月，姜先宗将地名"白堵高坎田大小二坵"以5.5两的价格典与姜兆龙，该典交易契约的外批书有"东道中人钱共银一钱，日后赎田要补"之语，[③] 亦即出典人赎产时要补给承典人中人钱"银一钱"。

笔者在前文一再强调，中人和代笔人可获得一定资费，交易完成后承典人一般会请参与契约签署之人用食，这也要花费一定的钱物，那为什么要采取承典人预先支付，出典人赎产再补还费用的模式呢？笔者以为可能是基于对弱者的同情，在典交易进行之初，出典人相对承典人而言处于弱势，而且出典人乃缺资之一方，因此承典人可先垫付交易环节产生的费用；待出典人有能力回赎时，表明其经济状况有所改善，所以此时他理应将这笔费用补还承典人。

以上是典交易的基本过程，有学者认为转典、找贴（找价）和绝卖也属于典交易的环节，[④] 笔者以为并不准确。首先转典是再次进行的典交

① 赵晓力：《中国近代农村土地交易中的契约、习惯与国家法》，《北大法律评论》1998年第1卷第2辑，第464—465页。

② 《龙老美、姜氏美风妻叔二人典田约（嘉庆十五年十月二十日）》，张应强、王宗勋主编：《清水江文书》，第1辑，广西师范大学出版社2007年版，第1册，第66页。

③ 《姜先宗典契》，陈金全、杜万华主编：《贵州文斗寨苗族契约法律文书汇编——姜元泽家藏契约文书》，人民出版社2008年版，第400页。

④ 吴向红：《典之风俗与典之法律》，法律出版社2009年版，第27—42页。

易，其部分过程已经囊括于前一典交易的过程。找贴虽然是在典期内进行，但不属于严格意义上的典交易，绝卖则完全不属于典交易范畴。

第三节　典交易发生的原因

在论述典契约的基本要素和典交易的基本过程之后，还有另一问题尚要论述，即出典原因。学界一般将出典的原因归结为贫困，这一观点过于单一化，典交易的原因实际上是多元的。那清代至民国时期清水江下游流域地区典交易发生的原因有哪些呢？虽然从目前所见的出典土地的契约文书中，在书写出典原因是多是使用诸如"今因家下要钱/洋使用，无从得出"，或是"今因家下缺乏用度，无从得出"等套语似的表述，但仍有相当部分的典交易契约文书书明具体的出典缘由，归纳起来有以下几种。

一　丧葬及相关费用

孔子有云："死，葬之以礼，祭之以礼。"[1] 父母或其他亲人去世后，存世之人要以礼节埋葬和祭祀亡故之人，操办丧事、祭祀或者超度等需要一定费用。清水江下游一带受汉民族文化的影响较深，即儒家礼制文化在当地具有相当的影响。另外，当地少数民族自身的礼俗风规，亦颇为重视为父母或其他亲人操办丧事，所以当地居民在亲人过世之后，缺少足够的钱财情况下，往往会出典土地以凑足丧葬等费用。此类原因又可分为两种：一是直接的丧葬费用；二是超度亡故之人的相关费用。

（一）丧葬费用

因父母亲去世，缺乏丧葬费用而出典土地者，如同治五年（1866）九月，龙兴寿、龙兴六兄弟将"岭立乔田一丘（垅）"典与胞兄龙兴

---

① （清）阮元校刻：《十三经注疏·论语注疏》卷二《为政》，中华书局 1982 年影印本，第2462 页。

魁，换取银钱作为母亲的"葬费之资"。① 民国三十年（1941）十二月吴展银、潘氏新姣姊妹因"老母去世，缺少葬费，无钱使用"，所以她们在商议之后，以410元的价格将"父母养老之田土名崩塘黎子树脚水田，大小拾坵"典与吴恒顺为业。② 又如民国十四年（1925）六月，王康求因"父亲作古，要钱急用，无从得出"，故而将自己名下的1坵田以2万文之价出典与龙王氏妹柳。③

又有为其他亲人操办丧事而典田者，如咸丰七年（1857）十月，王老元因祖母亡故，无钱筹办丧礼，将自己名下"老鼠冲田一处，大小十四坵"，凭中出典，获得典价"大钱九千二百文"。④ 又如民国十五年（1926）三月十六日蒋张氏银翠和蒋昌廉签订的典田契所示：

> 立典田人蒋张氏银翠，今因嫡嫂亡故，缺少埋葬费用，无从得处，嫂弟谪（商）议，自将蒋太藻小冲水田大小一涧二坵，计谷拾运，要从出典。自己上门问到族兄昌廉名下承典。当日议凭中三面定言，典价钱肆拾千文正。其钱即日领清，并不下欠分文。自典之后，任从钱主下田耕种，收花准利，典主不得异言。今欲有凭，立典字为据。⑤

张银翠因嫡嫂去世，"缺少埋葬费用"，将"蒋太藻（笔者按：可能为张银翠之夫）小冲水田大小一涧二坵，计谷拾运"典与族兄蒋昌廉。但令人疑惑的是，为何张银翠嫡嫂的丧事由张氏而非其嫡嫂的丈夫

---

① 《龙士枚岭立乔田移典契》，高聪、谭洪沛主编：《贵州清水江流域明清土司契约文书·九南篇》，民族出版社2013年版，第303页。

② 《民国三十年十二月二十二日吴展银、潘新姣典水田契》，张新民主编：《天柱文书》，第1辑，江苏人民出版社2014年版，第3册，第268页。

③ 《王康求立典田契（民国十四年六月十三日）》，张应强、王宗勋主编：《清水江文书》，第2辑，广西师范大学出版社2009年版，第5册，第371页。

④ 《王老元典田约（咸丰七年十月初四日）》，张应强、王宗勋主编：《清水江文书》，第2辑，广西师范大学出版社2009年版，第4册，第422页。

⑤ 《民国十五年三月十六日蒋张氏银翠典田字》，张新民主编：《天柱文书》，第1辑，江苏人民出版社2014年版，第6册，第39页。

或子孙操办？文书中没有记载，我们无法确知实情。但我们可以肯定的是，在清水江下游地区，为死者操办后事的并非都是死者的直系亲属，也有族人或其他亲人帮忙料理后事的义务。

（二）超度等相关费用

将亡故的亲人埋葬之后，则会涉及另外一个重要环节，即超度亡魂，使死者得到安息。民国十六年（1927）三月，彭仁清因缺少"追荐道场"的费用，将自己名下所占一大股之田以"陆拾叁仟陆百捌十文"的价格典与胞兄彭仁彬。① 又如下纸文书所示：

> 立契典田字人杨胜富弟兄等，今因为父母除（出）灵金斋忏毕，弟兄人等谪（商）议，将祖父遗留之泉田，地名白头江水田壹坵，收谷柒挑出典。弟兄人等请中上门问到胞弟杨胜全名下承典为食，三面言典价钞洋叁仟元正。②

民国三十三年（1944）十二月，杨胜富兄弟等人为超度父母亡灵，将祖父遗留的田地出典与胞弟杨胜全，取得典价"钞洋叁仟元"。在传统中国，活着的人坚信死者的亡魂将继续存在，他们为使死者在另一世界可以过上舒适的生活，常常通过祭祀、超度死者加以实现。祭祀或超荐之目的或为死者能在另一世界过得更好，或是表达对死者的哀思，或为由此求得生者免受亡魂的困扰。超荐的重要方式之一是烧纸钱或象征房屋、日常用品的明器③等。超荐者借助以上方式和死者进行沟通，将财物

---

① 《彭仁清立典田字（民国十六年三月二十日）》，张应强、王宗勋主编：《清水江文书》，第 2 辑，广西师范大学出版社 2009 年版，第 4 册，第 369 页。

② 《民国三十三年十一月二十六日杨胜富弟兄等典田契》，张新民主编：《天柱文书》，第 1 辑，江苏人民出版社 2014 年版，第 1 册，第 57 页。

③ 纸钱或明器的种类有很多，对此美国学者作者柏桦有很好的研究，另外作者对纸钱所表达的符号学概念、意识形态等有非常生动且深入的阐释，具体参见［美］柏桦（C. Fred Blake）著，袁剑、刘玺鸿译《烧钱：中国人生活世界中的物质精神》，江苏人民出版社 2019 年版，第 29—58、83—132 页。

"传递"至阴间，以保证死者在另一世界的物质基础。因操办丧葬、超度等事将土地出典，是清水江下游地区土地典交易较为常见的原因之一。

二　嫁娶费用

儒家重要典籍《礼记》有云："昏礼者，将合二姓之好，上是以宗庙，而下以继后世也，故君子重之。"[①] 在传统中国社会中，婚姻的重要使命之一便是传宗接代，子孙延绵不断是保证祖先享有香火祭祀的重要前提。举行婚礼是婚姻的重要步骤，也是象征男女结合的重要仪式之一，但无论是筹备还是举办婚礼都需要一定费用。清水江下游地区是苗、侗等少数民族的聚居之地，"他们虽没有像汉族那样需要纳采、问名、纳吉、纳征、请期、亲迎等一系列烦琐的程序，但是他们的婚姻有自身民族特性，如苗族婚姻的缔结一般包括游方、说合提亲、定亲择日、接亲等过程。无论婚姻过程是简或繁，都需要花费一定的钱物"[②]，因此，当婚姻当事人或其父母在婚礼财物不足的情况下，便会考虑将土地出典以凑足所需之费，光绪二十三年（1897）二月初八日姜恩科与姜凤来签订的典田契便是此种情况，契约录文如下：

> 立典田字人姜恩科，为因婚事，自愿将到里甲田一坵，上凭银主，下凭元英，左凭银主，右凭山，四至分明。今出典与姜凤来名下，当日凭中议定典价银八两五分整，亲手收足。自典之后，任凭银主耕种管业。其田典足三年，价到赎回，日后不得异言。恐口无凭，立此典字是实。[③]

---

　① （清）阮元校刻：《十三经注疏·礼记正义》卷六十一《昏义》，中华书局 1982 年影印本，第 1680 页。

　② 谢开键、朱永强：《清至民国天柱农村地区土地买卖原因探析——以清水江文书为中心的考察》，《贵州大学学报（社会科学版）》2013 年第 5 期。

　③ 《姜恩科立典田字（光绪二十三年二月初八日）》，张应强、王宗勋主编：《清水江文书》，第 1 辑，广西师范大学出版社 2007 年版，第 7 册，第 104 页。

姜恩科因为"婚事"费用不足，将"里甲田一坵"出典与姜凤来，虽不知姜恩科是为自己还是为其子女操办婚事，但可以肯定出典土地的缘故乃是因为婚事所需费用不足，这亦是清水江下游地区居民出典土地的重要原因之一。

三　官司费用

对于诉讼，孔子有云："听讼，吾犹人也，必也使无讼乎。"[①] 其弟子有若亦云："礼之用，和为贵。先王之道，斯为美；小大由之。有所不行，知和而和，不以礼节之，亦不可行也。"[②] 在这一思想影响下，"贵和持中、贵和尚中，成为几千年来中国传统文化的特征，而'无讼'则一直是执政者追求的目标"[③]。

在传统中国社会中，家庭成员涉讼是不光彩之事，为避免事态扩大，或因诉讼费用太高，他们一般采取私了方式解决，正如美国学者韩森所说："虽然中国人有机会诉诸法庭，但他们的理想却一直是设法达成私下的和解，而不是依靠司法体系强制解决。"[④] 此外，费孝通认为乡土社会存有礼治秩序，这种秩序下尽力避免诉讼，以致"无讼"社会的理想。[⑤] 清水江下游地区主要是苗族和侗族等少数民族聚居之所，当地民众均有一套处理此类事件的机制——如苗民"议榔"制度，侗民"侗款"等，当族长或寨老无法调节解决时，才上告政府以期平息纠纷。因牵涉官司而出典土地者如姜秉兴和龙成元等。姜秉兴之例如下：

---

① （清）阮元校刻：《十三经注疏·论语注疏》卷十二《颜渊》，中华书局 1982 年影印本，第 2504 页。

② （清）阮元校刻：《十三经注疏·论语注疏》卷一《学而》，中华书局 1982 年影印本，第 2458 页。

③ 张晋藩：《中国法律的传统与近代转型》，法律出版社 1997 年版，第 277 页。

④ ［美］韩森（Vlerie Hansen），鲁西奇译：《传统中国日常生活中的协商：中古契约的研究》，江苏人民出版社 2009 年版，第 6 页。

⑤ 费孝通：《乡土中国》，北京大学出版社 1998 年版，第 54—58 页。

　　立典田字人姜秉兴，为因在城，无钱动用，以致偷窃姜运武钱文，当［场］被拿获送官究治。承蒙范禹泰于中劝改，情愿罚楚（处？），又五银钱，自愿将本名皆理田一坵，约谷三挑，上抵天明之田，下抵油山，左抵天路，右抵上荣之田，四至分明。央请中证出典与姜兆清名下为业，当日凭中实受过典价足银壹两陆钱八分。①

　　咸丰七年（1858）十二月间，姜秉兴因无钱使用偷盗姜运武钱物，被当场捉拿并送官究办，在范禹泰的劝阻之下，双方私了，但姜秉兴需要赔偿姜运武一定数量财物。姜秉兴因无钱赔偿，将"皆理田一坵"典与姜兆清，换取"典价足银壹两陆钱八分"，以此平息纠纷。另外一个类似案件的主角是龙成元，民国十年（1921）龙成元在高冲偷盗事发，双方自愿私了，前提是龙成元需赔偿被盗之人的损失。龙氏无钱赔偿，只能与母亲王氏凤月、兄弟龙成宾三人商议，将"土名冲董田二坵，收禾三十边"以"钱铜元拾封②文整"的价格出典与本村龚祥森，③ 以换取赔偿的费用。

四　偿还债务

　　借贷是清代民间最为常见的债类之一。在传统的中国社会，"借是指

---

　　① 《姜秉兴典田约（咸丰七年十二月初四日）》，张应强、王宗勋主编：《清水江文书》，第1辑，广西师范大学出版社2007年版，第9册，第83页。

　　② 封，为当地的一种计算货币单位，据贵州大学张新民调查可知："将铜钱逐一排叠整齐，用纸包裹为一封，封内一般包裹36枚铜圆。"见张新民《叩开苗疆走廊文化的大门——以清水江流域天柱县契约文书为中心的调查》，载张新民主编《人文世界》第5辑，巴蜀书社2012年版，第355页。依此计算，似乎典价是360文，这显然有误。原因何在？当地以封来计算铜钱的时间集中在民国初年，而贵州这一时期流通的货币主要来自四川制造的"汉"版铜币，面值多为50文，当然间有流通湖南制造的20文和10文的铜币（见黔东南苗族侗族自治州地方志编纂委员会编《黔东南苗族侗族自治州·金融志》，贵州人民出版社1990年版，第28页）。因此，每枚铜元的面值不是1文，而应当是50文，如此计算典价为18000文才比较符合实际。

　　③ 《民国十年七月六日王氏凤月、龙成元、龙成宾娘子典田契》，张新民主编：《天柱文书》，第1辑，江苏人民出版社2014年版，第20册，第288页。

特定物的使用借贷；贷是指种类物的消费借。其中又分为无息的'负债'和收息的'出举'"①。清代和民国的法典对于债的解释和规定有明显的不同，对清代法典来说，人们借钱主要是为生存；对南京国民政府法典来说，债主要是资本主义信用。虽然这些概念的差别很大，但两部法典都遵守同样的原则——合法的债务与利息必须偿还，因此这对面临民间习俗现实的县令和法官影响较小。② 对于古代中国民众而言，欠债还钱乃天经地义之事，"无论是为自己或为他人还清所欠款项，这一行为都是'信'的体现，是儒家所提倡的'五常'之一，守信者才能屹立于社会"③。因此，借钱方在无力偿还债务之时，无奈之下会考虑出典土地获得足够的钱资偿还债务。如民国二十四年（1935）七月，姜继琦因为缺少钱财还债，将"补坝子田二坵"出典，以偿还所欠长媳之钱。④ 又如民国三十二年（1943）四月，刘宜坤"情因家下要洋还账，无从得处"，所以兄弟商议，将"土名瓮嫂背墦⑤地一璒"、"土名瓦窑江寨边内二璒并麻园二涧，又并井水冲油山，又并滥泥冲油山"两份土地，分别出典与伯父刘修槐和叔父刘修池，共得典价洋一百四十元。⑥

五　缺少粮食

汉代郦食其曾云"王者以民人为天，而民人以食为天"⑦，郦氏之

---

① 张晋藩：《清代民法综论》，中国政法大学出版社1998年版，第155页。
② ［美］黄宗智：《法典、习俗与司法实践：清代与民国的比较》，上海书店出版社2003年版，第111页。
③ 谢开键、朱永强：《清至民国天柱农村地区土地买卖原因探析——以清水江文书为中心的考察》，《贵州大学学报（社会科学版）》2013年第5期。
④ 《姜继琦立典田字（民国二十四年七月初十日）》，张应强、王宗勋主编：《清水江文书》，第3辑，广西师范大学出版社2011年版，第6册，第539页。
⑤ 墦字，最早见于《孟子·离娄下》：卒之东郭墦间之祭者，乞其余。赵岐注曰：墦间，郭外冢间也。可知墦字意为坟墓。但在当地（清水江流域苗侗民族地区）墦特指沙地，即旱地。见谢开键、肖耀《民国时期农村妇女的权利和地位——以天柱土地买卖文书中的女性为中心》，《贵州大学学报（社会科学版）》2012年第6期，第87页注释③。
⑥ 《民国三十二年四月四日刘宜坤典墦场字》、《民国三十二年四月四日刘宜坤典园圃油山字》，张新民主编：《天柱文书》，第1辑，江苏人民出版社2014年版，第9册，第113、114页。
⑦ （东汉）班固：《汉书》卷四三《郦陆朱刘叔孙传》，中华书局1964年版，第2108页。

语揭示粮食对人民的重要性，人民在青黄不接或遭受灾荒之时，倘若缺乏其他粮食来源，则会考虑将土地出典换取银钱或者直接换取谷物，以此维持基本生活。在写明出典土地具体原因的契约文书中，缺少粮食是出典土地的一个重要原因，比如乾隆五十八年（1793）正月，龙大学因为家中缺少粮食，故而将"得寨凸与大儒茶山一块"出典与本族兄弟龙大儒。① 嘉庆三年十二月（1799）姜文甫"为因缺少口粮"，自愿将"土名坐落眼翁禾田贰坵"，出典与邓天朝。② 又如光绪二十七年（1901）二月，姜贞祥、胜祥弟兄，因为缺少粮食，将祖遗之田，凭中出典与朱家煋。③ 以上是出典土地换取银钱者，另有出典土地换取粮食者，比如下纸文契所示：

> 立典田契字人良台林再根，今因家下缺乏粮食，自愿将到土名冲坑田1342，四至抵山，亲自登门问到亲房林昌名名下承典。当面三人议定白米老斗壹石肆斗正，其米亲手领足，限至本年九月半将米赎契，不得有误。若有误者，迫至明年清明下田耕种，不得异言。恐口无凭，立有典字为据。④

民国三十四年五月，林再根因家中缺少粮食，所以将编号为1342的冲坑田出典与亲房林昌名，以此换取"白米老斗壹石肆斗正"。无论是将土地出典换取银钱，或是换取粮食，这无疑都使缺少粮食的人们能得以继续维持基本生活，而不至于使他们因少粮而饿死，有利于农村的

---

① 《龙大学茶山出典契》，高聪、谭洪沛主编：《贵州清水江流域明清土司契约文书·九南篇》，民族出版社2013年版，第278页。

② 《姜文甫典田约》，陈金全、杜万华主编：《贵州文斗寨苗族契约法律文书汇编——姜元泽家藏契约文书》，人民出版社2008年版，第59页。

③ 《姜贞祥、胜祥兄弟典契》，陈金全、杜万华主编：《贵州文斗寨苗族契约法律文书汇编——姜元泽家藏契约文书》，人民出版社2008年版，第493页。

④ 《民国三十四年五月五日林再根典田契》，张新民主编：《天柱文书》，第1辑，江苏人民出版社2014年版，第18册，第218页。

社会稳定。

六　筹集商业资本

清水江系洞庭湖水系沅江上游，它源于贵州中部苗岭山脉，流经都匀、凯里、锦屏等县市，由天柱县出贵州省而入湖南省。锦屏和天柱地处清水江下游，水路交通较为便利，是黔省通往珠江流域两广地区和长江流域江浙地区的重要门户，天柱县更是素有"黔东第一关"之称。此地充沛的雨量和雨热同期的气候条件，特别适宜杉木、松木等树种的生长，木材贸易颇为兴盛。[①] 木材贸易使得当地的客旅流量增多，由此也带动其他诸如旅店、商店等行业的兴起和发展，如下引文书所示：

> 立承认人胡兴刚，今因承典伊亲长房蒋志光、二房蒋富极、三房蒋宗旺等，公议将到瓮洞场杨公庙码头边店地三间，上抵胡友德店欲（坎），下抵河，左抵刘宏远店地，右抵杨公庙为界，三面议定典价钱五千文。其钱众等亲领发积（？），其地任从银主坚（建）造居坐。其有后蒋姓不得那人私卖私赎，吴（务）要三房齐赎方准。今欲有凭，立承认为拠（据）。[②]

据上引文书可知，胡兴刚承典蒋志光等人在天柱县瓮洞场杨公庙码头的店面三间，且其所典店面的四至有两处是店面。又文书中提及的瓮洞，既是黔湘二省水上交通要道，也是天柱县东北部重要的水陆码头，清水江经瓮洞出黔入湘，同时也是清水江下游木材贸易的重要商业点，其商业繁荣情形推想可知。

---

① 关于清水江流域木材贸易的研究颇多，难以一一备列，可参见张应强《木材之流动：清代清水江下游地区的市场、权力与社会》，读书·生活·新知三联书店2006年版。
② 《道光十五年闰六月二十四日胡兴刚典店地承认字》，张新民主编：《天柱文书》，第1辑，江苏人民出版社2014年版，第6册，第185页。

清水江下游流域诸如瓮洞这样的码头为数不少，在这些码头开设商店，为商旅们提供食宿，获利应当较丰。为缺乏商业资本而出典土地以筹措资本的情况当不在少数。虽然在诸多典田契中只是载明由于"缺少生理本银"，未具体说明是为进行木材贸易或其他，但是我们可以推测在当地进行的多是和木材贸易相关的商业活动，即便不能完全肯定是从事木材贸易或与其相关的商业活动，也可肯定迟至清代，清水江下游地区便出现因从事商业活动而将土地出典以筹集资金的经济现象。如下份文书所示：

> 立典田约人姜登高，为因生理，无处出银，自愿将到水田一坵，坐落地者富田，落禾八把整，出典与姜之连名下承典为业。当日三面议定典价银十五两整，亲手收回应用。自愿归为典主佃种，日后收禾，二股平分，照字均分，不得混乱。今恐无凭，立此典约前照。①

嘉庆十年（1805）五月，姜登高因为缺少经营资本，将名下水田一坵出典与姜之连获得十五两银以为生理资本。嘉庆十三年（1808）十月，龙老富因为"生理缺少银用"，将自己名下"冉翁田大小八坵"出典与姜绍略弟兄，得典价银五十两。② 又如：

> 立契典田山场人蒋荣谱，今因生理缺少本银，无从得处，将到分落自己面分土名强酱坳名下水田三洞，收谷六萝，又并山场园屋基一股，要行出典，无人承受。招到房兄蒋荣登瑛名下承典为业，

---

① 《姜登高典田约（嘉庆十年五月初四日）》，张应强、王宗勋主编：《清水江文书》，第 1 辑，广西师范大学出版社 2011 年版，第 10 册，第 39 页。

② 《龙老富典田契》，陈金全、杜万华主编：《贵州文斗寨苗族契约法律文书汇编——姜元泽家藏契约文书》，人民出版社 2008 年版，第 95 页。

当日凭中三面议作典价钱拾贰千文。其钱即日领清，不另书字，日后备得原本上门抽约。其田山任从银主耕收。恐后无凭，立典字一纸为据。①

道光十年（1830）三月，蒋荣谱因"生理缺少本银"，将"自己面分土名强酱坳名下水田三涧，收谷六萝，又并山场园屋基一股"出典与房兄蒋荣登瑛。以上所引典契均书明出典产业的原因为缺少生理资本，但也有部分文书虽未明确书写是因为生理资本需要而出典产业，但从其典价数额可以推测同商业有关，如嘉庆十七年（1812）九月，姜老柄将自己名下田三处出典与姜作兴，得典价一百三十二两;② 又如光绪二十五年（1899）三月，姜元英兄弟将祖遗之田两处以"一百六十九两五钱八分"之价出典与姜德相,③ 等等。此类文书虽然没有写明具体的出典原因，但是如此数额的典价，应当是为从事同商业相关的活动而筹集资本。

出典田宅的原因除以上主要六种之外，还有为农业再生产者，如民国四年（1915）九月，姜长顺因为缺少银钱置买耕牛，将自己名下的一坵田出典与姜灿春为业，换取典价六两。④ 在现代农业机器化大生产之前，耕牛是重要的农业生产资本，在传统农业生产中发挥重要作用，正因为如此，历代政府都重视保护耕牛,⑤ 甚至授予耕牛土地（如北魏

---

① 《道光十年三月二十四日蒋荣谱典田山场契》，张新民主编：《天柱文书》，第1辑，江苏人民出版社2014年版，第9册，第159页。

② 《姜文柄典田字（嘉庆十七年九月初十日）》，张应强、王宗勋主编：《清水江文书》，第1辑，广西师范大学出版社2011年版，第4册，第145页。

③ 《姜元英弟兄典田字（光绪二十五年三月初四日）》，张应强、王宗勋主编：《清水江文书》，第1辑，广西师范大学出版社2011年版，第1册，第204页。

④ 《姜长顺立典田字（民国四年九月十八日）》，张应强、王宗勋主编：《清水江文书》，第3辑，广西师范大学出版社2011年版，第1册，第382页。

⑤ 可参见魏殿金《中国古代耕牛保护制度及其对后世的影响》，《南京财经大学学报》2007年第6期。

均田制），并对耕牛贸易采取优惠税收及提供信贷等措施。① 为维持农业的再生产，在缺乏资本来源的情况下，出典土地或许是一种较为可行的途径。此外，典田并非都是穷人所为，云南玉村的首富兼乡绅，1939年因娶媳妇而出典 20 亩土地；一户姓冯的农户，家中田地较多，遇见婚丧等事均出典田地。又如冯耀章和冯永亮二家较富，冯永亮家因一时生意亏本将土地出典，冯耀章则因不便经营菜地而出典土地。②

综上所述，清代至民国时期，清水江下游地区田宅等产业的典交易主要原因包括缺少丧葬、嫁娶、官司、偿还债务、商业、农业再生产等费用或资本，或是因为缺少粮食。这些原因都与人们的生活和生产活动息息相关，对人们生活的继续和农业的再生产及商业的发展都起着重要作用。

本章小结

本章主要论述贵州清水江下游地区典交易契约的基本要素、典交易的基本过程和典交易发生的原因。典交易契约经历形成和成熟的发展历程，其基本要素主要包括立契约人（出典人）和承典人的姓名；出典的原因；标的物及其所在的位置（土地则包括四至）、数量；典价；典期，即回赎年限；中人和代笔（书）等人署名画押；立契时间；出典人担保事项等等。虽然有些典交易契约会省去其中某些要素，但典交易双方、标的物、典价和交易时间是必备要素，缺一不可。从表面上看，典契的要素似乎没有明显的变化，但是具体内容上还是有变化的，如典期的逐渐具体化，这是由于随着土地市场的日益发展，要求契约的表达

---

① 唐晔：《宋代政府对耕牛贸易的干预与评价》，《中国经济史研究》2010 年第 2 期。

② 张之毅：《玉村农业和商业》，载费孝通、张之毅《云南三村》，天津人民出版社 1990 年版，第 403—404 页。美国学者马若孟的研究也表明此点，见 ［美］马若孟（Ramon H. Myers）著，史建云译《中国农民经济：河北和山东的农民发展，1898—1949》，江苏人民出版社 2013 年版，第 95 页。

要更为清晰和具体，这也表明土地交易市场逐步朝成熟的方向发展。

典交易的基本过程则主要包括确定标的物→询问亲房、四邻→请中→议价→立契→契税→回赎等步骤，各个环节紧密相连，由此形成一个完整的典交易过程。回赎并非典交易的必然过程，因为有相当一部分的典交易最后转为绝卖。转典、找贴（找价）和绝卖亦不属于典交易环节。转典是再次进行的典交易，其部分过程已经包括于典交易过程。找贴虽然是在典期内进行，但不属于严格意义上的典交易，绝卖则完全不属于典交易范畴。

典交易发生的原因乃是多元的，并非贫困这一简单的因素便能概述，就贵州清水江下游典交易发生的原因而言，丧葬、婚姻、官司、偿还债务、缺少粮食、筹集商业资本等费用等均是典交易发生的重要因素，除此还有进行农业再产生等因素。这些原因都与人们的生产生活紧密相关，通过出典田宅而获得资本对人们生活的延续，商业或农业的生产、发展起着十分重要的作用，农村的秩序也因此得以稳定。同时这也有利于资本的流通，促进土地等资源重新配置。

第四章

典产的处置机制
——兼论典交易的功效

　　典是传统中国最广泛、最重要的土地交易方式之一。出典人进行典交易的初衷是为获得资金，回赎典产则是其最终目标，也是整个典交易最后环节。按期赎回典产对典交易双方而言应当是较为理想之事，但实际上存在出典人提前或无力按期赎产等情况，此时如何处置标的物成为典交易双方关注的问题。就贵州清水江下游地区而言，处理上述问题的方式有四种：典期内变卖典产、加典、转典和分期回赎。除第一种方式外，其他方式表明"原价回赎"的规则并非那么严格。

　　有些学者正是针对"原价回赎"而否定典交易，以为典牺牲了效率，不利于资源配置，[①] 由此否定典的功能。美国学者罗伯特·C. 埃里克森对典交易进行较为全面批判，他认为"出典人可不负任何风险地享受土地价格上涨所带来的经济利益"，典交易因此而付出沉重的代价，并存在以下弊端：（1）出典人不会"出资偿还承典人对土地所作的各种升值投资（如堤坝、灌溉渠、房屋等）"，亦即"以原价回赎的交易规则，会打击承典者保养与改善承典土地的热情"；（2）阻碍土地的合理流转；（3）不利于农业规模经营的

---

　　① 周翔鹤：《清代台湾的地权交易——以典契为中心的一个研究》，《中国社会经济史研究》2001 年第 2 期。

形成。① 为方便论述，暂将罗伯特的观点归纳为"弊端论"，罗伯特持以上观点大概同他对传统中国民间处置典产的方式（包括回赎和无力回赎）缺少全面认识有关，且其观点主要是建立在黄宗智和张泰苏等人的研究基础上，缺乏第一手资料支撑。

针对上述罗伯特的观点，龙登高等人已有商讨专文，② 但似有可补充之处。又清至民国时期的法律对回赎或无力回赎标的物的处置方式有所规定，因此本章拟从两条路线——法律的规定和民间的实践——着手，即在梳理相关的法律规定的同时，结合清水江下游地区的契约文书及中国其他地区的调查报告处置回赎或无力回赎典产的方式，在此基础上与所谓典交易"弊端论"展开进一步讨论。

第一节 清至民国法律对处置典产的规定

清代至民国时期的法律对典交易的相关规定首先关注的是典期，而后根据典期规定处置回赎或无力回赎典产的方法。今分述如次。

一 清代处置典产的法律规定

清代初年，清政府对民间田宅典交易的出典期限无特殊规定，《大清律例》记曰："所典田宅、园林、碾磨等物，年限已满，业主备价取赎。"③ 对于该条律文，《大清律例》"总注"解释为"所典田宅园林碾磨等物，必先议明年限，开载契中"④，即典交易双方需将商议决定的出典时限书于契约之内。出典人依据契约内注明的出典期限，到期后取

---

① ［美］罗伯特·C. 埃里克森，乔仕彤、张泰苏译：《复杂地权的代价：以中国的两个制度为例》，《清华法学》2012 年第 1 期。

② 龙登高、温方方：《论中国传统典权交易的回赎机制——基于清华馆藏山西契约的研究》，《经济科学》2014 年第 5 期。

③ （清）姚雨芗原纂，胡仰山增辑：《大清律例会通新纂》卷八《户律·典买田宅》，同治十二年刊本，第 25 页。

④ （清）姚雨芗原纂，胡仰山增辑：《大清律例会通新纂》卷八《户律·典买田宅》，第 26 页。

赎标的物。倘若此时"典主（承典人）托故，不肯放赎者，笞四十。
限外递年所得多余花利，追缴给主（出典人），仍听依原价取赎。其年
限虽满，业主无力取赎者，不拘此律"①。出典人在典期到限备价回赎
典产之时，承典人托故阻止或不让出典者回赎典产，对承典人处以
"笞四十"的惩罚，其在典期年限外所得财物追缴还与出典人，出典人
仍以原价赎回标的物。

　　倘若出典人在约定的典期内无力回赎，这种情况之下的典产当如何
处置呢？明政府的处置方式是："凡有军民告争典当田地，务照所约年
限，听其业主备价取赎。其无力取赎者，算其花利，果足一本一利，此
外听其再种二年，不许一概朦胧归断，则财□适均，而人心服矣。"②
即允许承典人在典期结束后再耕种二年，而后交还出典人，但这只适用
于标的物为土地的典交易。明廷采取这一措施的原因正如雷梦麟所言：
"限外无力取赎者，田地仍种二年交还，即以其所余之利，为所赎之
价，亦不失其所有矣。然则惟田地花利稍大，故可以抵价，余物花利或
微，故例不及也。"③ 该处置方式旨在防止出典人因无力回赎而失去土
地。此方式对出典者较为有利，承典方的利益亦未受到损害，是较为妥
当的处置方式。令笔者不解的是，此条例被学者称为"宜民之时制"，
明廷似乎并不想长久使用此法，清代的法律亦未承袭此条例。清廷采取
的方式正如《大清律例》"总注"所言"业主无力取赎，则非典主之
过，仍听管业"④，即在出典人无力回赎典产之时，典产仍由承典人管
业，待出典人具备典价后再行回赎。但假若承典人急用资金而出典人又

---

① （清）姚雨芗原纂，胡仰山增辑：《大清律例会通新纂》卷八《户律·典买田宅》，第25页。
② 《大明律直引所附刑条例和比附律条》，载刘海年、杨一凡主编《中国珍稀与典籍集
成》，乙编，科学出版社1994年版，第2册，第279页。
③ （明）雷梦麟撰，怀效锋、李俊点校：《读律琐言》，法律出版社2000年版，第141页。
④ （清）姚雨芗原纂，胡仰山增辑：《大清律例会通新纂》卷八《户律·典买田宅》，同治
十二年刊本，第26页。

无力回赎，承典人则可将土地转典与他人。①

另外还有一种情况，典契约中虽注明回赎，但是未写具体的回赎年限。明代中叶出现的活卖，与典交易交织，使得回赎情况更加复杂，而且在此之外又产生新的社会经济现象——找价。② 为解决这一问题，清政府先后出台雍正八年定例、乾隆九年定例和乾隆十八年定例加以约束，但效果似并不明显。③ 而后在巡视南城御史增禄和给事中王懿德的奏请下，④ 清廷明确回赎期限："民人典当田房，契载年分统以十年为率，限满听赎。如原业力不能赎，听典主投税过割执业。"⑤ 即民人出典土地至多为十年，十年之后，原业主不能回赎，承典人则买入土地，并且投税过割。另外需要指出的是，清政府对旗人典交易的期限规定有所不同，旗人"典当田房，统以十年为率，限满原业立不能赎，再予余限一年"⑥，旗人之间的典交易期限比民人之间的典交易期限多一年。另外还特别规定民人典买旗地的典期为二十年。⑦

最后，清律对典期内标的物损坏，典交易双方承担的风险问题也有所考虑。刊于同治年间的《大清律例会通新纂》载："原典房屋契载物件，至回赎时或有倒塌、损坏，照原价酌减。"⑧ 即出典人在回赎典产时，典产若有损坏，承典人可酌情减少典价，这似乎对出典人利益的保

---

① （清）姚雨芗原纂，胡仰山增辑：《大清律例会通新纂》卷八《户律·典买田宅》，同治十二年刊本，第26页。

② 找价回赎常被连称，所谓找价（官方称之为找贴），是指卖主借口"卖价不敷"或"无从办纳钱粮"，要求买主加付田宅价格的行为。回赎则是卖主经济情况有所好转或因为土地价格上涨，要求以原价赎回之前卖出的土地。

③ 对于此问题，笔者已有专文论述，见拙稿《清代"找价回赎"三十年时限考析》，《史林》2018年第4期。

④ 乾隆三十五年六月二十九日巡视南城御史增禄、给事中王懿德折，中国第一历史档案馆藏，朱批奏折，档号03—0630—028。

⑤ 《户部则例》卷一〇《田赋四·置产投税》，同治十三年刊本，第12页。

⑥ 《户部则例》卷一〇《田赋四·置产投税》，同治十三年刊本，第9页。

⑦ 《户部则例》卷一〇《田赋四·旗民交产》，同治十三年刊本，第15页。

⑧ （清）姚雨芗原纂，胡仰山增辑：《大清律例会通新纂》卷八《户律·典买田宅》，同治十二年刊本，第26页。

护力度不足，出典人承担的风险较大。

二　民国处置典产的法律规定

光绪末年，清政府开始起草《大清民律草案》，未及颁布，清朝便已结束。民国初年，北洋政府亦起草民法典草案。此次草案的制定以《大清民律草案》为基础，并结合清末民初进行的民商事习惯调查成果。然而《民国民律草案》同《大清民律草案》的命运相似，亦未正式颁行。虽然如此，北洋政府还是于1915年公布《清理不动产典当办法》，这可以视为规范民间典交易，解决典交易纠纷的救急措施。南京国民政府则制定了中国近代第一部民法——《中华民国民法典》，对典交易有专章规定。因此，笔者将民国时期政府对处置典产的方式分为北洋政府和南京国民政府两个阶段论述。

（一）北洋政府：《清理不动产典当办法》

北洋政府司法部鉴于清代长期以来民间典和活卖不分、找价回赎造成的纠纷，于1915年以政令形式颁行《清理不动产典当办法》（以下简称《办法》），《办法》共计10条。其第1条规定："民间所有典卖契载不明之不动产，远在三十年以前，并未注明回赎字样，亦无另有作证可以证明回赎者，即一绝产论，不准回赎。其未满三十年，契载不明之不动产，概以典产论，准其回赎，但契载已明者，不在此限。"① 此条规定将土地交易回赎期限定为三十年，但是标注有"回赎"字样的典契，即便其突破三十年回赎期限也可回赎，针对这一问题，北京政府于《办法》第2条做了补救措施，规定典产从签订交易契约之日起，"未满六十年之典产，不论原典是否定有回赎期限，如未经找贴作绝，另立

---

① 《清理不动产典当办法》，见《司法部呈拟定清理不动产典当办法当否请示遵文并批令（附单）》，《政府公报》1915年10月6日，第1229期。

绝卖契据，或别经合意作绝者，仍准原业主回赎"①，同时第 3 条规定
"未满六十年之典当，无论有无回赎期限，及曾是否加典、续典，自立
约之日起算，已逾三十年者，统限原业主于本办法施行后三年内回赎，
如逾限不赎，只准原业主向典主告找作绝，不许告赎"②，即满三十年
但未满六十年的典交易，只要契约中注明"回赎"字样，无论是否注
明具体的回赎期限，都准许出典人回赎典产，但必须在《办法》施行
之后的三年之内回赎，逾期则只能绝卖，不准再要求回赎。

　　对于《办法》施行之后民间典交易的出典期限，《办法》第 8 条规
定："嗣后民间置买产业，仍照前清现行律，务须注明绝卖或不准找赎
字样。如系典业，务须注明回赎年限，设定典当期间，以不过十年为
限，违者一届十年，限满应准业主即时收赎，业主届限不赎，听凭典主
过户投税。不满十年之典当，不准附有到期不赎，听凭作绝之条件。违
者虽逾期，于立约之日起十年期限内，仍准业主随时告赎。"③ 该条规
定同清代一样，将出典年限定为十年。典期之内，出典人可以随时要求
回赎典产。出典人在典期到限时无力回赎典产，则任凭承典人将典产过
割投税，即典产归承典人所有。

　　另外，《办法》对典产在回赎时增值的情况也有所考虑，其第 5 条
规定："凡准回赎之典业，若经典主添盖房屋、开渠筑堤，及为其他永
久有利于产业之投资，原业主回赎时应听典主撤回，其有不能撤回或因
撤回损其价格、或典主于撤回后无相当用途者，由双方估价归原业主留
买。"④ 以土地为例，承典人"开渠筑堤"，这些无论对灌溉田地，还是

---

　　① 《清理不动产典当办法》，见《司法部呈拟定清理不动产典当办法当否请示遵文并批令
（附单）》，《政府公报》1915 年 10 月 6 日，第 1229 期。

　　② 《清理不动产典当办法》，见《司法部呈拟定清理不动产典当办法当否请示遵文并批令
（附单）》，《政府公报》1915 年 10 月 6 日，第 1229 期。

　　③ 《清理不动产典当办法》，见《司法部呈拟定清理不动产典当办法当否请示遵文并批令
（附单）》，《政府公报》1915 年 10 月 6 日，第 1229 期。

　　④ 《清理不动产典当办法》，见《司法部呈拟定清理不动产典当办法当否请示遵文并批令
（附单）》，《政府公报》1915 年 10 月 6 日，第 1229 期。

防止洪水侵害田地都十分有益，民间一般不会采取撤回的方式，双方可以协商，出典人可以对承典人适当补偿。改善土地肥力则属于不可撤回之情况，出典人和承典者同样可以采取协商的方式来解决。

典产土地的价格在回赎时上涨的情况较为常见，对于这种情形《办法》第 6 条规定："凡准回赎之田地，若经典主管领耕种满二十年、及现时地价确有增涨者，原业主于回赎时除备原典价外，应加价收赎。"① 倘若双方协商不成，由当地官府审理。所有需加价回赎的土地，需要当地的行政官员同司法部商议应加地价的差额，假如没有制定地价的差额，地方审理官员需要调查典价同现价的差额，所加地价不得超过现价和典价之间差额的半数，田地的时价则"以一年租金额二十倍为准"②。这些规定似乎是站在承典人的角度，所以有论者责难上述规定"偏重于保护典主（承典人）的利益，并不考虑典权人已获得长期土地收益的因素，与历代有关立法的原则不同"③，此种观点似未考虑到出典人获得的典价是以土地收益为利息的。

相较而言，《办法》对典交易的期限基本遵循清律，对清律存在突破三十年回赎期限的问题，《办法》另有处置措施，为解决民间由此产生的纠纷提供法律依据。《办法》对出典物价值的上涨情况亦所有考虑，其操作性强，且贴近现实，应当说是法律的进步。

（二）南京国民政府：《中华民国民法典·物权编》

1929 年 11 月 30 日，南京国民政府公布《中华民国民法典·物权编》。④ 该编立法者将典纳入物权范畴，将典视为典权，并制定"典权"章，共计律文 17 条（第 911 条—927 条）。

---

① 《清理不动产典当办法》，见《司法部呈拟定清理不动产典当办法当否请示遵文并批令（附单）》，《政府公报》1915 年 10 月 6 日，第 1229 期。
② 《清理不动产典当办法》，见《司法部呈拟定清理不动产典当办法当否请示遵文并批令（附单）》，《政府公报》1915 年 10 月 6 日，第 1229 期。
③ 郭建：《典权制度源流考》，社会科学文献出版社 2009 年版，第 221 页。
④ 《中华民国民法典》，徐百齐编：《中华民国法规大全》，第 1 册，商务印书馆 1936 年版，第 70 页。

1. 典期

《中华民国民法典·物权编》参照德国民法权利为三十年的规定，① 于第912条规定："典权约定期限不得逾三十年，逾三十年者缩短为三十年。"② 即将典权的期限设定为三十年，超过三十年的那部分典期无效，需缩短至三十年。清代《户部则例》、民初的《办法》及《民国民律草案》均将典期设定为十年，③ 所以比较而言，《中华民国民法典》设定的典期较长，无怪乎有学者称其为"历史上最长的法定典期"④。另外，该条律文的立法理由称："盖以典权之存续期间，不可漫无限制，致碍社会上个人经济之发展，故设本条以明示其旨。"⑤ 其本意旨在确定出典的期限，客观上却使田宅等物出典的有效期有所延长。

另外，对于定有期限的典交易，而出典人在典期结束后欲再次以契约约定延长典期的情况，民法典物权编没有制定律文加以限制，亦未予以规范。对此1948年上字7824号判例认为"定有期限之典权当事人，以契约加长期限者，须于期限届满前为之。于期限届满后以契约加长期限，既为法律所不许，即无从尊重当事人之意思而认为有效"⑥，允许定有期限的典交易加长典期，但是需要再立契约并且要在前一约定期限未到之前，逾期则不得延长典期。

---

① 张生：《中国近代民法法典化研究：1901—1949》，中国政法大学出版社2004年版，第240页。

② 《中华民国民法典》，徐百齐编：《中华民国法规大全》，第1册，商务印书馆1936年版，第76页。

③ 见《户部则例》卷一〇《田赋四·置产投税、旗民交产》，同治十三年（1874）刊本，第9、15页。《民国民法典》对典期的规定可参看潘维和《中国历次民律草案校释·民国民律草案》，汉林出版社1982年版，第496页。

④ 郭建：《典权制度源流考》，社会科学文献出版社2009年版，第234页。

⑤ 林纪东等编辑：《新编六法参照法令判解全书》，五南图书出版公司1998年版，第329页。对于这一理由，谢振民有类似的论述，他认为"典权之特质，在于出典人有回赎之权利，如逾期不赎，则权利状态不能确定，于经济上之发展，甚有妨碍"，见谢振民编著，张知本校订《中华民国立法史》，下册，中国政法大学出版社1999年版，第773页。

⑥ 林纪东等编辑：《新编六法参照法令判解全书》，五南图书出版公司1998年版，第329页。

2. 转典

考虑到承典人的经济条件可能恶化，而出典人无力回赎或典期未到，承典人可以将典入的土地转典与他人。但转典并非毫无限制，首先转典必须在典期之内，典交易定有期限者，转典的期限不得超过原来的典期，没有约定期限者，转典之时不得商定期限。另外转典的价格不得超过原典价。①

3. 回赎

由于民间习惯上出典契约往往并不明确典期，如清江水文书中有大量的典交易契约只注明"不拘年月""不限久近"。针对此一情况，《中华民国民法典》第 924 条规定："典权未定期限者，出典人得随时以原典价回赎典物。但自出典后经过三十年不回赎者，典权人即取得典物所有权。"② 即未约定典交易期限者，其最长的回赎年限为 30 年，出典人可于 30 年内随时回赎。约定出典年限者，出典人可在典期结束后以原价赎回典产，倘若在典期结束后 2 年仍无法回赎，则典产为承典人所有。③ 另外，回赎时节应在"收获季节后、次期作业开始前"④，这一规定符合民间习惯，是以避免干扰农业生产和不必要的纠纷为原则。

4. 风险

此处所指为承典人承担的风险，具体可从以下三个方面加以论述：

第一，标的物因不可抗拒力灭失的风险。《中华民国民法典》第 920 条规定："典权存续中，典物因不可抗力致全部或一部灭失者，就其灭失之部分，典权与回赎权，均归消灭。前项情形，出典人就典物之余存部

---

① 《中华民国民法》，徐百齐编：《中华民国法规大全》，第 1 册，商务印书馆 1936 年版，第 76 页。

② 《中华民国民法》，徐百齐编：《中华民国法规大全》，第 1 册，商务印书馆 1936 年版，第 77 页。

③ 《中华民国民法》，徐百齐编：《中华民国法规大全》，第 1 册，商务印书馆 1936 年版，第 77 页。

④ 《中华民国民法》，徐百齐编：《中华民国法规大全》，第 1 册，商务印书馆 1936 年版，第 77 页。

分，为回赎时，得由原典价扣除灭失部分之典价。其灭失部分之典价，依灭失时灭失部分之价值与灭失时典物之价值比例计算之。"① 即当标的物遇到不可抗拒的因素而全部损坏时，出典人失去标的物，承典人承担典价的损失；假若标的物只是部分损坏，那出典人回赎时应当由原典价扣除标的物损坏部分价值的一半，但扣除部分不得超过原典价。

第二，承典人在典期内保管标的物的责任。在典期内，如果因承典人的过失而造成出典物损失的，承典人在典价的范围内承担责任；假若是因承典人故意或者重大过失而造成出典物有所损害，需将典价作为赔偿，典价不足赔偿金额应另外赔偿。② 通观此条法律，出典人似较承典人负更大风险。

第三，承典人的费用求偿。承典人对标的物付出费用而使其价值有所增加，在出典人回赎时，典人可以就此向承典人支付一定的费用，但不得超过标的物现有价值的范围。③

通过梳理清至民国时期政府对典交易的相关法律规定可知，民国时期制定处置典产方式的法规对清代既有继承，又有发覆。总体而言，民国时期的法律比清代更为详细，灵活性和可操作性都有所增强，同时也更加贴近民间实际情况。法律上对处置典产的规定是如此，那民间实践如何呢？以下便从贵州清水江下游流域的典交易契约入手，论述当地人民对典产的处置方式，揭释其处置机制。

第二节　清水江下游地区民间对典产的处置方式

清水江下游地区对典产的处置方式主要有以下四种：

---

① 《中华民国民法》，徐百齐编：《中华民国法规大全》，第 1 册，商务印书馆 1936 年版，第 76 页。

② 《中华民国民法》，徐百齐编：《中华民国法规大全》，第 1 册，商务印书馆 1936 年版，第 77 页。

③ 《中华民国民法》，徐百齐编：《中华民国法规大全》，第 1 册，商务印书馆 1936 年版，第 77 页。

一 典期内变卖

虽然清代至民国时期的法律都规定典交易契约需要注明典期，但这一规定在民间并没有得到严格执行。以锦屏县的典交易契约为例，笔者所见已出版清至民国时期锦屏县的典交易契约共计 371 件，其中 1 件注明"不得回赎"，乃是因为此例典交易为加典后成为绝卖。在剩余的370 件典交易契约中，未说明典期的有 241 件，占典交易契约总量的65.1%；注明典期的有 129 件，占典交易契约总量的 34.9%，其典期为 1 年至 10 年不等，典期为 3 年者最多，共计 88 件，占典契总量的23.8%，占注明典期契约数量的 68.2%。余者如典期为 10 年的 2 件，5年的 3 件，2 年的 9 件，1 年（包括 1 年）之内的 27 件。

一般而言，在约定典期的典交易中，出典人不得在典期未到之前回赎标的物，如咸丰八年（1858）正月杨胜奉将"地名鸠田一坵"典与姜兆琳，双方签订的契约中约定土地"典过三年之外，不拘远近价到赎回"[1]；又如同治三年（1864）八月，姜克顺与李老骚签订的典交易契约中规定田"自典之后，限满三年赎回"[2]。龙登高等人的研究表明，在清代山西地区的典交易中，假如出典人欲在典期内赎回土地，那么出典人需向承典人支付一定数额的费用，"以补偿承典人相应土地收益的损失"[3]。笔者在所见锦屏县的典契约中，虽未发现出典人在典期内提前赎回土地的情况，但存在典期内将土地变卖的情况，此如光绪二十三年（1897）二月，姜恩科将"里甲田一坵"典与姜凤来为业，双方约

---

[1] 《杨胜奉典田字（咸丰八年正月初十日）》，张应强、王宗勋主编：《清水江文书》，第 1辑，广西师范大学出版社 2007 年版，第 7 册，第 58 页。

[2] 《姜克顺典田字（同治三年八月初五日、十月十五日）》，张应强、王宗勋主编：《清水江文书》，第 1 辑，广西师范大学出版社 2007 年版，第 7 册，第 75 页。

[3] 龙登高、温方方：《论中国传统典权交易的回赎机制——基于清华馆藏山西契约的研究》，《经济科学》2014 年第 5 期。

定田产"典足三年，价到赎回"①，但姜恩科就于光绪二十四年（1898）三月将出典的土地卖与姜凤来。② 此种情况并不少见，如民国六年（1917）正月，姜作琦、姜纯美父子因缺少商业资本将祖遗之田一坵典与姜元贞，约定"其田典足三年，价到赎回"③，在双方签订典契后的次月，姜氏父子便将此田断卖与姜元贞。④ 再如民国二十三年（1934）五月，陆秀银将土地典与本房叔父陆胜河，⑤ 次年四月将出典之田断卖与后者。⑥ 由上引数纸契约可知，出典人变卖典出的土地时，承典人是首先考虑的对象。这是部分典契约在签订之初就规定如果出典人要变卖典产，首先要询问承典人之因，如民国六年（1917）十一月，姜双富将"地名翁祖顺塘一口"典与姜源淋，双方约定出典人如若出卖典产，需"先问银主，后问他人"⑦，此即承典人对于入典之产有优先承买的权利，此种情况在中国其他地区亦较为常见（见表4-1）。

表4-1　　　　　　　　承典人有优先承买典产的权利

地点	内容	出处
奉天怀德县	民间典当田宅，地主有出兑（卖）田地之时，典当主有优先权	25
奉天洮南一带	典不拦卖，但出卖时典主有优先购买权	27

① 《姜恩科典田字（光绪二十三年二月初八日）》，张应强、王宗勋主编：《清水江文书》，第1辑，广西师范大学出版社2007年版，第7册，第104页。

② 《姜恩科断卖田字（光绪二十四年三月二十六日）》，张应强、王宗勋主编：《清水江文书》，第1辑，广西师范大学出版社2007年版，第7册，第105页。

③ 《姜作琦、姜纯美父子典田字（民国六年正月二十日）》，张应强、王宗勋主编：《清水江文书》，第1辑，广西师范大学出版社2007年版，第6册，第220页。

④ 《姜作琦、姜纯美父子断卖田字（民国六年二月二十三日）》，张应强、王宗勋主编：《清水江文书》，第1辑，广西师范大学出版社2007年版，第6册，第221页。

⑤ 《陆秀银立老典田字约（民国二十三年五月二十一日）》，张应强、王宗勋主编：《清水江文书》，第2辑，广西师范大学出版社2009年版，第3册，第344页。

⑥ 《陆秀银立断卖田字约（民国二十四年四月初一日）》，张应强、王宗勋主编：《清水江文书》，第2辑，广西师范大学出版社2009年版，第3册，第345页。

⑦ 《姜双富典塘字（民国六年十一月十六日）》，张应强、王宗勋主编：《清水江文书》，第1辑，广西师范大学出版社2007年版，第2册，第325页。

续表

地点	内容	出处
吉林全省	典主对所典房屋有先买权	38
黑龙江龙江县	田宅等物业典出之后，出卖时，先尽原典主	51
黑龙江青冈县	出卖已典之产，典主有优先权	57
黑龙江索伦设治局	典主不能阻拦出典人出卖典产，但有优先权	66
黑龙江兰西县	出典人在典期未满之时出卖典产，要先尽典户（主）承买	77
黑龙江绥楞县	典约期限未满，出典人欲出卖，先尽典户（主）	81
黑龙江汤原县	出典人在典约期限未满以前出卖地房，必先尽典户（主）买受	95
河南开封县	出典人出卖典产是，典主有先买之权利	125
山西潞城县	典产无论已届回赎时限与否，原业主欲出卖，须先尽典主	152
江苏砀山县	凡典当不动产，成交后，业主欲复绝卖，须先商之当户	213
江苏丰县	绝卖典当房屋，卖主要先知照典户，典户不买，另卖他人	217

资料来源：前南京国民政府司法行政部编，胡旭晟、夏新华、李交发点校：《民事习惯调查报告录》，中国政法大学出版社2000年版，上册。

说明："出处"一栏数字表示材料来源书籍的页码，下同。

　　承典人的这种优先承买权是为保证其权益，因回赎是在一定时间——多为春耕之前或秋收之后——之内进行，承典人有购买承典土地的优先权，那么出典人在承典人春耕之后出卖出典之土地，承典人不会因此遭受损失，也无需向出典人索要耕种之成本，双方较少不必要的纠纷。另外，如奉天洮南（今吉林洮南市）一带有"典不拦卖"的习惯，即承典人无权干涉出典人变卖典产，但承典人亦有优先承买典产之权利，这同样是基于保护承典人权益的考虑。因此，此种优先权的设定，对典交易双方都颇为有利：对出典人而言，他可得到急需的资金（否则不会在典期未到时变卖典产），消除新买主和原承典人之间因土地收获物而引起的纠纷。而且将典产出卖与原承典人还可省去回赎典产、另寻买主等一系列繁复环节，节约交易成本。对承典人而言，优先权则可降低其权益受损程度。

二　加典

清水江下游地区的加典类似于其他地区的"找价"行为，但当地似无这一称呼，笔者管窥所及，尚未见到。另外，"找价"一般是将出典人所找的价格数目标注于原典契之上，待出典人回赎之际，备足原典价和所找银两数之总和向承典人回赎典产。锦屏县的加典多是另立一张契约，冠之以"加典"的称呼，此类似于江苏地区分立加、绝、叹各契，① 但又有所不同，锦屏县只有加典一契，并无多次"找价"、也无分立加、绝、叹各契的情况。具体如下纸契约文书所示：

> 立加典字人叔父克贞，今将皆抱库外边田壹坵，约谷五担，出典与侄吉清名下承典为业耕种，当日凭中议定加典价银叁两式钱整，亲手领足。其田四抵照前典字分明。此田以后任侄吉清下田耕种，叔父不得异言。恐口无凭，立此加典字为据。
>
> 内添二字。
>
> 外批：复限三年赎回。
>
> 凭中　姜风□
>
> 同治十年五月初八日　亲笔②

由上引契约文书可知，姜克贞将先年典与侄子姜吉清之田加典，得加典价银3.2两，双方约定"复限三年赎回"。从文书的叙述上看，无法判定姜克贞加典的行为是在前一典交易期限结束之前还是之后，因此

---

① 江苏地区民间进行田宅买卖交易时，在签订卖契后又另立加、绝、叹等契，但据范金民的研究，至乾隆年间开始，苏州、常州等地区出现"总书一契"的契约格式，所谓"总书一契"指的是将卖、加、绝、叹等契合立为一纸。见范金民《从分立各契到总书一契：清代苏州房产交易文契的书立》，《历史研究》2014年第3期。

② 《姜克贞加典田字（同治十年五月初八日）》，张应强、王宗勋主编：《清水江文书》，第1辑，广西师范大学出版社2007年版，第7册，第82页。

无法判定"复限三年"具体情况。如果是在典期内进行的加典，那么加典之后延长的典期为原始典交易时间与加典行为发生时间的年数差；假若在原始典交易的典期外加找，那则是将典期延长三年。但无论是在原典交易的期限之内还是之外的加典，出典人在最后回赎之时，需要支付原典价和加典价的总和方可赎回典产。

前例是另立加典契约的情况，此外有将加典情况书于原典契的现象，此种情况较为少见，如下纸契约文书所示：

> 立典田字人姜宣伟，为因家下缺少钱用，无处得出，自愿将到地名污扒田陆坵，界限岭一林（？）叁坵，界上下凭山，左□，右凭山为界；又冲田一林式坵，界上凭沟，下抵绍□之田为界；又冲田一坵，界限上凭山，下抵坊（荒）坪，左抵大路，右抵承章之田角为界；四抵分明，将此田共陆坵出典与本寨姜景周名下承典为业。凭中议定价市洋伍拾捌元整，亲手收足应用。其田自典之后，任凭钱主下田耕种管业。限至三年，价到赎回。我典主日后不得异言。恐口无凭，立此典字为据。
>
> 凭 中笔 杨顺天
>
> 民国廿九年六月十二日　　立
>
> 外批：民国卅年贰月初七日又将此处前契之田，加典价市洋壹拾捌元捌角整。限至三年，价到赎回。立此加典字为据。　顺天笔批。①

据上引契约文书可知，姜宣伟将地名污扒田六坵以市洋 58 元的价格典与本寨姜景周为业，约定三年价到回赎。次年二月，又将此六坵田

---

① 《姜宣伟立典田字（民国二十九年六月十二日）》，张应强、王宗勋主编：《清水江文书》，第 2 辑，广西师范大学出版社 2009 年版，第 2 册，第 439 页。

加典，得市洋 18.8 元。从该份典契约中可以清楚知道，姜宣伟的加典是在典期之内即出典的次年进行，因此其实际上是将典期延长 1 年。姜宣伟初次典价为市洋 58 元，典期为 3 年，即每年得价约为市洋 19.3元，而其所加典的价格为市洋 18.8 元，约为 1 年所得的典价，因此加典实际上是延长典期。这与"找价"并不相同，找价是主要是因为"价格不敷"而补偿差价，二者有本质的区别。在"找价"盛行的明清时代，贵州清水江流域下游地区为何没有产生"找价"现象，则是值得学界进一步探索的问题。

三　转典

前文提及，承典人对典入的土地有一定的处置权益，其中就包括转典，即承典人在无力耕种或者需要资金但出典人又无力回赎时，将先前典入的土地转典与他人，实现资金的融通。清律和民国的法律都认可转典，民间也一直存在这一行为（见表 4 - 2）。在清水江下游流域转典的契约形式有两种：一是在原典契中以外批的形式说明转典，如乾隆三十年（1765）十一月，王正贤兄弟从龙腾霄手中典入三坵田，嘉庆四年（1799）八月，王氏兄弟将此田转典与姜佐章为业，转典的相关表述便书于原典契之上；[1] 二是新立典契约并注明标的物的来源，此种情况更为常见，如道光二年（1822）二月，邓有训将"先年得典岩湾范老目田一坵，地名南湾"，凭中转典与姜映辉名下为业，[2] 该典契约是新立典契，但是在典契中说明标的物的来源，即"先年得典范老目之田"。另外，就当地而言，似乎对转典的次数没有限制，只要原始的出典人未赎产，其出典的标的物便可无限制地转典与他人，试举一例加以说明：

---

① 《龙腾霄典田约（乾隆三十年十一月二十二日）》，张应强、王宗勋主编：《清水江文书》，第 1 辑，广西师范大学出版社 2007 年版，第 7 册，第 3 页。

② 《邓有训典田契》，陈金全、杜万华主编：《贵州文斗寨苗族契约法律文书汇编——姜元泽家藏契约文书》，人民出版社 2008 年版，第 214 页。

　　立典田约人家（加）池寨姜世谟、世元、世杰兄弟三人，因缺少无出，自愿将到祖遗本寨之田，土名格抖大田一坵，约谷十四石，上平（凭）坎、世爵田，下抵之谟田，右抵世培田，左抵沟；又将土名冉腊田一坵，约谷三石，上平（凭）世爵，下抵之豪田，左抵干埂、世爵之田，右抵水沟；四至分明。今请凭中出典与姚玉坤老爷名下承典为业，凭中言定典价银壹佰伍拾五两洪平。其银亲手收足，其田不俱远近，价到赎回。立此典字为据。

　　　　　　堂东姜学诗
　　凭中
　　　　　　瑶光姜老安

　　　　　　　谟
　　典田人姜世　　己亥年四月十二日，姚伟堂得典姜士谟弟兄之田二
　　　　　　　杰

坵转出典与龙家琳名下为业，价银照士谟弟兄原契一百五十五两。

　　凭中　李先美

　　道光八年十一月二十八日　　世元亲笔①

　　据上引契约文书可知，道光八年（1828）十一月，姜氏三兄弟将2坵田以155两之价典与姚玉坤为业，己亥年即道光十九年（1839）四月，姚玉坤后人（可能是其子）姚伟堂将此田以原价出典与龙家琳为业。同年五月，龙家琳又将这二坵田转典与姜开明弟兄为业，得典价24两，② 令人费解的是，为何典价损减如此之多？但转典并未因此结束。道光三十年（1850）四月姜开明后人姜凤仪将得典龙氏之田以24两之价再次转典与姜宗保为业。③ 咸丰九年（1859）十二月，姜凤仪又

　　① 《姜世谟、姜世元、姜世杰兄弟三人典田约（道光八年十一月二十八日）》，张应强、王宗勋主编：《清水江文书》，第1辑，广西师范大学出版社2007年版，第3册，第63页。

　　② 《龙家琳典田字（道光十九年五月初六日）》，张应强、王宗勋主编：《清水江文书》，第1辑，广西师范大学出版社2007年版，第3册，第349页。

　　③ 《姜凤仪典田约（道光三十年四月初五日）》，张应强、王宗勋主编：《清水江文书》，第1辑，广西师范大学出版社2007年版，第3册，第362页。

将此二坵田仍以 24 两之价典与姜恩瑞为业,① 据该典契约文书所载,
我们无法判定姜凤仪是将田从姜宗保处赎回之后转典与姜恩瑞,还是将
田重复转典与姜恩瑞,笔者推测姜凤仪应当是赎回之后再行转典。同治
十年（1871）九月,龙家琳与姜恩瑞签订加典契约,在原来 24 两的典
价之上加典价 53.5 两,并且双方约定该土地不得赎回,② 即龙家琳将土
地绝卖与姜恩瑞。至此,这一转典过程终于结束。

　　虽然姜世谟、姜世元、姜世杰兄弟三人之田最后以绝卖告终,但是
有几个问题不甚明白。第一,此田最早当属姜氏兄弟,为何最后绝卖者
为龙家琳? 因为按照当地的习惯以及依据契约的规定,姜氏兄弟"不
惧远近",只要备足银两便可回赎典产。而且承典人将典入之产转典的
话,一般由原始的出典人向最后承典人回赎土地,如咸丰六年（1856）
四月,杨进海、杨进云弟兄将先年得典潘姓"甯溪田大小三坵",凭中
转典与龙用辉为业,双方约定"日后潘姓备价向龙姓赎取,不与杨姓
干拈,依潘姓老约银两赎取"③;又如光绪五年（1879）二月,吴光本
将先年得典杨姓之产转典与胡姓之人,约定日后杨姓依据原典价向胡姓
取赎。④ 等等。所以,依据这一习惯,前述土地的绝卖权利应当为姜氏
兄弟所有,但最后的卖家却是龙家琳。另外根据龙家琳同姜恩瑞签订契
约的内容表述——先年得典瑶光姚伟堂之田——来看,姜氏兄弟并未将
土地卖与龙家琳,因此,笔者推测极有可能是姜氏弟兄无力回赎土地,
所以龙家琳才将土地绝卖。

　　第二个问题便是,姚伟堂将土地转典与龙家琳时的典价为 155 两,

---

　　① 《姜凤仪典田约（咸丰九年十二月月二十九日）》,张应强、王宗勋主编:《清水江文书》,
第 1 辑,广西师范大学出版社 2007 年版,第 3 册,第 367 页。
　　② 《龙家琳典田字（同治十年九月十八日）》,张应强、王宗勋主编:《清水江文书》,第 1
辑,广西师范大学出版社 2007 年版,第 3 册,第 379 页。
　　③ 《杨进海弟兄甯溪田出典契》,高聪、谭洪沛主编:《贵州清水江流域明清土司契约文书·
九南篇》,民族出版社 2013 年版,第 301 页。
　　④ 《吴光本蚂蟥山塝脚长田典契》,高聪、谭洪沛主编:《贵州清水江流域明清土司契约文
书·九南篇》,民族出版社 2013 年版,第 315 页。

龙家琳在承典后一个月又将土地转典，但其获得的典价仅 24 两，相较原典价减少 131 两。龙登高在论述土地的转典价格时认为"多次典的交易，其价格是递减的。第一次典，价格高，第二次典的价格会大大降低，第三次更低，呈边际递减"①，但这次交易价格的下降幅度过高。而且实际上转典的价格较原典价有上升、持平和下降三种可能，② 龙氏观点无法解释这一现象。另外就清水江地区而言，大多数是以原典价转典，当中虽有部分土地转典时未在契约文书说明是否以原价转典，也未在转典之时载明原典价，而且也确实存在土地在转典时价格下降的现象，但像此案件典价减少如此之多——转典价仅为原典价的15.5%——则为仅见。龙家琳最后虽然获得加典价 53.5 两，加上典价共计 77.5 两，为原典价的 50%。笔者在第六章对锦屏县清代的土地价格做过粗略的统计，道光年间锦屏县的土地价格有所起伏，道光二十年（1840）左右土地价格开始降落（见图 6－2），因此转典价格的下降并非由土地价格的下降所引起。所以，龙家琳之所以在典入土地的一个月后将土地以极低的价格出典，可能是家中遇到重大事故，急需使用现金，具体原因则不得而知。

总体而言，清至民国时期的锦屏县，无论土地的典价在转典过程中是上升、持平抑或是下降，土地的原所有者均是向最后一位承典人回赎典产。

表 4－2　　　　　　　　清至民国锦屏县转典行为示意表

交易时间	出典人	承典人	典价	备注
乾隆三十年十一月二十二日	龙腾霄	王正贤兄弟	银 40 两	嘉庆四年八月二十九日原价转典与姜佐章
道光二年二月十九日	邓有训	姜映辉	银 15 两	先年得典范老目之田，后范姓向姜姓取赎

① 龙登高：《地权市场与资源配置》，福建人民出版社 2012 年版，第 57 页。
② 谢开键：《读〈地权市场与资源配置〉二札》，《中国经济史研究》2017 年第 3 期。

续表

交易时间	出典人	承典人	典价	备注
道光八年十一月二十八日	姜世谟三人	姚玉坤	银155两	道光十九年四月十三日以原价转典与龙家琳
道光十五年二月二十日	姜文燮	吴成德	银21两	先年得典姜儒之田。咸丰十二年十二月初六日吴正才照价转赎给姜卓贤耕种
道光二十三年十一月初六日	吴之礼	龙用举	银16两	先年得典龙用福之田。咸丰八年七月二十九日，杨通明转典一股给陆昌礼
道光二十四年三月十六日	李天顺	姜世明	银4两	先年得典开秀之田
道光二十九年三月二十一日	龙本林叔侄	胡之汉	钱11400文	同治四年十一月初八日转典与本寨龙士聪，不拘远近原价取赎
道光三十年四月初五日	姜凤仪	姜宗保	银24两	祖先先年得典龙家林之田
咸丰二年十一月初四日	龙进海父子	彭德照	银4.6两	先年得典彭姓之田
咸丰三年十二月初八日	龙嗣春	陆凤翔弟兄	大钱1200文	先年得典亮司龙绍荣之田
咸丰六年四月十二日	杨进海弟兄	龙用辉	银23.5两	咸丰三年得典潘远祥之田，潘姓依原价向龙姓取赎
咸丰六年十一月二十九日	姜开智	姜兆龙	银3两	先年得典姜开杰之田
咸丰八年十二月二十五日	龙士枚	龙兴魁	大净钱4080文	先年得典龙士熙之田，日后龙士熙备原价24200文向兴魁回赎。咸丰十一年十月二十一日转典
咸丰九年十二月二十九日	姜凤仪	姜恩瑞	银24两	先年得典龙家林之田
咸丰十年六月二十一日	杨通谟等人	龙兴魁	钱3080文	先年得典龙用英屋，用英备原价向兴魁取赎
咸丰十一年十月十七日	熊君升二人	龙兴魁	钱2800文	先年得典杨姓之田，日后杨姓向龙姓取赎
同治三年二月十六日	唐平泰兄弟	姜惟忠二人	银2.8两	先年得典杨大章之田
同治五年五月初十日	杨兆东兄弟	彭德照	钱3500文	先年得典他人之田
同治五年十一月二十六日	姜凤章等	姜恩瑞	银30两	先年典与姜开周
同治七年十二月二十四日	龙加辉母子	姜毓英叔侄	银105两	转典杨家亨之田。光绪二十二年二月十八日杨家泰照价赎回杨家亨之田

交易时间	出典人	承典人	典价	备注
光绪元年三月十二日	杨正显	潘再升弟兄	钱 3700 文	先年得典他人之田。同日潘姓以 3000 文之价转典与龙兴廷
光绪三年十二月二十二日	龙道云二人	本族清明会	钱 3880 文	先年得典堂兄道宏弟兄之田
光绪五年二月十六日	吴光本	胡□□	大钱 1118 文	先年得典杨姓之田，杨姓依老契向胡姓取赎
光绪十年五月初三日	杨光忠	龙道准	钱 3100 文	光绪十九年十二月三十日转典与龙兴顺
光绪二十五年正月二十五日	姜老甲	姜盛永	银 13.2 两	先年得典姜克荣之田
宣统二年五月十二日	易元泉	姜周栋	银 5 两	先年得典姜世官之田
宣统二年十二月十七日	陆相培	陆胜宽叔侄	钱 16400 文	民国元年六月十二日加典 5028 文。民国三年十二月二十五日转典叔陆相仁
民国二年五月十八日	彭高年弟兄	彭高祥父子	银 12 两	民国四年五月初八日转典刘书月管业收租
民国十二年二月二十九日	彭仁清	彭仁彬	钱 29080 文	将得典他人之田出典
民国二十三年八月二十七日	刘书烈	彭普亨	铜元 60000 文	先年得典侯开德之田
民国二十七年四月十二日	杨胜广	刘兴花	钱 25000 文	后龙景乾转典龙运嵩
民国三十七年五月初一日	龙在渭	姜正芳	市洋 130 万元	先年得典姜永清之田

资料来源：张应强、王宗旭主编：《清水江文书》，第 1 辑，广西师范大学出版社 2007 年版；陈金全、杜万华主编：《贵州文斗寨苗族契约法律文书汇编——姜元泽家藏契约文书》，人民出版社 2008 年版；张应强、王宗旭主编：《清水江文书》，第 2 辑，广西师范大学出版社 2009 年版；张应强、王宗旭主编：《清水江文书》，第 3 辑，广西师范大学出版社 2011 年版；高聪、谭洪沛主编：《贵州清水江流域明清土司契约文书·九南篇》，民族出版社 2013 年版。

四　分期回赎

出典人大多数是在备足典价的情况下将典产一次性回赎，在出典人财力不足之时，承典人会采取变通方式，即允许出典人以分期付款或部分回赎的方式赎取典产。分期付款的形式如下纸契约文书所示：

立典田字人本家姜沛云，为因要银使用，自愿将到大田一坵地名党侯出典叔姜开让名下承典为业，当面议定典价银捌两正（整）。每年秋收上朱（租）谷二百四十斤，日后照价赎回。恐口无凭，立此典字为据。

咸丰元年四月初一收典价一两五钱，十一月又收典价二两五钱，共收四两，下欠四两，上朱（租）谷一百二十斤。

凭中　龙文高
　　　姜开谓

道光二十九年九月初六日　亲笔　立①

据上引契约文书可知，姜沛云于道光二十九年（1829）九月将"大田一坵地名党侯"，出典与叔父姜开让为业，获得典价8两。双方约定出典人每年秋收季节向承典人纳租谷240斤，用"租"字表明土地仍由姜沛云耕种。咸丰元年（1851）四月姜沛云偿还典价1.5两，同年十一月再次偿还2.5两，还余4两，而租谷也因典价的减半而减半。又如民国四年（1915）九月，姜长顺将田一坵出典与姜灿春，得典价银6两整，次年十二月，偿还典价5.2两，余0.8两。②采用分期付款的赎产方式可以缓解出典人一次性备足典价而赎产的经济压力，出典人赎回典产的可能性亦随之增大。

部分回赎的情况则如下纸契约文书所示：

立典田字姜海珑，为因扒洞生理折本无归，替众伙计还账，自

---

① 《姜沛云典田字（道光二十九年九月初六日）》，张应强、王宗勋主编：《清水江文书》，第1辑，广西师范大学出版社2007年版，第10册，第175页。

② 《姜长顺立典田字（民国四年九月十八日）》，张应强、王宗勋主编：《清水江文书》，第2辑，广西师范大学出版社2009年版，第1册，第382页。

愿将羊勿田一坵，污扒田岭上三坵、冲三坵，出典与姜东凤名下承典为业。当日凭中将账扣清，余本利银捌拾弍两柒钱。将田作典，日后限三年之内，价到赎回。三年之外，价随到随赎。恐口无凭，立此典字为据。

外批：添三字，涂三字。

凭中　杨世英
　　　姜卓英

光绪三年八月十二日　这年东凤先收禾花 亲笔 立

光绪三十三年十二月初五日为召将银肆拾壹两叁钱五分，赎污扒田六坵，价一半赎回。二比不得异言，此据。

凭中 盛鳌　　　　　为召笔批①

据上引典契约文书可知，光绪三年（1877）八月，姜海珑因"生理折本无归，替众伙计还账"，将田 7 坵出典与姜东凤。光绪三十三年（1907）十二月，以 41.35 两的价格先将污扒田 6 坵赎回。与分期回赎类似，通过部分赎回典产的方式，可以在一定程度上缓解出典人的经济压力。特别是在本案例中，出典人因生意折本无归，所以要赎回土地相对困难，部分回赎使出典人得以耕种赎回的典产，这样出典人有机会获得更多收入以赎回剩余的典产，这点对出典人和承典人均有利。令人惊讶的是，在这一案例之中，出典人是以原典价一半的价格赎回"污扒田六坵"，这表明"原价回赎"的原则并非牢不可破。

无论是分期付款还是部分回赎，这两种赎产方式对交易双方均较为有利，是双赢的赎产模式。就出典人而言，不仅可以缓解其经济压力，同时赎回典产的可能性也增大。对承典人而言，假若承典人有资金需求，出典人通过上述两种回赎典产的方式，先交纳部分资金，承典人则

---

① 《姜海珑立典田字（光绪三年八月十二日）》，张应强、王宗勋主编：《清水江文书》，第 2 辑，广西师范大学出版社 2009 年版，第 1 册，第 335 页。

不必通过转典的方式来筹集资金，可以节省一定的交易成本。

综合上述典期内变卖、加典、转典和分期回赎等处置典产的方式可知，清至民国时期贵州清水江下游地区对典产的处置方式十分灵活，相较法典规定的处置方式亦更加符合实际，且具有较强的操作性，为典交易双方所认可。另外，典产的回赎也并非都遵循"原价回赎"的原则。

第三节　对质疑典交易功效的反质疑

如果典交易存在罗伯特等人所言的诸多弊端，那应当如何解释典交易能得以延续千余年不衰，至明清时期得到进一步发展的历史现实？将原因归结为与"一些重要的社会、政治与文化特征"相关,[①] 既无法解释作者的观点，亦缺乏说服力。罗伯特对典的非难实际上是否定典的功效，因之，以下笔者便对罗伯特的观点提出不同看法。

一　出典人承担的交易风险

罗伯特的第一个观点认为出典人不负任何的风险便可获得因土地涨价而带来的经济利益，换言之，即出典人在典交易中承担风险与否。首先，罗伯特这一观点是基于理论上而得出的，并没有实际的例证或资料来支撑其观点。那笔者同样可以从理论上对此观点进行讨论，出典人将田产典出，其是以土地的产出——主要为粮食作物——为利息，无论是承典人抑或是出典人均无法预测粮食的价格走向，假设出典人在粮食价格高涨之前将土地典出，那么随着粮食价格抬升，这期间收益均为承典人所有，而出典人则无法获得因粮食价格高涨而带来的收益。贵州黎平府的中米价格从宣统二年（1910）开始迅速抬升，其最低价格由前一年的 1.03 两/石涨到 1.90 两/石，宣统三年五月高达 2.16 两/石，最高

---

① ［美］罗伯特 C. 埃里克森，乔仕彤、张泰苏译：《复杂地权的代价：以中国的两个制度为例》，《清华法学》2012 年第 1 期。

价格则为 3.35 两/石。① 那在宣统二年之前出典土地者将无法获得宣统二年粮价高涨而带来的高额利润。粮食价格的高涨一般会带动土地价格的上升，土地价格上升也确实给土地出典人带来经济利益，但土地出典人并非在不负任何风险的情况下便可享有这一经济利益。

其次，从现实来看，出典人也承担标的物因天灾或人祸而造成的损失。虽然从笔者所见清水江下游地区没有相关典交易契约未涉及此点，但是可以从中国其他省份的习惯得到印证。

表 4-3   出典人对典产承担的风险

地点	内容	页码
直隶天津县	典当房屋倘遇坍塌或天灾，大修由出典人和承典人分别承担	14
奉天台安县	因天灾或事外之变使得标的物完全消灭，无特别约定，承典人不负赔修责任，亦无索还典价之权	33
吉林扶余县	将房屋出典他人，在回赎前存在被水淹毁或背火焚烧，只能收回原地皮即残余物，不得向承典人索赔房屋，承典人亦不得索还典价	40
河南确山县	将草房出当（典）者，自成交之日三年内，其房有倒塌情形，归业主修理	131
山东黄县	典房期满，房屋倒塌，房主无房可赎，典价随之消减	145
浙江定海县	人民出典房屋，一经焚烧，典价即行让免	287

资料来源：前南京国民政府司法行政部编，胡旭晟、夏新华、李交发点校：《民事习惯调查报告录》，中国政法大学出版社 2000 年版，上册。

台湾地区的惯例也表明出典人在典交易时承担一定的风险，倘若出典人出典的房屋等产业遭受水火之灾，那么房屋的地基则任由承典人起盖房屋，而且归承典人"永为己业"。② 此外，从前述《中华民国民法典》的规定也能体现出典人并非不承担风险。标的物受到不可抗拒的

---

① 中国社会科学院经济研究所编：《清代道光至宣统间粮价表》，广西师范大学出版社 2009 年版，第 23 册，贵州，第 223 页。
② 陈金田译：《临时台湾旧惯调查会第一部调查第三回报告书——台湾私法》（第一卷），台湾省文献委员会 1990 年版，第 347 页。

天灾或者人祸而遭受损坏，承典人对出典人的赔偿一般不会超过典价。从这一逻辑来看，出典人似乎并不遭受损失，但是标的物的实际价格一般要高于典价，实际价值和典价（或者是实际赔偿价值）之间的差价就是出典人所承担的风险。《民事习惯调查报告录》所载出典人对典产负有风险的例证不多，这大概是因为调查者多是预先设计问题再行调查，各地所调查的侧重点并不一致，而各地多未设计此类问题，因此关于出典人承担风险的记载很少。例证虽然不多，但也可以从一定程度上证明罗伯特的观点并不准确。

二 促进土地合理流转，优化土地资源配置

罗伯特的第二个观点是，典交易限制了土地的合理流转。据前文所举姜世谟、姜世元、姜世杰兄弟三人典田例可知，从道光八年（1828）十二月姜氏兄弟出典土地始，至同治十年（1871）九月龙家琳将土地绝卖为止，在这近43年的时间内，这二坵田至少发生6次流转（见图4-3），平均7年流转1次。土地的频繁流转有利于土地的优化配置，即有土地需求之人可以获得土地，这样土地的利用率就不会发生损耗，土地的效率亦得到提高，土地也因此发生合理的流转。龙登高指出："地权平均分配即使在静止的社会中也不能时限土地与劳动力的有效配置，因为土地变量、人口变量都随时变化，耕作经营能力亦有大小之别。"[①] 土地典交易则使土地处于不断流转、变动的状态之中，它促使土地和劳动力进行有效地配置，农民在其中可以有多种选择或取向的自由。通过市场流动，劳动力资源丰富的农户可以获得更多的土地，投入更多的人力和物力资本经营土地，提高土地产出，使得土地得到更大效率的应用。而对于当时的城居地主而言，则可以将土地出典或通过其他交易方式转让与他人，摆脱土地的束缚，并将所得收益从事其他生产活动。所以，资

---

① 龙登高：《地权市场与资源配置》，福建人民出版社2012年版，第197页。

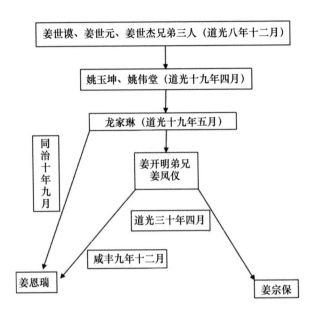

图 4-1　姜氏兄弟出典之田流转（转典）示意图

本得以通过各种途径流向土地经营，经营所得的产品又通过交易等方式流向其他领域，这样资本得以不断融通，促进了各行业的发展。

三　承典人长期投资的补偿

罗伯特的第三个观点是，出典人都是以原价赎回典产，因此承典人不会对土地进行诸如加固堤坝、优质量的灌溉、修补房屋等增值投资。但实际并非如此，在日常生活中，承典人对典入的房屋或土地进行修葺或提高肥力是十分正常的现象，如陕西长安县的习惯："典当房屋，自典当之日起，三年以内，无论大小修理，均归业主负担。三年以外，小修理则归当户承认，与业主无涉；大修理应由当户通知业主，得其允许，始能平均分担。"[1] 据前引调查材料可知，承典人对典入房屋进行

---

　　① 前南京国民政府司法行政部编，胡旭晟、夏新华、李交发点校：《民事习惯调查报告录》，上册，中国政法大学出版社 2000 年版，第 366 页。

大修，可以视为是对典产的长期投资，承典人告知出典人并得到其同意后可以平均分担这部分的支出。虽然承典人对典产进行的部分投入可能不会在回赎的典价中体现，但这并不能否定其对典产进行长期投资的实际。假若出典人不同意，那造成所谓无效率便不是由典交易本身引起，而是出典人的个人意愿。

　　出典人补偿承典人对典产的投入费用在台湾地区也有所体现，倘若出典人出典的房屋有损坏，承典人在三年内修理，那么出典人在取赎之时，需照数补偿承典人支付的修理费用；出典房屋受风雨侵坏需要修理，承典人先行支付修理费用，并将所花之费登记在账，出典人取赎之时需照数清还修理费用；房屋遭受水火之灾，其墙壁地基由承典人掌管，"听其起盖"，出典人回赎典产时，除备还原典价之外，还需"备还修理及起盖银元"方可赎回。① 他如山西汾阳县也存在类似的情况，"典当房屋，遇有修缮，工资由典主给付，材料则由原业主备办，谓之客工主料"②。龙登高等人的研究也表明山西其他地区存在承典人在典期内对标的物进行长期投资，至典期结束后，出典人会给予承典人一定的经济补偿。③

　　源于唐代④、盛于明清的"一田二主"制及在这一土地形态下产生的典交易可能表明罗伯特的忧虑是多余的。笔者在本书第二章就已说明土地在"一田二主"形态下，其田面和田底可以单独作为标的物分别进行典交易。假若出典田底，即将收大租的权益转让给承典人，此时承

---

① 陈金田译：《临时台湾旧惯调查会第一部调查第三回报告书——台湾私法》（第一卷），台湾省文献委员会1990年版，第347页。

② 前南京国民政府司法行政部编，胡旭晟、夏新华、李交发点校：《民事习惯调查报告录》，上册，中国政法大学出版社2000年版，第157—158页。

③ 龙登高、温方方：《论中国传统典权交易的回赎机制——基于清华馆藏山西契约的研究》，《经济科学》2014年第5期。

④ 学界一般认为"一田二主"起源于宋代，如漆侠、戴建国等（分见漆侠《宋代经济史》上册，上海人民出版社1987年版，第223页；戴建国：《宋代的民田典卖与"一田两主制"》，《历史研究》2011年第6期）。最新的研究表明，"一田二主"在唐代业已出现，具体参见杨际平《论唐、五代所见的"一田二主"与永佃权》，《中国经济史研究》2018年第3期。

典人只需坐收租谷即可，承典人根本无须插手农事，土地的改善亦非其担心之事，是否需要对土地进行长期投资的主体是佃农或者田面主。如果出典田面，且田面已有佃农，承典人无权更换佃农，此时承典人面临的情况和承典田底一样，不同的只是此时他获得的是收小租的权益。以上两种典交易在"一田二主"盛行的地方十分常见，但是这两种典交易中，承典人根本就无须亲自耕种土地，承典人长期投资的情况本就不存在，更不必言是否得到回报的问题了。

此外，后文将要论述的"出典回佃"式典交易——即出典人将土地从承典人手中佃回耕种——在清代以来的清水江下游地区乃至全国其他各地都较为常见。在这一交易形式之下，承典人的地位类似地主，出典人类似佃农，承典人只需坐收租谷便可，无需对土地进行投资或改善，农业经营等具体事务由出典人负责。

四　规模农业的形成

罗伯特的第四个观点是，土地典交易会"妨碍农村实业者通过购买相邻的农田形成经营农场"[1]，这是由于其对中国的地理环境和传统历史缺少认知造成的。首先就地理环境而言，中国多山和丘陵，平原面积相对较少，这本身就使得中国特别是南方地区难以形成大规模的农业经营；其次，传统中国家庭财产的继承采用"诸子均分"的形式，在此情况下，土地越分越细碎，大规模的农业生产难以形成；最后，在机器化大生产普及之前，一个农民能耕种的土地面积是有限的，在家庭成员无法耕作全部土地之时，将土地出典、出佃以获得资金或租谷应当是不错的选择。此外，马若孟指出人口成倍增长和新户的形成，也使得土

---

[1] ［美］罗伯特 C. 埃里克森，乔仕彤、张泰苏译：《复杂地权的代价：以中国的两个制度为例》，《清华法学》2012 年第 1 期。

地日益零碎、农场面积下降、耕地变得更为缺乏。①

　　以上是中国难以形成大规模农业生产的现实和历史因素。具体到清水江下游的典交易，通过典交易契约所载标的物的四至可知，出典人的土地在很多情况下和承典人的土地相邻（见表 4 - 4），表 4 - 4 所显示的情况亦非全貌，因为有数量众多的典交易契约文书未注明出典土地四至。典交易并不会妨碍农业经营者购买土地，因为出典人将土地出典后，可以将土地卖给承典人，如光绪二十三年（1897）二月，姜恩科将 1 坵田典与姜凤来为业，姜恩科所典土地四至有 2 处与姜凤来的土地相邻，② 次年三月，姜恩科将土地绝卖与姜凤来；③ 又如民国六年（1917）正月，姜作琦、姜纯美父子将田典与姜元贞，出典之田的四至有 1 处与姜元贞之田相邻，④ 3 日后，姜作琦父子将土地绝卖与姜元贞为业。⑤

　　此外，还存在出典人土地四至有 3 处与承典人的土地接壤的情况，如民国二十四年（1935）七月，姜继琦出典与姜氏月香的土地除"右抵纯礼之田"，其他三个方位都与姜月香的土地相连。⑥ 所以，无论对姜凤来和姜元贞，抑或是典入土地与其原本土地相邻的承典人而言，他／她们或是先典后买，或是典入土地，这些行为的后果不仅没有妨碍土地规模的扩大，反而使得农业经营规模有所扩大。

---

　　① ［美］马若孟（Ramon H. Myers）著，史建云译：《中国农民经济：河北和山东的农民发展，1898—1949》，江苏人民出版社 2013 年版，第 59 页。

　　② 《姜恩科典田字（光绪二十三年二月初八日）》，张应强、王宗勋主编：《清水江文书》，第 1 辑，广西师范大学出版社 2007 年版，第 7 册，第 104 页。

　　③ 《姜恩科断卖田字（光绪二十四年三月二十六日）》，张应强、王宗勋主编：《清水江文书》，第 1 辑，广西师范大学出版社 2007 年版，第 7 册，第 105 页。

　　④ 《姜作琦、姜纯美父子典田字（民国六年正月二十日）》，张应强、王宗勋主编：《清水江文书》，第 1 辑，广西师范大学出版社 2007 年版，第 6 册，第 220 页。

　　⑤ 《姜作琦、姜纯美父子断卖田字（民国六年正月二十日）》，张应强、王宗勋主编：《清水江文书》，第 1 辑，广西师范大学出版社 2007 年版，第 6 册，第 221 页。

　　⑥ 《姜继琦立典字（民国二十四年七月初十日）》，张应强、王宗勋主编：《清水江文书》，第 3 辑，广西师范大学出版社 2011 年版，第 6 册，第 539 页。

另外，传统中国广泛存在四邻拥有的"优先权"也使得典交易双方的土地相邻的概率增大。"优先权"早在唐代就已出现，后因取问亲邻的手续繁杂，北宋政府曾一度废除此制度，但不久又恢复。这一制度延续至元代，明清时期则逐渐松弛，并为法律所禁止。民间"先尽房亲、地邻的习俗依然保存了下来，但是在文契上的限制有所松弛，可以不必用文字在契内标明"①，虽然如此，但"这只是对先问亲邻俗例的略写、并不表示亲邻先买权的消失"②，无论是契约内略写或未写，这不仅不能说明亲邻先买权的衰落或消失，恰恰说明这一习惯通过长期的实践，已经作为一种集体记忆深入交易双方的意识之中，因此无须特别说明，人们都在遵守这一习惯。有学者认为"优先权"限制土地自由交易，③ 然而在清末民初之际，民间依旧保留此习惯，④ 这说明"优先权"有其存在的道理。前文提及传统中国民间分家采用"诸子均分"原则，这使得家族的土地越分越细，坚持"优先权"是为防止宗族地产的进一步零碎化。⑤

表 4 - 4　　　　　　　　承典人持有土地与典入土地相邻情况表

交易时间	出典人	承典人	四至：上、下、左、右			
道光二十四年十一月二十七日	姜保贵	姜凤仪	银主	世太	水沟	水沟
道光二十四年十一月二十七日	姜保贵	姜开让	开让	世显	水沟	乔保
咸丰四年六月二十六日	姜开旺	姜世太	油山	光翰	世太	山

① 杨国桢：《明清土地契约文书研究》（修订版），中国人民大学出版社 2009 年版，第 188 页。

② 杨国桢：《明清土地契约文书研究》（修订版），中国人民大学出版社 2009 年版，第 188 页。

③ 李文治：《明清时代封建土地关系的松解》，中国社会科学出版社 1993 年版，第 508—509 页；李文治、江太新：《中国地主制经济论——封建土地关系发展与变化》，中国社会科学出版社 2005 年版，第 332—341 页。

④ 赵晓力根据《民事习惯大全》对中国各地先买权的习惯进行了梳理，具体参见赵晓力《中国近代农村土地交易中的契约、习惯与国家法》，《北大法律评论》1998 年第 1 卷第 2 辑，第 440—441 页。

⑤ ［美］黄宗智：《华北的小农经济与社会变迁》，中华书局 1986 年版，第 270 页。

续表

交易时间	出典人	承典人	四至：上、下、左、右			
咸丰七年三月初三日	范应祥	彭明旺	油山	油山	典主	典主
同治十年五月初十日	姜克贞	姜吉清	凤仪	恩瑞	典主	银主
光绪二年十一月十一日	姜凤冠	姜凤彩	光朝	李老往	大京	典主
光绪十二年十二月初八日	姜记明	姜凤沼	显国	吉兆	典主	沟
光绪二十一年十二月二十五日	姜兆璠	姜凤来	典主	凤德	坎	坎
光绪二十三年二月初八日	姜恩科	姜凤来	银主	元英	银主	山
光绪二十四年五月初九日	姜元亨弟兄	姜宣熙弟兄	典主	田角	坡	坡
光绪二十五年三月初四日	姜元英兄弟	姜德相兄弟	竹园	菜园	□角	典主
光绪三十二年六月十二日	姜元俊	姜凤德	献义、恩瑞	献义	沟	典主
宣统三年十一月二十四日	蒙均祥	彭高祥父子	朱姓	彭姓	钱主	沟
民国六年正月二十日	姜作琦父子	姜元贞	姜周智	山	典主	冲
民国七年三月十四日	姜显清	姜纯一	送长兄弟	源林	典主	天保
民国九年七月初三日	姜作琦	姜元贞	后培	山	源淋	典主
民国九年十二月初五日	姜纯美	姜纯一	文斗	山	典主	冲
民国十四年六月初八日	王清禄	龙汉有	典主	贵求	山	山
民国十五年五月十六日	姜坤泽	姜元瀚兄弟	姜恩宽	姜秉魁	典主	荒坪
民国十五年六月二十日	王通柏	龙现麟	现保	典主	典主	山
民国十五年十二月十五日	彭仁炳弟兄	彭开林	仁庚	典主	山	山
民国二十四年七月初十日	姜继琦	姜氏月香	钱主	典主	钱主	纯礼
民国二十六年二月初八日	杨顺天	姜宣翰	山	山	银主	山
民国二十六年五月二十六日	杨顺天	姜必衍	典主	山	典主	沟
民国三十二年十二月二十三日	王玉海	王贵生	典主	普庆	荒坪	典主
民国三十三年九月二十日	王岩林父子	王清平	有光	典主	油山	大路
民国三十五年十一月二十日	王瑞垣	王佑祥	典主	溪	典主	友翰

资料来源：张应强、王宗旭主编：《清水江文书》，第 1 辑，广西师范大学出版社 2007 年版；张应强、王宗旭主编：《清水江文书》，第 2 辑，广西师范大学出版社 2009 年版；张应强、王宗旭主编：《清水江文书》，第 3 辑，广西师范大学出版社 2011 年版。

说明：典主和钱主、银主均指承典人。

本章小结

　　无论是法律的规定、民间的习惯调查抑或是具体的典交易契约文书，这些资料共同表明：典产以"原价回赎"的原则似乎并非十分严格。具体到清水江下游地区，加典、转典（低价或高价）和分期回赎等处置典产的方式都表明，典交易的回赎价格可以低于或高于原典价。典交易的部分原则随时代的变迁、各地的具体实情发生改变，是典交易具有弹性和生命力的重要表现。不同的处置典产方式有不同的回赎价格，这样不仅使得承典人的权益有所保障，也使得出典人可以选择对其最有利的处置典产方式。

　　出典人出典田宅并非毫无风险，房屋可能倒塌或烧毁，土地可能因自然灾害而无法继续耕种，但田宅在遭遇天灾时发生部分或全部损坏后，承典人对其赔偿的额度一般不超过原典价，而典价却往往低于田宅的实际价值。此外，土地的增值同粮食价格的上涨紧密相关，土地价格上涨确实为出典土地之人带来经济利益，但出典人可能是以牺牲高额的农业经营收益为代价。这些都表明出典人并非不负任何风险就可获得土地上涨而带来的经济利益。

　　诸多处置典产的方式表明典交易的"弊端论"并不准确。第一，承典人可向出典人索要其对典产进行的投资或增值所投入的资金，这点无论在法律规定的层面，抑或是民间习惯层面都可得到印证。此外，"一田二主"形态下的土地典交易，承典人只是典入大租或小租，并不参与实际的农业生产活动。"出典回佃"式交易与"一田二主"相似，因此所谓典交易会"打击承典者保养与改善承典土地的热情"[1] 之论无从谈起。第二，典交易特别是转典使有土地需求之人得以耕种土地，促

---

　　① ［美］罗伯特 C. 埃里克森，乔仕彤、张泰苏译：《复杂地权的代价：以中国的两个制度为例》，《清华法学》2012 年第 1 期。

进了土地的合理流转，有利于土地资源的优化配置。第三，造成传统中国无法进行大规模农业经营的原因同中国的地理环境、财产传递方式及人口的增长密切相关。对比出典人所典土地的四至可知，承典人的土地常与其典入的土地接壤，在土地交易"先问亲邻"原则的推动下，典交易非但没有限制土地规模的扩大，反而使得农业的生产规模有进一步扩大的可能。总之，本章的研究表明典交易并非需要付出沉重的经济代价，而且具有相当的积极作用，罗伯特等人对典的非难只看到典的一面，缺乏整体认识，其对典交易"弊端"的认识亦不准确。

第五章

典产回赎率考察
——以《天柱文书》为中心

典交易所具有的特殊规则是出典人可以在约定的时间回赎典产，这也是出典人在有资金需求时选择这一交易方式的重要原因，而且回赎典产也是典交易的最后环节。对于出典人而言，他们最终也是期望能将典产赎回，那出典人回赎典产的情况如何呢？现有的研究对于这一问题鲜有涉及，这主要是因为缺乏判断出典人是否回赎典产的相关资料，具体而言是各地虽然出版大量民间契约文书，但是由于契约在空间和时间上的分布较为零散，这些为研究典产的回赎率问题带来相当难度。虽然如此，这一问题并非完全无从着手，本章便以《天柱文书》收录的典交易契约为样本，考察清代中后期至民国时期天柱县的典产回赎率。

第一节 《天柱文书》收录的典契及其整理方法

一 《天柱文书》收录的典交易契约概述

《天柱文书》共计 22 册，68 卷，980 万余字，收录清代至中华人民共和国成立初期清水江下游流域天柱县民间契约文书近 7000 件。① 涉及

---

① 谢开键：《〈天柱文书〉评介》，《中国史研究动态》2015 年第 4 期。

典交易的契约文书共计255件，① 清代为85件，民国时期161件，中华人民共和国建立后9件（具体的年代分布见表5－1）。其中最早为乾隆七年（1742）十一月二十五日潘赞成和龙祖成签订的典田契，② 最晚则是杨永旺和杨永吉于一九五〇年十月二十五日签立的典田契，③ 前后延续209年。

表5－1　　　　　《天柱文书》收录典交易契约年代分布示意表

年代		数量（单位：件）
清代	乾隆	3
	嘉庆	1
	道光	12
	咸丰	20
	同治	20
	光绪	24
	宣统	5
民国		161
中华人民共和国成立后		9

资料来源：张新民主编：《天柱文书》，第1辑，江苏人民出版社2014年版。

需要指出的是，上表统计的典交易数为契约文书的件数，而非典交易的宗数，之所以只统计典交易契约文书的件数，乃是因为本

---

① 对于《天柱文书》收录的典契已有学者做过数量上的统计，但结果与笔者所得不同，如王凤梅认为共计有246件，见王凤梅《〈天柱文书〉典当契约分类探析》，载张新民主编《人文世界——区域·传统·文化》第六辑，巴蜀书社2015年版，第38页；徐钰则认为有224件，见徐钰《清至民国时期清水江流域民间借贷研究——以〈天柱文书〉为中心》，孔学堂书局2022年版，第301—336页。数量差异或是统计方式和标准不同所致。

② 《乾隆七年十一月二十五日潘赞成典田契》，张新民主编：《天柱文书》，第1辑，江苏人民出版社2014年版，第4册，第120页。

③ 《一九五〇年十月二十五日杨永旺典田契》，张新民主编：《天柱文书》，第1辑，江苏人民出版社2014年版，第7册，第73页。

章意欲考察典交易的典产回赎率，但部分典产有转典的现象，如民国六年（1917）六月杨金科将"土名吴公冲通恐口圫水田伍圫，计谷伍石正整"出典与房族杨再和名下为业；民国九年（1920）三月，杨再和将此田原价转典与杨清全；民国十一年（1922）九月，杨清全又将此田转典与杨森喜名下为业。① 笔者在前一章已经论及，无论典产转典的次数如何，均是最初的出典者向最后的承典人回赎，因此多次转典交易只计算一次较为适宜。另外，《天柱文书》收录的部分典交易契约仅见于土地买卖契约、分家文书、回赎字条中，无原契，所以在统计典交易契约文书之时，只得将其时间暂归于记述时间，但并非典交易进行的实际时间。

二 《天柱文书》的整理方法

继敦煌文书和徽州文书之后，中国各地发现了大量的民间契约文书，面对不断涌现的民间契约文书，采取科学的原则和方法来加以整理和研究已成为学术界的共识。这其中，民间契约文书是否具有"归户性"成为判定文书价值的重要尺度，国外学者对此亦有关注。② 以"归户性"为原则或方法整理民间契约文书逐渐为学界所认可并付诸实践，近年来陆续出版的《徽州文书》《清水江文书》和《天柱文书》均是例证。那究竟何为"归户性"？对于"归户性"的概念，学界有诸多论述，徐国利将归户性的定义归纳为三种："既将文书的拥有人或持有人作为归户性依据，又将文书的事主或当事人作为归户性依据；以文书的

---

① 《民国六年六月九日杨金科典田契》《民国九年三月九日杨再和转典字》《民国十一年九月七日杨清全转典字》，张新民主编：《天柱文书》，第1辑，江苏人民出版社2014年版，第3册，第198—200页。

② 如韩国学者任世权谈到韩国的区域史"安东学"中的安东文书搜集时，充分肯定了韩国国学振兴院在收集安东"归户性"民间文书方面对韩国传统文化的保存和整理及对安东学所起到的重要作用。见［韩］任世权《安东学的成立与展望》，朱万曙主编《徽学》第4卷，安徽大学出版社2006年版，第1—9页。

事主或当事人作为归户性依据；将文书的拥有人或持有人作为归户性依据。"①

目前贵州清水江下游地区已出版的民间契约文书，均是以文书的现持有者作为归户依据，正如张应强所说："迄今所见的清水江文书，绝大多数都是一家一户为单位收藏的——如某一家族或房族所共有的山林田产，相关的契字文约往往都集中由同一世代中的某个家庭保存。"② 张氏同王宗勋主编的《清水江文书》（共计3辑）便是在这一基础上编排整理而成："以村寨为单位，每个村寨给定一个卷宗号；村寨之下根据不同家族或家庭分卷，即来自同一家族或家庭所收藏的文书编为一卷；同一卷之下依照文书收藏者的原有分类，即若干帙；每一帙内的文件依照时间先后顺序排列。因此，每一件书的编号所包含的信息为：卷宗号—卷号—帙号—文件号，对应于村寨—家族—文书类别—文件。"③

《天柱文书》的归户性亦是以契约文书的现持有者作为归户依据，其具体的整理方法与《清水江文书》有所不同，它是"以乡镇分编，编下依其所辖之村寨分卷排列，同一家庭或家族者则一概依类合编，务必做到序次井然，检阅方便，且每份文书均有独立的编号和题名。编号分为两部分：一是学术合作单位与地方档案馆、文书来源乡（镇）、村（寨）及文书时间顺序编号；二是档案馆档案卷宗号及入档原始编号。如编号'GT—BDJ—002，GT—001—003'，G表示贵州大学中国文化书院，T为天柱县档案馆，BDJ表示白市镇对江村（即乡镇及村寨名称首字母），002为该文书时间顺序编号，001乃档案卷宗号（文书入档所在的盒数），003则是文书在档案馆原始编号（即其在盒中的数字编

---

① 徐国利：《关于民间文书"归户性"整理的理论初探》，《安徽史学》2015年第6期。
② 张应强：《清水江文书的收集、整理与研究刍议》，《原生态民族文化学刊》2013年第5期。
③ 张应强、王宗勋主编：《清水江文书》，第1辑，"编辑说明"，广西师范大学出版社2007年版，第1册，第1页。

号）。其余文书编号，均可以此类推"。①《天柱文书》第 1 辑共收录 10
个乡镇的民间契约文书，其具体空间分布可见下表：

表5.2　　　　　《天柱文书》收录契约文书所在乡镇示意表

序号	乡镇	村寨
1	白市镇（B）	对江村（DJ）、地样村（DY）、新舟村（XZ）
2	坌处镇（B）	大山村（DS）
3	石洞镇（S）	摆洞村（BD）、冲敏村（CM）
4	江东乡（J）	大坪村（DP）
5	渡马乡（D）	共和村（GH）
6	蓝田镇（L）	地锁村（DS）
7	远口镇（Y）	远洞村（YD）
8	竹林乡（Z）	高坡村（GP）、梅花村（MH）、竹林乡（ZL）、南头村（NT）、力木村（LM）
9	翁洞镇（W）	黄巡村（HX）、岑板村（CB）、翁洞村（WD）、克寨村（KZ）、大段村（DD）
10	高酿镇（G）	优洞村（YD）、地良村（DL）、上花村（SH）、丰保村（FB）、春花村（CH）、地坝村（DB）、木杉村（MS）、勒洞村（LD）、甘洞村（GD）、邦寨村（BZ）

资料来源：张新民主编《天柱文书》，第 1 辑，江苏人民出版社 2014 年版。

此外，《天柱文书》收录的近 7000 份契约文书，除部分文书无法
确知其原持有者外，绝大多数契约文书都注明文书的原持有者和文书来
源地，如《民国二十九年七月二十二日杨再明、杨再祥、杨再炳等卖
墦地屋场字》，该文书的原持有者为"乐成培"，文书来源地为"白市
镇对江村"；②又如《乾隆五十八年十二月十八日龙福香母子卖田契》，

① 谢开键：《〈天柱文书〉评介》，《中国史研究动态》2015 年第 4 期。
② 《民国二十九年七月二十二日杨再明、杨再祥、杨再炳等卖墦地屋场字》，张新民主编：
《天柱文书》，第 1 辑，江苏人民出版社 2014 年版，第 1 册，第 1 页。

此份文书的原持有者是"龙昭社、龙昭柏、龙昭华"，来源地是"高酿镇地坝村流利组"；① 文书的现持有者可能是一人也可能是多人，但多是契约事主的后人。《天柱文书》有如此强归户性的原因在于，文书的收集者将民间的契约文书按照契约所在地和现持有人进行分类、归档，所以在整理出版之时才使得标注每份契约文书的来源地和现持有者有可行性。另外，如此强的归户性为学者进行专题性研究提供更加便利的条件，也为本书研究典交易的回赎率提供一定可行性。

第二节　天柱县典交易典产回赎率考察

在现今出版的契约文书中，部分典交易契约批注有"回赎"等字样，即注明出典人于某一时间将土地赎回；另外通过阅读对比也可发现部分土地存在先典后卖的情况，前者表明出典人将典产回赎，后者则表明出典人最终将土地出卖，未能赎回典产。除此，因为某些原因，承典人丢失或暂时无法找到原始的典交易契约，所以出具字条作为收取出典人典价，或书立退土地与出典人，作为出典人回赎典产的凭证，或者立退土字，表明出典人将土地回赎典产。收典价字和退土地字，也是常见的判断出典人回赎典产的有力证据。前述三种方式在其他地区的文书中也十分常见，非《天柱文书》所独有。不同的是，《天柱文书》具有的特殊归户性为判断土地典交易是否回赎典产提供了第四种方法，具体方法详后。以下便从这四种方法入手，考察清至民国时期天柱县境内典交易的回赎率。

一　典交易契约中批注"回赎"等字样

典交易契约文书中有注明"回赎"字样，是判断一宗典交易回赎

---

① 《乾隆五十八年十二月十八日龙福香母子卖田契》，张新民主编：《天柱文书》，第1辑，江苏人民出版社2014年版，第18册，第330页。

典产的有力证据，此种情况如下纸契约文书所示：

> 立典田人蒋泰开，今因家下要洋急用，无从得处，自己将到地名黄巡捕，土名龙田右边一间，收谷六运；又并茨猪吼水田乙（一）坵，收谷肆运；又并屋背□田乙（一）坵，收谷肆运，要行出典，先尽亲房，无人承受。自己请中上门问到亲戚杨永大名下承典为业，当日凭中三面言定典价洋贰拾肆元正（整）。其洋即日领清，并不下欠分文，外无领字。恐后无凭，立典字为据。
>
> 自请凭中代笔　太梅
>
> 民国二十八年十二月十八日立
>
> 民国三十年二月　此田赎转　杨永大　亲笔批①

由上引契约文书可知，民国二十八年（1939）十二月，蒋泰开因为"家下要洋急用，无从得处"，将土名龙田等三处田以 24 元的价格出典与杨永大为业。民国三十年（1941）二月，杨永大笔批注明蒋泰开赎回所典之田。在典交易契约中批注是否回赎是一种比较普遍的做法，与天柱毗邻的锦屏县也存在此种行为，如下纸契约文书所示：

> 立典田约人加池寨姜合保，今因家下要钱使用，无从得处，自原（愿）将到祖遗田壹坵，坐落地名也强，计禾六把，请中问到何边杨镇字名下承典为业，当日凭中议定价银十六两正（整），亲手收回应用。其田自典之后，限至三年银到归赎。如有遇（逾）限，任从杨姓耕种管业发卖归本。姜姓房族弟兄人等不得异言，倘有异言，俱在典主尚（上）前理落，不与银主想（相）干。今恐有（无）凭，立此典约存照。

---

① 《民国二十八年十二月十八日蒋泰开典田字》，张新民主编：《天柱文书》，第 1 辑，江苏人民出版社 2014 年版，第 6 册，第 251 页。

外批：禾花五股均分，耕田占二股，银主占三股，秋收之时，送到家内。

赎清

凭中　范明远　银五钱
　　　姜佐章

代笔 □□□　　典主 姜合保

乾隆三拾九年五月初四日　　　立①

乾隆三十九年（1774）五月，姜合保因家中缺少钱用，将祖遗之田一坵出典与何边杨镇宇，土地仍由姜合保耕种并按照约定交纳租谷。与上引文书相同的是，该份文书亦注明"赎清"二字，表明姜合保已将出典的土地赎回。前一章所述分期回赎也可看作是批注"回赎"字样方式的一种，此种方式可以比较清楚地表明出典人将土地回赎，因此是判断土地是否回赎较为常见和有力的方法。

二　承典人出具的收典价字或退土字

典交易双方签订的典交易契约一般交由承典人保管，待出典人赎典之时将典契交还。因典期一般在三年以上，所以承典人在保管典契之时难免存在丢失或一时寻觅不着的情况，而此时出典人或其后人前来赎典，承典人只能采取一些变通的方式来处理此种情况。常见的处理方式有两种：一是出具收取典价银钱字与出典人，二是立退土字与出典人。

（一）出具收取典价银钱字

当出典人前来回赎典产，而承典人无法寻找原典契时，承典人出具收典价字与出典人以代替原典契，而且一般会于新立的收典价字内申明原典契作废，此种情况如下纸文书所示：

---

① 《姜合保典田约（乾隆三十九年五月初四日）》，张应强、王宗勋主编：《清水江文书》，第1辑，广西师范大学出版社2007年版，第3册，第3页。

　　立收典田价银字人泠水寨龙尚广，今收到先年父亲备银得典妙

福村龙建^广之田，坐落地名盘脚，大小田八坵；又有一处地名什鲁
　　　　保

河边田一坵，当年二比面言典价银叁两五钱正（整）。自典之

[后]，因遭苗乱，失落典契。迄今田主之子龙化堂，备得原价登

门赎田。因失契据，故余亲立收字，付与田主执照。恐后访查寻获

典契，以为故纸，不得藉端滋事。恐后无凭，立有收字为永远为据

存照。

　　凭中　欧玉仁

　　讨笔　国珍

　　内添五字

　　光绪三十年弍月拾柒日　立①

　　据上纸契约文书可知，光绪三十年（1904）二月，妙福村人龙化
堂备得原典价银 3.5 两，欲回赎龙建广、龙建保二人先年出典与泠水寨
龙尚广父亲之田，但是因遭受苗乱，②龙尚广"失落典契"，因此他另
立收典价字付与龙化堂，并约定倘若日后寻获原典契，原典契作废。龙
化堂将龙尚广出具的收典价字收藏作为回赎典产的凭证，即用收典价字
代替原典契，龙尚广不得借故滋事。类似的情况又如《光绪二十六年
三月六日蒋泰盛领典老屋堘上仑思科钱字》所载：

---

① 《光绪三十年二月十七日龙尚广收典田价银字》，张新民主编：《天柱文书》，第 1 辑，江
苏人民出版社 2014 年版，第 2 册，第 322 页。

② 此处所述之苗乱当是指咸同时期，以苗族人张秀眉为首的农民起义，起义军规模宏大，
持续十八年之久，虽然打击了清政府的统治，但同时也给当地造成一定程度的毁坏。关于这一时
期贵州的苗乱可参见凌惕安编著，张祥光、郎启飞点校《咸同贵州军事史》（上下册），贵州人民
出版社 2012 年版。

立领典老屋堺上仑思科钱人蒋泰盛，今因领到蒋昌凤、景星典价钱，照典契一概领清，无欠分文。日后子孙寻出老字，比（以）为故至（纸）无用。恐口无凭，立领是实。

自请代笔 蒋景诏

光绪二十六年三月初六日　　立领①

光绪二十六年（1900）三月，蒋昌凤、蒋景星备足典价回赎先年典与蒋泰盛的老屋，因蒋泰盛丢失原典契，故而出具收取典价字与蒋昌凤、蒋景星，双方约定日后寻出原典契，"以为故纸"。同样的情况如《同治五年二月二十一日杨思沛、杨思柏兄弟领典田价钱字》：同治五年（1866）二月，蒋再学备足典价向杨思沛、杨思柏兄弟二人回赎先年出典的"令冲坡田大小式坵"田，因原典字暂未寻获，所以杨氏兄弟出具领田价钱字与蒋再学以为回赎之凭证。② 承典人出具收典价银钱字的情况相对常见，是判断出典人回赎典产的重要方法。

（二）出具退土字

承典人出具出典人字据的另一重要方式是退土字，"退"乃"退回"之意，顾名思义，涉及典交易的"退土"字据，即指承典人将典入的土地退还与出典人。退土字的发生同领典价字一样，都是因为承典人暂时无法寻获或丢失原典契，二者的功能一样，都是承典人出具与出典人回赎典产的凭证。退土字如《光绪八年四月十九日杨承瑚典田土退契字》所记：

立土退字样领钱人杨承瑚，今因先年得典罗炳开之田，土名大

---

① 《光绪二十六年三月六日蒋泰盛领典老屋堺上仑思科钱字》，张新民主编：《天柱文书》，第1辑，江苏人民出版社2014年版，第7册，第279页。

② 《同治五年二月二十一日杨思沛、杨思柏兄弟领典田价钱字》，张新民主编：《天柱文书》，第1辑，江苏人民出版社2014年版，第7册，第259页。

垄垈田乙（一）垈；又并香树脚田乙（一）间；又并老井塘田乙
（一）垈。乙（一）共二张契，以为上门赎取，不得短少，并无下
欠文。其有典契，寻至不出，日后寻出典契，以为故纸无用，不得
异言。恐后无凭，立土退字样为据。

　　凭中　杨成喜
　　光绪捌年四月十九日请　代笔　清贤①

　　光绪八年（1881）四月罗炳开备足典价，向杨承瑚回赎先年出典
与杨氏"土名大垄垈田乙（一）垈；又并香树脚田乙（一）间；又并
老井塘田（一）乙垈"等三垈土地，但杨氏未能寻出原典契约，因此
他出具退土字与罗炳开，以为罗回赎土地的凭据，亦即将典入的土地退
还与罗炳开。同时双方约定，倘若日后承典人寻出原典契约，"以为故
纸无用"。他如《民国三十二年二月七日吴祖让因典田契难找故纸作废
杜退字》亦是此种情况：

　　　　立杜退字人吴祖让，情因去岁民国叁拾乙（一）年正月廿七
　　[日]，蒲氏银兰书有典字鹊黄山捕窑孔背乙（一）垈，收谷拾贰
　　运，典与亲戚吴祖让。当日三面言定典价洋叁佰伍拾元正（整）。
　　因字据难找，日后执出作为故纸无用。特立杜退字为据。

　　　　凭中　蒋政洪
　　　　民国叁拾贰年古历二月初七日　祖让亲笔立②

　　民国三十一年（1942）正月，蒲氏银兰将"鹊黄山捕窑孔背乙

---

① 《光绪八年四月十九日杨承瑚典田土退契字》，张新民主编：《天柱文书》，第1辑，江苏
人民出版社2014年版，第3册，第1页。
② 《民国三十二年二月七日吴祖让因典田契难找故纸作废杜退字》，张新民主编：《天柱文
书》，第1辑，江苏人民出版社2014年版，第6册，第106页。

（一）坵，收谷拾贰运"之田，以"价洋叁佰伍拾元正"出典与亲戚吴祖让为业。次年二月，蒲氏备足原典价向吴祖让回赎典产，但吴氏因"字据难找"，未能将原典契退还与蒲氏，因此他书立退土字付与蒲氏，双方约定倘若日后寻出原典契则"作为故纸无用"。类似的情况又如《民国二十九年三月十三日蒋昌保土退字》：先年，蒋昌保的祖父承典蒋荣才下名土名大屋场并冲头江水田二坵，民国二十九年（1940）三月，蒋荣才之子蒋政玉备足原典价，向蒋昌保回赎土地，因年代久远，"所有字据失却未见"，所以蒋昌保出具退土字与蒋政玉，双方商定"若有日后执出此字（笔者按：即原典契约），以作故纸无用"①。此种情况亦相对多见，不再一一列举。另有一种情况需要特别指出，具体见下纸文书：

　　立清白字人袁均贵，今因典利下甘溪袁进财冲□水田壹间及叁□田三坵，收谷拾陆挑，田恨（限）三年相赎，每年付仓谷四石。今念族中解决，典主今备原之价赎返，日后洋主再发现典字无效。恐后无凭，立此清白字样为据。
　　经手收洋人　袁进勋
　　凭袁□□、袁进丰过政勋典价洋伍仟八百元正，此据。
　　亲笔 袁进勋 中指印（押）
　　民国三十三年二月二十二日　立②

　　据上引文书可知，袁进财在民国三十三年（1944）之前将收谷16挑的土地出典与袁均贵，约定三年回赎，民国三十三年二月，袁进财在

①《民国二十九年三月十三日蒋昌保土退字》，张新民主编：《天柱文书》，第1辑，江苏人民出版社2014年版，第7册，第28页。
②《民国三十三年二月二十二日袁均贵典到袁进才田土无效清白字》，张新民主编：《天柱文书》，第1辑，江苏人民出版社2014年版，第3册，第216页。

族人的帮助之下赎返土地。与前述领典价银钱字和退土字相似的是，袁均贵暂时未找到原典契约，因此他立"清白字"与袁进财，以作为后者回赎典产的凭证。此处使用的是"清白字"，其作用与领典价银钱字和退土字相同，均是表明出典人回赎典产。

"清白字"类型的契约多是用于解决纠纷，其主要涉及房产、土地、山林的权益分配，买卖交易，亦包括地方的生活日常中的茔地、族群生活和地方立场等方面，[①] 但是用于典交易的现象则十分少见。无论是领典价银钱字还是退土字，抑或是"清白字"，都是由于承典人一时难以寻获或丢失原典契所致，虽然不能及时将原典契退还与出典人，但是出具领典价银钱字、退土字、清白字和退还原典契具有同样的功能，都是出典人已将典产回赎的凭证。而出具此类凭证则是对现实状况的变通，体现出民间契约书立方式的灵活性和多样性。

三 先典后卖

先典后卖指的是出典人先将土地出典，后因某些原因无力回赎或者需要使用资金，将出典的土地变卖与承典人或其他人。《天柱文书》中先典后卖有两种表现形式：一是卖契中载明出卖的土地曾经出典，但是没有收录原典契；二是典契和卖契均有收录，通过对比可知出典的土地最终出卖。两种形式表明出典者最终将出典的土地变卖，未能回赎。前一种形式如《民国三十三年十月十六日陈代芳卖田契》，文书录如下：

> 立契卖田字人陈代芳，今因家下要洋使用，无从得处，自己将到土名角水口田，大小乙（一）共叁坵，收花捌挑正（整），

---

① 冯贤亮：《关系"清白"：近世清水江流域的契约书写与社会生活》，张新民主编：《民间契约文书与乡土中国社会——以清水江流域天柱文书为中心的研究》，江苏人民出版社2014年版，第163页。

载税照管业证过。内开四抵，东抵芳（荒）田，南抵代照田，西抵代培田，北抵河，四抵分明，要洋出卖。自己请中人上门问到胞弟陈代炳名下承买，当日凭中言定价洋捌仟贰佰捌拾元正（整），先除典价洋，前后乙（一）并领亲（清），不得异言。若有异言，不甘（干）买主之事，卖主理落。恐口无凭，立有卖字是实。

立领清字人陈代芳，今因领到陈代炳角水口田价洋一并领清，立有领是实。

凭中　　袁　进书
　　　　　　　化南

请笔　　杨云程

民国三十三年十月十六日　　立卖①

民国三十三年（1944）十月，陈代芳将三垎水田卖与胞弟陈代炳，卖契提及"先除典价洋"，表明陈代芳此前将三垎土地出典与陈代炳，现今因家下"要洋使用"而将出典的土地绝卖，亦即表明陈代芳未能将此前进行典交易的典产回赎。相似的情况如《民国三十四年八月二十一日吴德澄卖田契》所载：

立契卖田字人吴德澄，今因移远就近，母子相议，自愿将到己面所管有瓮洞乡（原名第八联保）万字段垎号第一九九号田块，数目：一十六块；四至：东、西、南、北抵杨姓田；坐落：土名洞头（管业证上误写为半坡龙）；粮亩面积：计四亩伍分，要行出卖。先进（尽）亲房，无人承受。请中问到　杨永兴　名下承买为业，
　　　　　　　　　　　　　　　　　　　　　　蒲昭远

---

① 《民国三十三年十月十六日陈代芳卖田契》，张新民主编：《天柱文书》，第1辑，江苏人民出版社2014年版，第1册，第70页。

当日凭中言议定时价洋肆拾柒万伍仟捌佰捌拾元整，其洋俟领清后另立领字。自卖之后，任从买主子孙永远耕管，卖主不得异言。恐口无凭，立卖字一纸为据。

凭中　　吴祖光（章）

　　　　蒋泰顺（章）

卖主　吴德澄（章）

中华民国三十四年古历八月二十一日　　亲笔　立①

民国三十四年（1945）八月，吴德澄母子因"移远就近"，将合计 4.5 亩之"万字段坵号第一九九号田块"出卖与杨永兴、蒲昭远二人为业。单就此份文书而言，该契约只是纯粹的土地买卖，但是结合《民国三十四年九月三十日吴德澄卖田全领字》来看，情况并非如此：

立全领字人吴德澄，今因得卖洞头田乙（一）庄，计粮亩四亩伍分，连己面半□庄屋及园圃埮场在内，与杨永兴、蒲昭远名下承买为业。其洋照契一概领清，无欠分文。又其有此田当与蒲正兴之典价叁万柒仟元，由买主自行去赎，不干卖主之事。恐口无凭，特立领字一纸为据。

凭中　吴祖光（章）

民国三十四年古九月卅日　　（章）亲笔②

---

① 《民国三十四年八月二十一日吴德澄卖田契》，张新民主编：《天柱文书》，第 1 辑，江苏人民出版社 2014 年版，第 7 册，第 61 页。

② 《民国三十四年九月三十日吴德澄卖田全领字》，张新民主编：《天柱文书》，第 1 辑，江苏人民出版社 2014 年版，第 7 册，第 62 页。

据上引契约文书可知，吴德澄所领卖价不仅有田，还包括"屋及园圃堨场"，但是后文又提及"此田当与蒲正兴"，显然"此田"所指便是"四亩伍分"，亦即《民国三十四年八月二十一日吴德澄卖田契》所卖之土地。换言之，吴德澄母子在民国三十四年八月出卖的土地，先是以3.7万元之价出典与蒲正兴，后绝卖与杨永兴、蒲昭远二人，而这4.5亩土地的卖价应当是前纸契约中土地的卖价与典价之和。因此，吴德澄未能赎回民国三十四年八月之前出典的土地。此外，值得注意的是，吴德澄和前述陈代芳变卖典产的情况不同，陈代芳是将典产卖与承典人，吴德澄则是将典产卖与非承典人，买主不通过吴德澄，而是直接向承典人回赎土地。这是在卖契中表明卖产曾进行过典交易，但是无典契的情况，另外一种则是典契和卖契并存的情况，如《咸丰十一年四月二十一日杨昌立典田契》与《同治二年四月三日杨昌立卖田契》所示：

> 立契典田人杨昌立，今因缺少用度，无从得处，自愿将到土名典主屋皆塘坵田坎上田乙（一）坵，收谷三运；又将马安坡长田坎上田乙（一）坵，收谷乙（一）运；要行出典，自己请中招到伊亲蒋在孝名下承典。凭中言定典价钱六千文正（整），每千扣水三十文。其钱典主即日领清，并不短少分文。其田钱主收花准利，典主不得异言。其田付与典主耕种，四六分花。日后备得原本上门赎约，立典是实。
>
> 典主　亲笔
>
> 凭中　杨秀拔
>
> 咸丰拾壹年四月二十一日　典①

---

①《咸丰十一年四月二十一日杨昌立典田契》，张新民主编：《天柱文书》，第1辑，江苏人民出版社2014年版，第7册，第225页。

　　立契卖田人杨昌立，今因缺少用度，无从得处，父子商议将到分落面分土名马安坡却长田尾田一截，又坎上一坵，坎却一坵，三坵共收谷三运。内开四至：左坻（抵）吴加德田洞上下田角为界，下坻（抵）小田坎横过至加德田角以上横过田坎为界，右坻（抵）本田角以上横过，卖主方坪却横过至上坵田角以上为界，上坻（抵）杨宗明墦却横过为界，四至开明。又并卖主屋皆塘坵坎上田乙坵，收谷三运，实在税三元。又开四至：左坻（抵）田角杨宗明油树以上为界，右坻（抵）宗明蔺角以上为界，上坻（抵）昌刚墦堤却横过以上，昌刚油树横过为界，下坻（抵）本田坎为界，四至分明，要出卖。自己请中招到伊亲蒋在孝父子买，凭中言定价钱式（贰）拾九两五钱正。其钱卖主领清，并无下少分文。其田买主子孙永远耕管耕种，卖主不得异言。来历不明，卖主向前理落，不干买主之事。其有酒席画字一并在内。水路长田贯（灌）养安塘坡水贯（灌）养。今欲有凭，立卖契一纸为拠（据）。

　　　　　　杨宗寿
　　凭中
　　　　　　蒋田生

　　卖主 亲笔

　　同治式年四月初三日　　立卖①

　　咸丰十一年（1861）四月，杨昌立将土名"屋皆塘坵田坎上田乙（一）坵，收谷三运；又将马安坡长田坎上田乙（一）坵，收谷乙（一）运"，以6000文的价格出典与蒋再孝，土地仍由出典人耕种，收成出典人和承典人四六分成。三年后，杨昌立将前述出典之田，连带马安坡长田"尾田一截"和"坎却一坵"之田变卖与蒋再孝。又如民国

---

　　① 《同治二年四月三日杨昌立卖田契》，张新民主编：《天柱文书》，第1辑，江苏人民出版社2014年版，第7册，第241页。

二十年（1931）杨通全将"土名冲巴田一垃"以十四封之价出典与陆志可名下为业，次年三月加典，获得加典价铜元八封四百文；[1] 民国二十四年（1935）三月，杨通全将出典之田变卖与陆志可兄弟，获得卖价一百五十二封八百文。[2]

先典后卖，无论买主是承典人还是他人，都表明出典人未将典产回赎，典交易最终衍变为买卖交易。先典后卖是判断典产未回赎的最有力方式之一，因为在清水江下游地区尚未发现有东部地区常见的土地交易方式——活卖，所以将土地卖出就等于是绝卖（断卖），[3] 卖出的土地不能回赎。

四　依据归户性判断典产是否回赎

前文述及，《天柱文书》的收集者和整理者对每份契约文书备注了文书的原持有者和来源地，这是《天柱文书》和其他地区出版的民间契约文书的不同之处。所谓原持有者指的是契约文书归档（此处特指天柱县档案馆）之前的持有人，且文书的原持有者一般为契约事主的后人。这一整理方法为笔者判断一宗典交易是否回赎典产提供新途径：概言之，根据出典者、承典者和文书原持有者的姓氏，并比照承典人参与其他诸如分家、买卖土地等事务的契约文书来推断典产是否回赎。出典人、承典人和文书原持有人的姓氏情况主要可分为以下四种：

（一）　出典人和文书原持有人同姓，与承典人不同姓

出典人和文书原持有人同姓，与承典人不同姓，此种情况一般表明出典人将土地赎回，如《民国三十二年八月二十八日刘宗科典田契》和《民国三十二年八月二十八日刘宗科典田契》：

---

[1] 《民国二十一年三月六日杨通全加典田契》，张新民主编：《天柱文书》，第1辑，江苏人民出版社2014年版，第20册，第81页。

[2] 《民国二十四年三月三日杨通全卖田契》，张新民主编：《天柱文书》，第1辑，江苏人民出版社2014年版，第20册，第84页。

[3] 谢开键、朱永强：《清代天柱侗苗族田契档案特色探析》，《浙江档案》2014年第1期。

立典田契字人刘宗科，今因家事要洋使用，无处所出，甘愿将
到土名石土地田贰坵，上抵山，下抵龙姓田，左抵山，右抵典主
田，四至分明。要洋问到本村龙门陶氏月献名下承典，双方议定价
洋壹仟壹佰元整。（中略）

　　〖文书原持有者：刘光炎；来源地：高酿镇优洞村〗①

立典田契字人刘宗科，今因家事要洋使用，无处所出，自愿将
到土名高攸田乙（一）坵作典，上抵杨姓田，下抵吴、杨二姓田，
左、右抵坎，四至分清，要洋问到本村龙门胡氏蕊秀名下承典，双
方议定价洋壹仟元整。（中略）

　　〖文书原持有者：刘光炎；来源地：高酿镇优洞村〗②

据上引两份契约文书可知，民国三十二年（1943）八月，刘宗科
因家中缺少钱用，将土名"石土地田贰坵"和"高攸田乙（一）坵"
分别出典与本村龙门陶氏月献和龙门胡氏蕊秀名下为业。两宗典交易
的承典人均为女性，并且两份典契的原持有人为"刘光炎"，即出典
人和文书的原持有人同姓氏，与承典人不同，因此可以初步判定这两
宗典交易均赎回典产。为确保笔者的推断准确，可寻求其他相关契约
文书以为佐证，《民国十四年六月十三日刘永东妻龙氏四子分关合约》
便是力证：

立分关合约字人刘永东妻龙氏生育四子，俱已成立，家务纷

---

　　① 《民国三十二年八月二十八日刘宗科典田契》，张新民主编：《天柱文书》，第1辑，江苏
人民出版社2014年版，第12册，第330页。
　　② 《民国三十二年八月二十八日刘宗科典田契》，张新民主编：《天柱文书》，第1辑，江苏
人民出版社2014年版，第12册，第331页。

纭，难以照料。请凭族戚等，因年迈桑榆，祖遗家业山场、田园、竹木、什物等皆以四股均分，拈阄为定。又以养二老田园需用，而婚配杉木之用及二老年终之田费，用剩之后，原以公平均分。自分之后，仍以熏箎相奏，勿有以强欺弱。或兴或败，在于一心一德。今凭合约，各执一张为据。田园、山场、养老田、婚配杉木列于后，刘宗科实照：

一土名括冲田乙坵；旧却田一坵；洞翠十五坵；一土名登高攸田下坵；（中略）

[文书原持有者：刘光炎；来源地：高酿镇优洞村][1]

民国十四年（1925）六月，刘永东夫妇因"年迈桑榆"，又"家务纷纭，难以照料"，请凭族人将自置产业均派与四子，上引文书便是刘宗科所得之份，该分关文书的持有人亦为"刘光炎"。交易契约会作为上手契而交由最后的买主或承典人等保管，但是作为财产所得的分家文书则定由事主或其后人保管，不会成为上手契而转交他人，所以据此可以断定，刘宗科于民国三十二年（1943）进行的典交易最终将典产回赎。另外需要指出的是，民国三十三年，刘宗科参军出征并于次年"阵亡于桃元县"，[2] 因此刘宗科出典的土地不是其本人回赎，而是由其兄弟或子嗣回赎，但无论情况如何，其所典之产最终回赎。这是出典人和文书原持有人同姓，与承典人不同姓之情况，可以初步判定出典人回赎土地，再结合其他相关契约文书加以佐证而最终判定出典人是否回赎典产。

（二）承典人和文书原持有人同姓，与出典人不同姓

承典人和文书原持有人同姓，与出典人不同姓，此种情况一般表明

① 《民国十四年六月十三日刘永东妻龙氏四子分关合约》张新民主编：《天柱文书》，第1辑，江苏人民出版社2014年版，第12册，第317页。

② 《民国三十五年三月二十五日刘宗才、刘宗柄因四弟阵亡为四弟媳求亲媒单字》，张新民主编：《天柱文书》，第1辑，江苏人民出版社2014年版，第11册，第255页。

出典人未能回赎典产，如《民国三十年一月二十八日龙正和当山土竹木字》：

> 立当山土竹木字人龙正和，今因家下要钱用度，无从得处，自愿将到得买张玉林／贵□寨大路外边竹林半台，其界上抵大路，下抵吴姓土，左抵杨毛梨子树，右抵台歌门口外，达（搭？）中间边上梨子树一根在内，请中上门出当与雷仕江名下开挖（拓）修造起屋，一当八春，三面议定当价铜钱拾陆串文正（整）。［当］日笔下领清，并无下欠分文。自当之后，凭由钱主修屋住座，永远发达。恐口无凭，立出当字一纸为据。年汉元满，归龙姓赎取，钱到约出，不与玉林／贵相干。
>
> 凭中　陈仕元
> 　　　杨胜彰
>
> 代笔　杨胜云
>
> 民国三十年正月二十八日立 当字人龙正和
>
> ［文书原持有者：雷光均；来源地：白市镇对江村］①

民国三十年（1941）正月，龙正和因"家下要钱用度，无从得处"，将先年得买张玉林、张玉贵二人的"竹林半台"出当与雷仕江修建房屋。前文论及，典和当其实并不相同，而天柱县民间契约文书所言之"当"实为"典"，此乃因当地人对典和当实际含义不甚明了所致，因此该契约文书虽言为"当"，实际是"典"交易。龙、雷双方约定，"一当八春"，年限满时由龙正和取赎。那龙正和是否回赎其典产呢？

----

① 《民国三十年一月二十八日龙正和当山土竹木字》，张新民主编：《天柱文书》，第1辑，江苏人民出版社2014年版，第1册，第63页。

该文书的原持有人为"雷光均"，与承典人同姓，因此可推测龙姓未能回赎典产。《民国十二年一月八日徐秀常、徐再海父子卖山土树木契》为笔者的推测提供了佐证：民国十二年（1923）正月，徐秀常同子徐再海将"祖遗之业地名抱谷老岭上山土树木一福（副）"，出卖与雷世江名下为业。① 该文书所书买主姓名虽书为"雷世江"，其实与上纸契约承典人"雷仕江"为同一人，天柱县乃侗族和苗族等少数民族聚居之所，汉文化水平并不高，在书写契约之时常常同音字混用，用汉字发音相似的苗音字或侗音字的情况亦不鲜见，因此同一人的名字写法不同乃是常见之事。该文书的原持有者亦是"雷光均"，所以前述龙正和于民国三十年签立的典交易契约仍由雷氏后人保管，亦即表明龙正和未赎回典产。

（三）出典人、承典人和文书原持有人同姓

出典人、承典人和文书原持有人的姓氏相同，此种情况较为复杂，难以判断出典人是否回赎典产，须辅以其他契约文书方可确定。出典人、承典人和文书原持有人的姓氏相同的情况如《民国三十年十二月三日杨再云典田契》：

> 立契典田字人杨再云，今因家下要钱使用，无从得处，夫妻商议情愿将到自己面分土名三间田一坵，计谷拾陆箩，内开四抵，上抵杨求喜油树断，下抵路，左抵杨清棠田，右抵杨火喜田断，四抵分明，要行出典，无人承就。自己请中上门问到房侄杨金发名下承典，当日凭中三面言定典价市洋壹百壹拾捌元文正。其洋亲手领足，并无下欠角仙，领不另书。其田钱主任从耕管收花息，典主不得异言阻当（挡）。日后备得元（原）价上门赎取，不得短少分文。今欲有凭，立典契一纸为据。

---

① 《民国十二年一月八日徐秀常、徐再海父子卖山土树木契》，张新民主编：《天柱文书》，第1辑，江苏人民出版社2014年版，第1册，第62页。

限之三年上门抽约。

凭中杨汉森 杨子寿

民国三十年十二月初三日请笔 罗洪祖 立

〖文书原持有人：杨德良；来源地：江东乡大坪村〗①

据上纸典交易契约文书可知，出典人、承典人和文书原持有者三人都为杨姓，据此难以遽断出典人是否回赎典产。但《民国三十年十月二十一日杨再德典田契》②和《民国三十三年五月十八日杨承宗典田契》③两宗典交易的承典人均为杨金发，且两件典交易契约的原持有者亦为"杨德良"，因此基本可以断定前述三宗典交易的出典人都未能回赎典产，亦即前述三份典交易契约中的任意两份，可以作为另外一份典交易契约出典人未回赎典产的依据。

（四）出典人和承典人同姓但与文书原持有者不同姓，或三者均不同姓

出典人和承典人同姓与文书原持有者不同姓，或出典人、承典人和文书原持有者均不同姓，一般而言，这两种情况表明出典人未能回赎其出典之产。前者如《民国三十三年一月二十一日龙引器典田契》，具体内容录如下：

立典契字人高中村龙引器，今因家下要洋使用，无所出处，自愿将到土名圭宠田乙（一）坵出典，上［抵］溪，下抵龙姓田，左抵溪，右抵龙姓田，四至抵清，请中上门问到本房龙大珠名下承典，当

① 《民国三十年十二月三日杨再云典田契》，张新民主编：《天柱文书》，第1辑，江苏人民出版社2014年版，第3册，第62页。

② 《民国三十年十月二十一日杨再德典田契》，张新民主编：《天柱文书》，第1辑，江苏人民出版社2014年版，第3册，第61页。

③ 《民国三十三年五月十八日杨承宗典田契》，张新民主编：《天柱文书》，第1辑，江苏人民出版社2014年版，第3册，第69页。

日凭中言定价洋三仟伍佰元正（整）。其洋领清，其田付与典主，耕种收花为利，不限远近将赎。自典之后，不异言。恐口无凭，立有典字为据。

　　代笔　龙启森

　　凭中　龙　启后
　　　　　　大流

　　民国甲申年正月贰拾壹日立字

　　[文书原持有者：刘宗域；来源地：高酿镇优洞村]①

据上引典契可知，民国三十三年（1944）正月，高中村人士龙引器将"土名圭宠田一坵"出典与本房龙大珠名下为业。文书原持有者为"刘宗域"，刘宗域共计收藏文书196件，均为其祖遗文书。② 虽然笔者没有找到龙引器或龙大珠将典产卖与刘姓之人，亦未发现刘宗域的先人从他姓之人购得此块田产的交易记录，但还是可以判断龙引器未能回赎典产。出典人、承典人和文书原持有者均不同姓的情况则如《民国二十六年五月十五日杨少伯立典田字》所记：

立典田字人杨少伯，今因家下要钱度用，无所出处，自愿将到土名龙东田一坵出典一半，上抵山，下抵龙姓田，右左抵山分明，要钱出典。自己上门问到龙氏内贞承典，当日言定价钱壹佰壹批壹仟文整。其田限至两年庚辰续（赎）转，不得有误。恐口无凭，立有典字为据是实。

　　讨笔杨膳甲

　　民国二十六年岁次丁丑五月十五日立

① 《民国三十三年一月二十一日龙引器典田契》，张新民主编：《天柱文书》，第1辑，江苏人民出版社2014年版，第10册，第201页。
② 谢开键：《〈天柱文书〉评介》，《中国史研究动态》2015年第4期。

〖文书原持有者：伍绍伦；来源地：高酿镇优洞村〗①

据上纸契约文书可知，出典人为杨姓，承典人为龙姓，而文书的原持有者却为伍姓。又伍绍伦持有的文书绝大多数为伍姓之人所置产业，虽然杨少伯在出典土地之时说明需于民国二十九年回赎，倘若其已回赎，则无需将作废的典契作为上手契交与伍姓之人，因此可以断定杨少伯最终未能赎回龙东田。以上根据出典人、承典人和文书原持有者的姓氏判定典产是否回赎的方法，乃是基于《天柱文书》归户性及每份契约文书标注原持有者的整理方式而来，其他区域的契约文书缺乏这一特性则无法采用此种方法来判定出典人是否回赎典产。

当然，有部分典交易契约即便使用上述四种方法依旧无法判断出出典人是否回赎典产，这部分的典交易契约一般出现在承典人的分家文书或者账簿之中，如《民国九年九月十八日杨金喜、杨森喜兄弟分关合同》记有："杨田氏全香今夫去世，将祖遗土名策于田乙（一）坵，计谷五石六斗，典与次男杨森喜，议定价钱三拾贰仟伍佰八十文正。"② 据此，我们只能从杨金喜、杨森喜兄弟分家文书中知道田全香将田典与杨森喜一事，但由于没有见到这宗典交易契约文书的原件，亦未见到田全香出卖此田的相关记录，因此无法判断田氏是否回赎典产。又如民国二十五年（1936）袁盛财所记田土簿中载道："袁盛三将岑滥坡盘田乙坵，典与袁盛财名下，典价伍拾伍仟文，此记。"③ 同前例类似，我们只是从袁盛财所记的田土簿中知晓，袁盛三曾将土地

① 《民国二十六年五月十五日杨少伯立典田字》，张新民主编：《天柱文书》，第1辑，江苏人民出版社2014年版，第11册，第122页。

② 《民国九年九月十八日杨金喜、杨森喜兄弟分关合同》，张新民主编：《天柱文书》，第1辑，江苏人民出版社2014年版，第3册，第131页。

③ 《民国二十五年袁盛典出典袁盛财田土簿记（附：民国二十六年袁盛三出典袁盛财田土笔记、袁盛三出典袁盛财田土记）》，张新民主编：《天柱文书》，第1辑，江苏人民出版社2014年版，第3册，第214页。

出典与袁盛财，但是未找到其他相关的契约文书，因此无法推断袁盛三回赎土地与否。

通过上述四种方法，对《天柱文书》收录清至民国时期的 246 件典交易契约一一进行考察后可知：回赎典产的契约有 25 件，占总典交易契约数的 10.2%。另外有 15 件典交易无法判定是否回赎。回赎典产的契约年代分布如下表所示：

表5-3　　　《天柱文书》收录典交易典产回赎年代分布示意表

年代		数量（单位：件）
清代	道光	1
	同治	2
	光绪	7
	宣统	1
民国		14

说明：表中所列时间为契约成立的时间，除出具的典价字和退土地等契约，其他契约均无法判定具体的回赎时间，因此只得将其暂归入契约成立的时间。

为更好地说明问题，笔者将每份契约文书的时间标注出来并制作成图表，具体见下图 5-1。

依据图 5-1 可知，清代天柱县典交易的回赎典产主要集中在光绪年间，计有 7 份，占清代回赎典产总数的 63.6% 强。民国时期则主要集中在 1937 年至 1945 年之间，计有 10 件，占民国回赎典产总数的 71.4%。那为何回赎典产主要集中这两个时段？

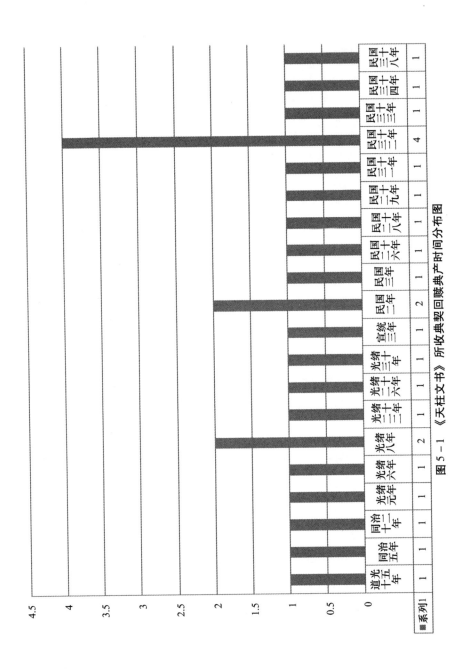

图 5-1 《天柱文书》所收典契回赎典产时间分布图

第三节　回赎典产集中于光绪和抗战时期的原因考察

从笔者所见已出版的天柱县契约文书来看，无从找寻出典人回赎典产的原因，即从微观的角度很难看出出典人回赎典产的原因。虽然第四章的研究表明出典人并非都以原价回赎典产，但是以原价回赎典产更为普遍的现象。既然以原价回赎典产是主流，那么在通货膨胀或者货币贬值之时，出典人应当更为容易可以原价回赎典产。在抗日战争结束至中华人民共和国成立这段时间内，南京国民政府发行的法币、金圆券贬值十分严重，但是以法币、金圆券为通货的典交易回赎典产的案例却不多见。那究竟是何原因对典产的回赎率起着关键性的作用？出典人能回赎典产的原因应当同社会的稳定和经济的发展有着千丝万缕的联系，假若天柱县呈现出的两个回赎典产高峰的时间段——清光绪年间和抗日战争时期——的经济处于发展阶段，则可证明笔者的推测。由于缺乏天柱县在清末和民国时期的经济数据，因此只能从宏观的角度入手，即从全省经济发展的角度来推断天柱县的经济发展状况。

一　光绪年间贵州的社会及经济状况

咸丰初年至同治末年（1855—1872），贵州爆发了规模巨大的农民起义，参加起义的队伍多达五十余支，遍及全省各地，其中尤以张秀眉和姜应芳①领导的苗族和侗族起义影响最为深远。② 张秀眉和姜应芳二人的主要活动范围在清水江流域，因此长达18年的战乱，造成贵州省特别是清水江下游地区各县人口锐减，土地荒芜，农村经济遭到严重破坏。对于咸同兵燹造成的社会经济影响，天柱县境内的部分契约文书有

---

① 部分史籍记为姜映芳。
② 具体过程可参见《贵州通史》编辑部编《贵州通史简编》，当代中国出版社2005年版，第150—156页。

所反映，如前引《光绪三十年二月十七日龙尚广收典田价银字》记有“因遭苗乱，失落典契”；① 又如《民国十三年四月十日潘固富后裔重修祠堂等事合同》载曰：“立合同字人潘固富公生四子：龙福、双福、全福、寄福；公生富银、富钱、富财三公，其各房盛衰不等，惟富银、富钱后裔荣耀，正相、正常、和光等溯本寻源，于乾隆年间纪我两房建造祠堂而余房不与焉，不幸同治丁卯（笔者按：即同治六年，1867 年）被苗燹毁，至今四十余年，尚未重修。”② 据此可知，潘固富后裔所修之祠堂，于同治丁卯年遭受兵燹而损毁。再如《咸同年间保安团忠义师扎营堵隘御敌打仗原委》所载：

三月十七，苗匪直扑循礼里黄桥一带，窜踞冷水沿，烧十余邨。

三月十八，我保安团派带壮丁二百五十名前赴汉寨会合各团兵练，出队迎敌，杀毙贼子多人，斩馘五颗，解县验明，活擒匪探三名。（因该处措米不卖，我军无粮兼闻贼子欲分股下王寨，我练是以暂回，只留队人在汉寨。）

四月初三，贼匪仍梨园坡攻入皮厦、汉寨，尽遭毁躏。

四月初五，我保安团仍派练二百进扎居仁里、木杉地界之圭晚。

四月初八，巳刻，贼子大股攻入木杉……③

据上引契约文书可知，该原委当为保安团人员所书，虽然其与

① 天柱地区遭受咸同兵燹的影响在部分契约文书中有所体现，如前《光绪三十年二月十七日龙尚广收典田价银字》提及“因遭苗乱，失落典契”，见《光绪三十年二月十七日龙尚广收典田价银字》，张新民主编：《天柱文书》，第 1 辑，江苏人民出版社 2014 年版，第 2 册，第 322 页。

② 《民国十三年四月十日潘固富后裔重修祠堂等事合同》，张新民主编：《天柱文书》，第 1 辑，江苏人民出版社 2014 年版，第 6 册，第 147 页。

③ 《咸同年间保安团忠义师扎营堵隘御敌打仗原委》，张新民主编：《天柱文书》，第 1 辑，江苏人民出版社 2014 年版，第 17 册，第 13 页。

"苗匪"的立场不同，但多少可以反映出咸同战乱对清水江下游地区社会和经济的破坏。面对这一现实，且为继续维持统治，在战乱的后期，清政府部分中央或者地方官员开始提出妥筹善后的安抚政策，主要内容为招集流亡，使农民重新获得土地，恢复生产，以稳定混乱的秩序。如同治十一年（1871）七月，湖南省道员陈宝箴受命代办苗疆善后事宜，具体办法是：对于"义苗"，"有业者须令复业，无业者拨绝逆田产与之，户约三十石为率，即令永守，除照章完粮外，不别征租"；对于官军进剿"即举寨出降者"，"有产者亦令复业"，"无业者拨绝逆田产，使之佃耕，户约三十石，每秋收后，令纳租十之一归公。丁多之户，愿于所拨外，更行佃耕公田者，则照十分取二纳租"；对于"不得已而乞降"之苗民，则"无论有业者，只令佃耕公田，岁令纳租谷十之二"。此外，他还鼓励苗民多开垦荒土山地。①

同治十二年（1872）战事全部结束后，贵州布政使黎培敬会同按察使林肇元请巡抚曾璧光改军需局为善后总局，下设清查局，并根据当时各地的状况及吴德溥、陈宝箴等人的建议，先后制定发布了《核定清查田业章程》、《续定清查田业章程》、《清厘田亩粮田示》等文件。②如贵州通省善后总局、贵州承宣布政使司、贵州下游善后总局于同治十三年（1873）出具与民人的土地执照中言道：

> 发给执照事，照得黔省贼扰之区，居民流散，田土荒芜。兹幸全境肃清，亟须清理田业，广为开垦。除有主有契之田照常耕管外，其有契遗田确者，应准作为本业。屯亡田在者，应仍作为屯业。更有田主远逃，在若存若亡之间者，应暂作为存业。又田主播

<hr>

① （清）罗文彬、王秉恩编纂，贵州大学历史系中国近代史教研室点校：《平黔纪略》，贵州人民出版社1988年版，第534—535页。
② 清政府官员对贵州地区土地的处理措施具体，可参见严中平主编《中国近代经济史（1840—1894）》，上册，人民出版社2001年版，第720—742页。

越本支尽划及倡乱附贼被剿伏诛者，应即作为绝业叛业。以上各项产业，现在荒芜犹多，间有开垦地处，或系官为安插，或系自谋生聚而恃强逞习之徒，串通朦混影射谣惑，以致耕□者心志不固，而本司等又无由周知其数，何以定民居而厘田赋？兹本司等刊刷三联印照，选委妥员，分赴各府、州、县，逐段查给。凡系有田有契之户，务即呈验，盖用戳记。其无契者，务即分别屯存叛绝，将田土坵数、坐落、地名、计算谷种、应纳丁粮，逐一开单报明本团本寨甲长取具，切实甘结，呈请验给执照。如业主有契不呈验、无契不领照者，均不准其管业。惟该业户领照之初，自应激发天良，各认本业。如将屯存叛绝各业指为己业，或冒充嫡派及以少报多，一经发觉，定即从严究办，并将团、寨、甲长、出结人等及扶同朦混连环保结各户，一并分别惩究。至各户领照管业之后，本系己业者，限耕至乙亥冬季，无人告发，方准私自出卖。如业主不俟限满而辄卖，买主不俟限满而辄买，查出，田价、田土一并充公，仍治以应得之罪。其承耕屯存叛绝各业者，俟至乙亥年冬季，无人争认，即将原照呈验，加盖戳记，或令补充屯卒，或令承充官佃，分别酌定，俾资永业。如临期不呈请加戳，查出，追还原照，另召妥佃，亦治以应得之罪。①

这些章程旨在全省范围内恢复和肯定原有田主对土地的所有，要求有主有契之田主，持契赴清查田产局验明，并给执照，即为正式契据，永为己业。有主无契之业，必须取具保结，发给执照，照常耕管。其有主之田，业主逃亡未归者，暂作存业。一俟业主返回，再行查实核办。暂时招人耕种者，业主返还后仍须将田产归还业主，不准霸占耕种。逃

---

① 《同治十三年十二月一日贵州通省善后总局、贵州承宣布政使司、贵州下游善后总局出具汉民龙昌宇土地执照》，张新民主编：《天柱文书》，第 1 辑，江苏人民出版社 2014 年版，第 10 册，第 290 页。

亡故绝者，既无嫡派子孙，又无三代以内亲支者，所遗田产，照例归公。如无嫡派子孙，尚有三代以内亲支者，可由甲长及族邻出结，亦准给还，但不准外姓承受。

此外，黎培敬等还进行清厘田亩粮册，明定田户赋额，以及下令整顿吏治，禁止官吏滥派苛索弊端，减少农民负担，以激发农民屯户生产积极性。[1] 与此同时，清政府为纾解民困，减轻农民负担，在同治十一年、光绪元年、四年、七年、九年、十一年、十五年、十八年、二十四年，多次下令蠲免部分府厅州县的钱粮，并谕令各地不得苛敛，盘剥百姓，要求各地方官刊布告示永远遵守。[2] 这些措施都在一定程度上起到刺激人民生产积极性的作用。

由于贵州地方政府和有关官员极力推行招抚流亡、恢复生产的政策和相关措施，因咸同战乱而遭严重破坏的贵州农村经济于光绪中叶开始出现复苏景况。具体表现为这一时期人口和耕地面积的增加：（1）人口。据统计，道光二十至三十年（1840—1850），贵州省年平均人口数为542.2万，[3] 咸丰四年（1855）为544.1万人，咸丰五年骤减为429.9万人，同治四年再减为317.8万人。[4] 但从同治十二年（1873）起，全省丁口数开始有明显增加，是年为395.7万人。光绪元年（1875）为448.4万人，至光绪末年全省人口总数为766.9万。[5] （2）耕地面积。由于人口增长和奖励开垦政策的推行，耕地面积亦随之扩大。咸同兵燹之前，贵州全省的耕地面积约为26854顷，[6] 咸同战争使

---

① 何仁仲编：《贵州通史》，第3卷，当代中国出版社2003年版，第500—501页。

② 何仁仲编：《贵州通史》，第3卷，当代中国出版社2003年版，第502页。

③ 李文治编：《中国近代农业史资料》，第1辑，生活·读书·新知三联书店1957年版，第9—10页；梁方仲：《中国历代户口、田地、田赋统计》，上海人民出版社1980年版，第262页。

④ 严中平等编：《中国近代经济史统计资料选辑》，"附录：清代乾隆、嘉庆、道光、咸丰、同治、光绪六朝人口统计表（一七八六至一八九八年）"，中国社会科学出版社2012年版，第251、253页。

⑤ 何仁仲编：《贵州通史》，第3卷，当代中国出版社2003年版，第540—541页。

⑥ 李文治编：《中国近代农业史资料》，第1辑，生活·读书·新知三联书店1957年版，第60页。

得全省大量田土抛荒，耕地面积锐减。同治十二年（1873）为17692顷，光绪十九年（1893）则增至20346顷。①

咸同兵燹后，贵州省农村经济逐渐卷入世界商品市场。光绪元年，黔省所产桐油开始输入欧洲，全省四十余县普遍种植油桐。在国际市场刺激之下，漆树种植日益扩大。② 此外，商品性林业也有进一步发展。往昔"向极盛密"的森林不断被砍伐，流入省内外市场。贵州外销木材以杉、柏、梓、楠为主。主要产销、外运木材之地，以清水江流域最为重要。在黔东南还形成锦屏、黎平、剑河、天柱四个产木名县，且天柱县的木材种植面积最大。农民经过不断地探索，还创造培植人工林方法，培育出大量杉木、油桐商品林，并出现林业专业户，甚至雇工植林。至19世纪末，在清水江流域林木总值有百余万两之多。③ 这一时段农村的经济恢复和发展在契约文书中也有所体现，如《光绪八年八月九日陈启道、陈世明、陈世亮叔侄串关合同》载曰："立串关合同人陈启道、世明、世亮，自遭苗叛后，归梓启垦，年稔渐丰。"④ 从该文书中所记"归梓启垦""年稔渐丰"诸语，不仅可以看出天柱县遭受兵燹影响，还可说明苗乱平息后经济有所恢复和发展。

总之，咸同战后贵州地区获得三四十年的相对和平环境，其间虽有战事出现，但规模都比较小，波及范围也不大，很少超过一县范围，人民得以进行正常生产。加上政府官员建议减轻赋税、垦殖和发展农村副业等政策的推行，在不同程度上对恢复、发展生产起着促进作用。因此在咸同兵燹后特别是光绪年间，贵州全省农村经济处于逐渐恢复和发展阶段。

---

① 许道夫：《中国近代农业生产及贸易统计资料》，上海人民出版社1983年版，第8页。
② 《贵州通史》编辑部编：《贵州通史简编》，当代中国出版社2005年版，第161页。
③ 何仁仲编：《贵州通史》，第3卷，当代中国出版社2003年版，第550—551页。
④ 《光绪八年八月九日陈启道、陈世明、陈世亮叔侄串关合同》，张新民主编：《天柱文书》，第1辑，江苏人民出版社2014年版，第1册，第74页。

二　抗日战争时期贵州的社会和经济状况

1911 年 11 月 3 日，贵州革命派响应武昌起义，推翻清王朝在贵州的统治，同月 7 日，建立大汉贵州军政府。次年 3 月，军政府覆灭，从此贵州开始长达二十余年的地方军阀统治的混乱时期，[①] 直至 1935 年，蒋介石借"追剿"红军入黔之后结束了军阀在贵州的统治。据研究，军阀统治时期的贵州农业经济处于停滞和衰退状态，北洋政府农商部统计数据表明，这一时期贵州省的可耕荒地不断增加，1914 年全省可耕荒地总面积为 736.8 万亩，1929 年时增至 1330.5 万亩，1933 年更增至 1700 万亩。[②] 与此同时，全省耕地面积 1913 年为 2140.7 万亩，1934 年则减少为 2120.6 万亩。[③] 此外，农业生产工具、劳动技术和农业经营管理也停留在清末的水平，粮食产量停滞不前，甚至低于清末水平。[④]

迨至抗日战争时期，贵州一跃为抗战大后方和重要根据地之一，[⑤] 其整体经济非但没有衰退，反而由此得到长足发展。如全省耕地面积由 1934 年的 2120.6 万亩增至 1946 年的 2317.3 万亩。[⑥] 这一时期，贵州省的经济得以发展得益于受战乱影响较小，有相对稳定的社会环境。日军对贵州的侵略主要是集中在贵阳和黔南地区，地处黔东南的清水江下游地区的天柱县则处于相对和平的状态。[⑦]

另外，南京陷落后，战区的人口及人才纷纷迁入西南地区，贵州省

①　关于这一时期贵州省的军阀统治具体可参见何仁仲编《贵州通史》，第 4 卷，当代中国出版社 2003 年版，第 49—62 页。

②　张肖梅：《贵州经济》，中国国民经济研究所 1939 年版，第 A6 页。

③　何仁仲编：《贵州通史》，第 4 卷，当代中国出版社 2003 年版，第 269—270 页。

④　《贵州通史》编辑部编：《贵州通史简编》，当代中国出版社 2005 年版，第 222 页。

⑤　丁道谦：《贵州经济研究》，贵州《中央日报》1941 年版，第 1 页。

⑥　何仁仲编：《贵州通史》，第 4 卷，当代中国出版社 2003 年版，第 270 页。

⑦　日本侵略贵州的具体情形可参见何仁仲编《贵州通史》，第 4 卷，当代中国出版社 2003 年版，第 200—231 页。

为集中地之一，为贵州经济的发展注入新动力。如 1938 年 4 月，成立贵州农业改进所。该所先后设置农艺、森林、农作物病虫害、畜牧兽医、蚕桑、农业经济和农业工程技术等系。省农改所不仅以引进、改良、推广农作物和畜禽品种为中心，开展各种农业科学实验，而且建议并协助建立起区、县农业推广机构。

1938 年起，贵州省各专员公署所在地成立联合农场（1943 年改为区农场），开展各种农作物区域实验，办理农业推广事宜。1939 年，省农改所又建议各县成立农业推广室（后改为县农业推广所）。此外，1939 年中国蚕桑所成立于遵义，浙江大学生物系主任蔡作屏任所长，有研究人员 20 余人。1940 年浙大设农学院于湄潭，其他内迁科研单位有：军政部清镇种马场、湄潭桐茶实验场、湄潭耕牛场等，这些农科机构也都不同程度地在黔开展农业科技研究和推广工作。以省农改所为主的科研推广机构首先致力于培育和推广优良品种。其中，水稻良种有"黔农 2 号籼稻""黔农 4 号籼稻""黔农 28 号籼稻""黔农 55 号黑糯稻""黔纯 2363 号"等。省农改所在推广良种的同时，对各地土壤进行抽样化验，发现省内稻田普遍缺乏磷肥，便极力劝导农家多施厩肥和人粪尿，提倡在稻田施用骨粉。并积极宣传越冬休闲农田种植紫云英、蚕豆、豌豆、苕子一类绿肥，以求增加稻田肥力。[①] 技术的改进，对贵州农业进一步发展起到积极推动作用。

又因为抗战的需要，加上贵州本为西南地区的主要产米区，此时邻省粮食的需求——军事物资及日常粮食供给的急速增加，对贵州省的依赖程度亦由此加深。粮食生产有所增加，地方又大力奖励，同时禁止种植烟土，粮食产量日益增加。[②] 以天柱县所属黔东南水稻生产为例，民国二十五年（1936），黔东南 16 县稻谷总产量为 22033.06 万公斤，占

---

① 何仁仲编：《贵州通史》，第 4 卷，当代中国出版社 2003 年版，第 276—277 页。
② 张肖梅：《贵州经济》，中国国民经济研究所 1939 年版，第 A13 页。

粮食总产量约 86.8%，社会人均占稻谷 181 公斤。其中，产稻谷
1000—1500 万公斤的有镇远、从江、锦屏、三穗、榕江等县；1500—
2000 万公斤的有黄平县；2000—2500 万公斤的有剑河、台江等县；
2500 万公斤以上的有天柱、黎平县；其余各县在 1000 万公斤以下。天
柱县水稻的产量最高，为 3800 万公斤。① 丁道谦在其著《贵州经济地
理》言及贵州"有 40 县自给犹有余裕。其中，全省最多达 10 万市担以
上的有黄平、天柱县。天柱县全年可输送出大米两万市担，输往湘西各
地"②。

民国二十六年（1937）十月，黔东南建立和健全县农业推广所及
其所属的农林场、农业技术推广协进会、技术组，兴办农业技术夜
校，加强技术训练、农业资金贷放和农业技术实验指导、改进水稻栽
培技术、推广冬耕冬种、推行稻麦、稻油两熟制、引进推广良种，提
高了全区水稻单产。民国三十年（1941）四月镇远专署召开首次粮食
增产会议，要求各县开展乡镇造产运动，大力垦复荒田荒土，推广良
种，改进栽培技术，增产粮食。会后，15 县统计数据显示，水稻种植
面积达 1975147 亩，稻谷总产量达 41554 万公斤，平均单产 222 公
斤。社会人均占有稻谷 331 公斤。之后，境内水稻生产发展较为迅
速。至民国三十四年（1945），境内 16 个县水稻种植面积 2373845
亩，稻谷总产量达 61964.44 万公斤，每亩平均单产 261 公斤，社会
人均占有稻谷 490 公斤，分别比 1941 年增长 83.2%、67.06%、
85.06%、67.55%。③

---

① 黔东南苗族侗族自治州地方志编纂委员会编：《黔东南苗族侗族自治州志·农业志》，贵
州人民出版社 1993 年版，第 76—77 页。
② 丁道谦：《贵州经济地理》，重庆：商务印书馆 1946 年版，第 95 页。
③ 黔东南苗族侗族自治州地方志编纂委员会编：《黔东南苗族侗族自治州志·农业志》，
贵州人民出版社 1993 年版，第 77 页。

表 5 - 4　　　　　1945 年黔东南 16 县水稻种植面积及产量示意表

县名	水稻种植面积（单位：亩）	水稻产量（单位：万公斤）
天柱县	179210	8243.4
麻江县	162070	6795
黎平县	300196	5943.89
榕江县	191450	5770.1
从江县	207460	4968.57
镇远县	120940	4680
岑巩县	136410	4649
剑河县	108500	4634.6
施秉县	74530	3809
三穗县	102170	3240.5
黄平县	254390	3024.4
锦屏县	92056	1933.18
炉山县（今凯里）	97810	1552.9
丹寨县	97250	1410.2
雷山县	46800	953.9
台江县	31590	355.8

资料来源：黔东南苗族侗族自治州地方志编纂委员会编：《黔东南苗族侗族自治州志·农业志》，贵州人民出版社 1993 年版，第 77 页。

由前述及上表可知，天柱县的农业生产在抗日战争期间有进一步发展。1946 年之后，由于兵匪横行乡里，及自然灾害的频发，加上战乱结束后南京国民政府统治重心东移，黔东南乃至贵州省的经济发展有所减慢。如 1946 年黔东南 16 县发生稻苞虫危害，贵州省田赋管理部门派员并抽调贵定、修文、玉屏、余庆及境内 16 县田赋处科长，主任交叉实地察勘结果，严重危害的面积有 601749 亩，损失稻谷达七成以上的有施秉、黄平、台江、炉山（今凯里）、剑河、天柱、镇远等县；四成以上的有榕江县；其余 8 县损失均在六成以上，造成粮食不敷，仅镇远县就需从黄平、三穗县补入 892 万公斤稻谷。至 1949 年，全境内种植面积降为 214.48 万亩，稻谷总产量 39116.41 万公斤，每亩平均 182 公斤，社会人均占有稻谷 229 公斤。粮食种植面积和稻谷总产量分别比 1945 年下降了 10.47% 和 36.87%。[①]

天柱县在抗日战争时期除农业特别是水稻的生产有较大发展外，其人口数也有所增加（见表 5－5），1937 年至 1945 年，户数不断增加，人口数总体也呈增加的趋势。这些都表明，天柱县的经济在抗日战争时期较战前有进一步发展。

表 5－5　　　　　　　　抗日战争期间天柱县户数和人口数示意表

	户数	人口数（单位：人）
1937 年	19032	113334
1938 年	19032	113334
1939 年	20279	119707
1940 年	20470	120854
1941 年	20667	140678
1942 年	22666	133149
1943 年	22473	131739
1944 年	22071	129291
1945 年	26030	130902

资料来源：贵州省人民政府财政经济委员会编：《贵州财经资料汇编》，贵州省人民政府财政经济委员会，1950 年，第 14—15、18 页。

综上可知，清光绪年间及抗日战争时期的贵州省处于相对平稳的阶段，清代官员采取的恢复生产措施，抗日战争时期人才的迁移、农业技

[①]　黔东南苗族侗族自治州地方志编纂委员会编：《黔东南苗族侗族自治州志·农业志》，贵州人民出版社 1993 年版，第 77 页。

术的革新，这些都为贵州省，或者说为天柱县的经济在这两个时段的发展提供良好基础，注入发展的新动力。正因为如此，典产的回赎情况才主要集中在光绪年间和抗日战争这两个时间段。

本章小结

典产的回赎率是学界较少关注的问题，本章以《天柱文书》收录的典交易契约为中心，考察清至民国时期天柱县出典人回赎典产的情况。一般常见的判断出典人是否回赎典产的方式有：典交易契约中批注"回赎"等字样、承典人出具的收典价字或退土字、同一块土地或典产先典后卖等。《天柱文书》的整理者是以文书的现持有者为归户依据，按照契约文书发生的时间顺序排列，并注明每份文书现持有人的姓名和来源地，因此本书才得以通过对比出典者、承典人和文书现持有者的姓氏来初步判断出典人是否回赎典产，无法直接判断者再佐以其他相关契约文书来推断。所以，《天柱文书》的这种整理方式为判断出典人是否回赎典产提供新的路径和思路。

通过上述四种方法计算后可知，清至民国时期天柱县典交易的典产回赎率为 10.2%，且典产的回赎主要发生在清代的光绪年间和抗日战争时期。光绪年间回赎典产的案例较多主要是因为，清政府为恢复咸同兵燹后的经济而采取的一系列有益于农业发展的措施和政策，使得遭受战乱影响的清水江下游地区的经济有所恢复和发展。抗日战争时期的贵州处于抗战大后方，国民政府和贵州省政府为支持抗战采取鼓励发展经济的政策，促进贵州的经济发展。加上人才的内迁，带来先进的技术，这些无不使得贵州的经济在抗战时期有长足发展。具体到天柱县，这一时段的水稻产量和人口数量总体处于上升发展趋势。因此，可以推测典产的回赎同当地的经济发展有千丝万缕的联系，社会稳定、经济发展为出典人回赎典产创造良好基础。

　　另外，典产的低回赎率，是典交易被学者诟病的另一重要原因。的确，出典人将土地出典，在无力回赎的情况之下，土地最终变为绝卖，出典人因此而丧失土地。但是出典人出典土地在一定程度上可使出典人摆脱眼前困境，或是为积累商业资本为目的的出典人提供经营资本，这些都是典交易不可忽视的积极作用。即便出典人最后将土地出卖，土地则通过这种方式的流转，使其得以继续发挥生产功能，在一定程度上有利于土地资源的优化配置。

　　典产的回赎率如此之低，可能与中华人民共和国建立后实行的土地政策有关。因为无论是天柱县还是锦屏县，都有相当部分的典交易契约的典期为"不限远近"或"不拘远近"，亦即在任何时候（所谓任何时候是指年份而言，非指具体的月份或日期）出典人均可以原价回赎典产。但是土地改革运动则打破这一局面，① 废除此前的土地所有制，并重新分配土地。换言之，土地改革之前进行的土地交易无效，土地交易契约亦随之消亡。土地出典者无须再回赎典产，因此有相当数量的典交易无法推断出典人最终是否回赎典产。虽然我们无法确知土地改革造成未回赎典产的典交易数量，但土地改革运动对出典人在中华人民共和国建立后的回赎典产具有相当影响则是可以肯定。

　　最后需要指出的是，本书对典产回赎率的推算只是一个初步尝试，无法展现整个天柱县乃至更大范围典交易回赎的全貌，但本书使用的方法和思路或许能为学界研究该问题提供新的途径或启发。

---

　　① 1950 年 1 月，中共中央下达《关于在各级人民政府内设土改委员会和组织各级农协直接领导土改运动的指示》，开始在新解放区分批实行土改的准备工作。但是各地进度不一，天柱县于1952 年开始进行土地改革。

第六章

典的新发展——"出典回佃"研究

典交易使得土地在一定程度上不断流转，同时也促使其自身衍变出新的交易模式——"出典回佃"。所谓"出典回佃"是指，出典人将典出的土地佃回耕种，并向承典人交纳地租作为典价利息的经济行为。这种现象早在宋代业已出现，并为官方所禁止。[①] 在清代则较为常见，且未被律例禁止。乾隆朝刑科题本的案例显示"出典回佃"在山西（NO76）、广东（NO79）、湖南（NO82）、广西（NO91）和安徽（NO103）等地区均存在。[②] 此外如保定地区的"典田图种"（亦称为"典地不出手"）、江苏地区的"典田图种"均是此种情况。[③]

当代学者杨国桢指出明清时代福建地区存有"出典回佃"现象。[④] 张玮在研究晋西北地区的租佃制度与借贷关系时认为，"有些出典人又以租佃的形式将所有权尚属于自己的土地租回耕种，这种形式也称为'先典后租'——出典人、承典人以及出典土地由典地关系变为租佃关

---

① 龙登高：《地权市场与资源配置》，福建人民出版社 2012 年版，第 55 页。
② NO 表示序号，如 NO76 表示第 76 号案例，具体见中国第一历史档案馆、中国社会科学院历史研究所合编：《乾隆刑科题本租佃关系史料之二——清代土地占有关系与佃农抗租斗争》，上册，中华书局 1988 年版，第 236—237、241—243、248—250、268—271、299—302 页。
③ 前南京国民政府司法行政部编，胡旭晟、夏新华、李交发点校：《民事习惯调查报告录》，上册，中国政法大学出版社 2000 年版，第 22、179 页。
④ 杨国桢：《明清土地契约文书研究》（修订版），中国人民大学出版社 2009 年版，第 331 页。

系。这种情形在晋西北非常普遍"①，这一发现与刑科题本所录现象相呼应。龙登高等人也指出清代民间的典交易存在出典人将出典的土地佃回耕种的现象。② 以上学者多是指出或描述"出典回佃"行为，均未对这一经济活动做进一步研究。

贵州清水江下游的锦屏县遗存有一定数量的"出典回佃"式交易契约，学界对清水江流域的典交易研究成果较少，③ "出典回佃"的研究则尚付阙如。本章便以清代锦屏县的"出典回佃"式土地典交易契约为中心，考察清代中期以后该地区"出典回佃"式典交易的谷息及采用此种交易方式的原因和优势等问题。另外，中国社会科学院经济研究所根据民国北平社会调查所汤象龙等学者抄录清军机处存档中涉及的粮价资料，于2009年出版《清代道光至宣统间粮价表》（以下简称"粮价表"）。④ 此外，王业键积数十年之力而收集"庋藏于台北的'国立'故宫博物院、北京的第一历史档案馆"⑤ 约219万粮价清单，于2009年建成"清代粮价资料库"（以下简称"粮价库"）。⑥ 两套粮价资料的刊布或公布，为研究清代的物价提供系统性资料，也为本书研究"出典回佃"式土地典交易的谷息问题提供了可能性。因民

---

① 张玮：《战争·革命与乡村社会：晋西北租佃制度与借贷关系之研究（1937—1945）》，中国社会科学出版社2008年版，第262页。

② 龙登高、林展、彭波：《典与清代地权交易体系》，《中国社会科学》2013年第5期。

③ 笔者所见主要有：盘应福《清代中后期清水江下游文斗苗寨的产业信贷方式——基于对"借当契"与"典契"的讨论》，载洪名勇编《生态经济评论》第四辑，经济科学出版社2014年版，第111—120页；崔尧《清代清水江下游典当契约研究》，硕士学位论文，贵州民族大学，2015年；王凤梅《〈天柱文书〉典当契约分类探析》，载张新民主编《人文世界——区域·传统·文化》第六辑，巴蜀书社2015年版，第38—56页。

④ 中国社会科学院经济研究所编：《清代道光至宣统间粮价表》，广西师范大学出版社2009年版。需要指出的是，罗畅以为汤、王两位学者抄录的粮价数据来源不一致，并将此点作为"粮价表"和"粮价库"的主要区别之一（见罗畅《两套清代粮价数据资料的比较与使用》，《近代史研究》2012年第5期）。但是王砚峰的研究表明，"粮价表"和"粮价库"的数据来源相同，都为清代宫中档案，因历史原因而分散于北京、台北两地（见王砚峰《清代道光至宣统间粮价资料概述——以中国社会科学院经济研究所图书馆馆藏为中心》，《中国经济史研究》2007年第2期）。

⑤ "清代粮价资料库"简介，见 http：//mhdb. mh. sinica. edu. tw/foodprice/about. php。

⑥ 网络地址：http：//mhdb. mh. sinica. edu. tw/foodprice/。

国时期缺乏这一系统性的粮价数据，本研究只得将研究时间限定于清代中后期。

第一节 清水江文书中"出典回佃"式典交易简介

一 "出典回佃"式典交易类型

在常见的土地典交易中，出典人需要"离业"，即将土地交由承典人耕管。"出典回佃"式交易中，出典人不"离业"，土地仍由出典人耕种，出典人向承典人交纳一定数额的租谷作为借贷的利息。"出典回佃"式交易的形式较为多样，依据锦屏县的"出典回佃"契约中出典人和承典人的关系，大体可分为以下三种。

（一）出典人和承典人为亲属关系

在"出典回佃"式交易中，出典和承典双方是亲属关系的现象十分常见，如下纸文书所示：

> 立典田约人文斗寨姜昌富，今因家中缺少费用，无处寻出，自愿将到租田大小四坵，土名坐落鸟杂加，出典与加什寨（按：即加池寨）岳母姜氏胆香、子松桥母子二人名下承典为业。当日议定典价银三十两整，亲手领回应用。其田自典之后依旧付与昌富耕种，每年二股平分，不得异言。其田不具（拘）远近赎回。今恐无凭，立此典字是实。
>
> 凭叔 岳姜作兴
>
> 代笔 姜国英
>
> 嘉庆十年十二月初九日 立①

----

① 《姜昌富典田约（嘉庆十年十二月初九日）》，张应强、王宗勋主编：《清水江文书》，第1辑，广西师范大学出版社2007年版，第7册，第25页。

从上引文书可知，出典人姜昌富因"缺少费用"，将四坵田出典与姜氏胆香得典价"银三十两"，田仍交昌富耕种。在这份契约中，承典人为出典人的岳母，是亲属关系。此种类型的文书又如嘉庆八年（1803）二月，六房姜昌连因家下缺少银用，将田出典与中房姜廷揆，田仍由出典人姜昌连耕种，每年向承典人交纳 3.5 担租谷;① 又如道光二十四年（1844）十一月姜保贵将田一坵出典与本房姜凤仪，双方约定出典之田交与保贵耕种，保费每年向凤仪交纳租谷 108 斤。② 等等。

（二）出典和承典双方为同一村寨，但无亲属关系

"出典回佃"式交易常常在村寨内部进行交易，但出典和承典双方并无亲属关系，如下纸契约文书所示：

> 立典田约人本寨姜华周，为因家下缺少费用，无处得出，自己任（愿?）将到田大小二坵，坐落地名补省，出典与本寨姜松乔名下承典为业，当日凭中议定典价银四十两整，亲手收回应用。其田自典之后，任从典主耕重（种）管业，日后典（银?）主不得异言。今恐无凭，立此典约是实。
>
> 此田之谷，五股均分，银主三股，典主二股。③

从上引文书的叙述可知，契约中所说典主当为出典人，所以土地仍由姜华周耕种，收谷之时，出典人占土地收成的二股，承典人占三股。出典人和承典人虽然属于同一村寨，且同一姓氏，但双方并不存在亲属关系，如若存在亲属关系，在契约中会说明。此种类型的"出典回佃"

---

① 《姜昌连典田字（嘉庆八年二月初二日）》，张应强、王宗勋主编：《清水江文书》，第 1 辑，广西师范大学出版社 2007 年版，第 9 册，第 18 页。

② 《姜保贵典田约（道光二十四年十一月二十七日）》，张应强、王宗勋主编：《清水江文书》，第 1 辑，广西师范大学出版社 2007 年版，第 2 册，第 251 页。

③ 《姜华周典田约（嘉庆二十年九月二十五日）》，张应强、王宗勋主编：《清水江文书》，第 1 辑，广西师范大学出版社 2007 年版，第 7 册，第 32 页。

交易方式又如嘉庆十一年（1806）正月，姜文玉父子因家中缺少银用，将田一截典与本寨姜佐兴，出典人每年向承典人交租3秤；[1] 同治元年（1862）正月姜世学父子将所占"党喉之田"一大股典与姜兆琳，约定出典人每年交纳租谷2秤，[2] 当然，这份契约的特殊之处在于出典人是将与他人共有之田所占的股份出典。

（三）出典人和承典人分属不同村寨

"出典回佃"式交易不仅限于本寨内部，出典人和承典人分属不同村寨的情况也较为常见，下纸文书便较为典型：

> 立典田约人加池寨姜合保，今因家下要银使用，无从得处，自愿将到祖遗田一坵，坐落地名也强，计禾六把，请中问到何边杨镇宇名下承典。当日凭中议定价银拾六两正（整），亲手收回应用。其田自典之后，限至三年，银到回赎。如有过限，任从杨姓耕种管业发卖。（中略）
>
> 外批：禾花五股均分，耕田占二股，银主占三股。秋收之时，送到家内。[3]

据上引文书可知，加池寨姜合保因"因家下要银使用，无从得处"，将祖遗的一坵田出典与何边杨镇宇。此份典契虽然没有十分明确书明土地由出典人耕种，但是该典契没有批注将土地交由他人耕种。清末民国时期恩县[4]的农民出典土地时，倘若出典人不愿耕种出典的土地，承典人便将土地收走自己或另招他人耕种，换言之，出典人具有优先佃种出典

---

① 《姜文玉父子典田约（嘉庆十一年正月十九日）》，张应强、王宗勋主编：《清水江文书》，第1辑，广西师范大学出版社2007年版，第4册，第136页。

② 《姜世学父子典田字（同治元年正月二十八日）》，张应强、王宗勋主编：《清水江文书》，第1辑，广西师范大学出版社2007年版，第2册，第263页。

③ 《姜合保典田约（乾隆三十九年五月初四日）》，张应强、王宗勋主编：《清水江文书》，第1辑，广西师范大学出版社2007年版，第3册，第3页。

④ 今不存，1956年划归平原、夏津和武城三县（都属山东省）。

的土地的权益。① 姜合保应当也属于此种情况。因此，基本上可以推定，杨姓仍将土地交由出典人耕种，秋收之时，出典人占土地收成二股，承典人占三股。出典人和承典人属不同村寨的情况者又如乾隆五十九年（1794）三月，王政峰因缺少生理（生意）成本，将"大小八坵"之田典与加池寨姜佐章，田仍由出典人耕种，秋收之日出典人向承典人交纳租谷14 秤；② 道光二十一年（1841）三月加池寨姜维远将"大小四坵田"典与中仰寨陆光宾，约定姜姓每年向陆姓交谷4.5 秤。③

　　由以上引述的契约可知，清代锦屏县的"出典回佃"式交易存在多种类型，是该契约多样性的重要表现。另外需指出的是，部分典契约虽未明确说明土地由出典人耕种，但从契约的表述中可知属于"出典回佃"情况，如姜登熙弟兄等人将祖遗之田典与姜哲相，约定承典人"上田分花"，④ 这表明田仍由出典人耕种，因为如果是承典人耕种，则表述为"收花"而非"分花"。

　　另外，在"出典回佃"中，出典人既是债务者又是佃农，承典人为债权人，同时也类似于地主，之所以说是类似，乃是因为他承典的土地非其所有，仅是付银收租。这和湖北的一项土地交易习惯类似，据黄安县知事调查报告称："黄安县人以不动产出典与人，必于契内载明回赎字样，或有期，或无期，听人自便。其田地有移归质人，另行招佃耕种收租者；亦有不移归质权人另行招佃，仍将该田地课转与出典业主自种，令其每年完课者。"⑤ 调查报告的整理者对此种现象有这样的解释：

---

　　① ［美］马若孟（Ramon H. Myers）著，史建云译：《中国农民经济：河北和山东的农民发展，1898—1949》，江苏人民出版社2013 年版，第141 页。

　　② 《王政峰典田字（乾隆五十九年三月初十日）》，张应强、王宗勋主编：《清水江文书》，第1 辑，广西师范大学出版社2007 年版，第8 册，第23 页。

　　③ 《姜维远典田字（道光十一年三月二十日）》，张应强、王宗勋主编：《清水江文书》，第1 辑，广西师范大学出版社2007 年版，第3 册，第72 页。

　　④ 《姜登熙弟兄三人典田字（光绪二十一年二月初八日）》，张应强、王宗勋主编：《清水江文书》，第1 辑，广西师范大学出版社2007 年版，第13 册，第350 页。

　　⑤ 前南京国民政府司法部编，胡旭晟、夏新华、李交发点校：《民事习惯调查报告录》上册，中国政法大学出版社2000 年版，第328 页。

"出典田地，仍佃归出典人耕种完课，在事实上虽未移归质人占有，在法律上究属典质关系，而非抵押关系。"① 由此可知，这种形式还是符合典交易的规则，属于典交易。

二 "出典回佃"式典交易的数量及时间分布

在"出典回佃"式交易中，出典人（佃农）需要向承典人交纳一定数量的租谷，对于租谷的性质有必要说明。在典交易中，典价（即贷款）并非无息，它是以土地全年所得为典价的利息，即所谓"收花为利"。假若承典人自己耕种入典的土地，那么典价的利息就是该土地全年收获扣除劳动、谷物种子和肥料等耕种成本后所得。承典人将典入之田佃给他人耕种，佃农交纳的租谷便是典价的利息。因此，承典人出佃土地的话，只要佃农按时交纳租谷便可，至于佃农是谁对其并无实际影响，而在"出典回佃"式典交易中出典人就是佃农，他交纳的租谷与其说是租还不如说是交纳典价的利息。出典人交纳租谷可分为两种方式：一种是分成地租，即出典人和承典人议定分配土地每年所产；一种是定额利息，即每年按商定的谷物数量交纳利息。

在已出版锦屏县境内的清水江文书中，有大量的"出典回佃"契约只是注明地租分成，没有载明出典土地的产量，因此无法估算需要交纳的利息为几。扣除前述利息不明的契约，笔者所见清代锦屏县载明土地的产量或具体谷息斤数的"出典回佃"式典交易有40件，其在清代各朝的数量分布具体可参见表6-1。此外，民国时期也有该类型的典契21件。虽然该类型的典契在清代的数量不大，但是从表6-1我们可以看到，从乾隆至宣统各朝均有分布，所以具有一定的研究可行性。

---

① 前南京国民政府司法部编，胡旭晟、夏新华、李交发点校：《民事习惯调查报告录》上册，中国政法大学出版社2000年版，第328页。

表6-1　　　　清代乾隆至宣统年间锦屏县以谷付息典契示意表　　　　（单位：份）

年号	明确土地产量或谷息的典契数量	土地产量或谷息不明的典契数量
乾隆	2	1
嘉庆	13	6
道光	10	2
咸丰	2	0
同治	5	1
光绪	6	5
宣统	2	3
合计	40	18

资料来源：张应强、王宗旭主编：《清水江文书》，第1辑，广西师范大学出版社2007年版；陈金全、杜万华主编：《贵州文斗寨苗族契约法律文书汇编——姜元泽家藏契约文书》，人民出版社2008年版；张应强、王宗旭主编：《清水江文书》，第2辑，广西师范大学出版社2009年版；张应强、王宗旭主编：《清水江文书》，第3辑，广西师范大学出版社2011年版；高聪、谭洪沛主编：《贵州清水江流域明清土司契约文书·九南篇》，民族出版社2013年版。

第二节　锦屏县农作物的计量单位及轮作制度

"出典回佃"式典交易的典息是谷息，那它和同时期同等数额银两的"借钱还钱"型借贷的利息相比，二者孰高孰低呢？要比较二者利息的高低，可将谷息换算成银两数额，或者将钱息换算成谷物数量，本书采取前一种方法。具体计算方式是将交纳谷息的数量与当月的粮食价格相乘，所得之积便是银两数额。但是计算每年交纳的谷物数量，则需要明晰具体的计量单位和轮作制度。

一　锦屏县农作物的计量单位

计量单位是一个十分复杂的问题，各地区差异比较大，所以研究某一地区的农业经济时，弄清该区域的计量单位就显得格外重要，对此前辈学者杨联陞就曾撰文强调明晰计量单位的重要性和必要性。[①] 因此，为方便后文叙述，在此有必要先对锦屏县的粮食作物的计量单位做一概述和解释。锦屏县，明洪武三十一年（1398）为铜鼓卫，隶湖广都司。雍正五年（1727），清廷改土归流时，撤销铜鼓卫，改置锦屏县，隶贵州省，属黎平府。[②] 道光十二年（1832），废锦屏县为锦屏乡，"驻分防县丞"，属开泰县。[③]

贵州清水江下游地区农业作物主要以水稻和糯米为主，据《黎平府志》记载："稻，有黏有不黏，黏者为稬，俗作糯；不黏者为粳（音庚），粳即秈，秈音仙，俗称为秈米，南人以为常食。"[④] 当地少数民族喜食糯米，"苗民（按：非特指苗族，乃是对当地少数民族的统称）俱食糯米，收获较迟，九十月方始登场。屯军均种粘谷，收获最早，五月内即吐颖结实，六七月新谷满市矣"[⑤]。又当地人对水稻和糯米有特殊的指称，即谷专指水稻，禾专指糯米。[⑥] 另外他们对水稻、糯米等农业作物产量的度量也与其他区域的汉族农民有明显不同。汉族农民聚居之地主要用石、斗和升等容量单位，在清水江流域则有挑、手、把和编（也写作边、遍和稨）等特殊的计量单位。这些特殊的计量单位不仅可以用来衡量农作物产量，同时还可衡量土地的面积，即用农作物产量来计算土地的面积。[⑦] 出现这一特殊情况，主要是和清水江流域内的地形

---

① ［美］杨联陞：《中国经济史上的数目和单位》，载杨联陞著，彭刚、程刚译《中国制度史研究》，江苏人民出版社 2007 年版，第 60—66 页。

② 乾隆《黔南识略》卷二三《锦屏乡县丞》，道光二十七年罗氏刻本，第 9 页。

③ 宣统《贵州地理志》卷五，宣统二年油印本，第 40 页。

④ 光绪《黎平府志》卷三下《食货志·物产》，光绪十八年黎平府志局刻本，第 60 页。

⑤ 嘉庆《古州杂记》，民国贵阳文通书局本，第 5 页。

⑥ 当然水稻和糯米又各有许多品种，具体可参见林芊等《明清时期贵州民族地区社会历史发展研究——以清水江为中心、历史地理的视角》，知识产权出版社 2012 年版，第 100—111 页。

⑦ 关于这点，龙泽江、张明、谢开键等人已有论及，具体见龙泽江、谭洪沛、吴小平《清水江文书所见清代贵州苗侗地区的田粮计量单位考》，《农业考古》2012 年第 4 期；张明《清水江流域苗侗民族传统糯禾特殊计量单位研究》，《贵州大学学报（社会科学版）》2012 年第 6 期；谢开键、朱永强《清代天柱侗苗族田契档案特色探析》，《浙江档案》2014 年第 1 期。

有关,如古州(今榕江县)"山头地角,高下田邱(坵),方圆大小,阔狭形势,悉依地而成,不能以丈量计亩。苗民置产,惟计几邱(坵),收禾若干把,或计收获若干斤以登券据"①。民国学者冷然在论述贵州的田赋时亦说道,贵州省的田赋"以亩计者,不知始于何时,然就各县习惯考查,又多用坵块名称,无亩可言"②。又据当代新编统计资料可知,贵州山地面积"在麻江、丹寨、黄平、凯里等县(市)占70%—80%;在三穗、台江、雷山、岑巩、施秉、锦屏、镇远、剑河、天柱等县占80%—85%;在榕江、从江、黎平各占85%以上"③。即该区域多山地,田地零碎、面积狭小,难以用亩来衡量土地的面积,因此用产量来表示土地的面积既符合当地的实际,也十分具有地方特色。

在论述当地粮食作物产量的计算方式之后,有必要对这些特殊的单位进行解释说明。据龙泽江等人的研究,挑和担(包括擔)、石是等量单位,且都是90斤,此90斤乃是洪平斤(以下没有特殊说明,斤专指洪平斤),而每洪平斤为法定(官方)斤(库平斤)的88%,即约为14.1两,因此90洪平斤约为79.3库平斤。④ 此和地方志所载"每挑重八十斤"基本相符。⑤ 需要特别指出的是,挑和石一般用于稻谷的计量,手、把、挈和编(亦写为边,稠)等则一般用于糯禾的计量。关于此点,地方志有诸多记载,如嘉靖《贵州通志》记黎平府:"稻熟刈把为则,以四剪为手,十手为把。"⑥ 乾隆《清江志》记曰:"田工二月动犁,三月播种,东(动?)作较楚稍迟,其各屯军皆种粳谷秈秔之类也,四月望后方

①　嘉庆《古州杂记》,民国贵阳文通书局本,第5页。

②　冷然《我对于贵州清理田赋之一点意见及办法(来稿代论)》,《贵州财政月刊》1930年第2卷。

③　黔东南苗族侗族自治州地方志编纂委员会编:《黔东南苗族侗族自治州志·农业志》,贵州人民出版社1993年版,第8页。

④　龙泽江、谭洪沛、吴小平:《清水江文书所见清代贵州苗侗地区的田粮计量单位考》,《农业考古》2012年第4期。

⑤　光绪《黎平府志》卷四上《典礼志·学校》,光绪十八年黎平府志局刻本,第107页。

⑥　嘉靖《贵州通志》卷三《土田》,天一阁藏嘉靖三十四年刻本重钞本,第24页。

可载秧。诸苗则种糯，五月栽插方完。稻谷九月内可以尽刈，诸苗之禾
则须十月。其收时以手摘，谓之摘禾。以索缚之，或谓之把，或谓之编。
屋后皆竖木架层挂之，俟干乃入仓。"① 乾隆《镇远府志》载："六七月
熟曰粘谷，八九月熟曰晚谷，其类最伙。偏桥每纂可三升余，至十纂谓
之把。"② 光绪《黎平府志》则记："谷多种糯，丰年每亩可收谷三十把，
每把可得仓斗八斗。"③ 光绪《天柱县志》："上田一稿。每扁或四籽或六
籽，均以十二斤为准（笔者按：此为原注）。"④

从上引诸条地方志资料我们可知，手、把和编等计重单位的来源及
其表达的意思。地方志虽对手、把和编的重量有所表述，但却存在一些
错误。⑤ 另外，各县市手、把和编的具体重量并不统一，镇远一把为三
斗，而黎平一把则为八斗。所以，因本章所使用的文书来源于锦屏县，
所以相对可靠的做法是运用当地具体文书内记载的有关手、把和编的具
体斤数来确定其重量。把和边是十进制关系，即 10 边为 1 把。⑥ 龙泽江
等人根据剑河县及锦屏县的文书认为，1 挑糯禾约等于 15 至 20 边，又
结合田野调查得出"1 边合 6 市斤比较符合实际，则 1 把约合 60 市斤"
的结论。⑦ 这一结论是否真的符合锦屏县实际情况？笔者以为是否定
的。首先，龙氏依据剑河县的契约文书以 15 边为 1 挑，前文提及贵州
各地计量单位并不统一，所以很难用剑河县的文书来证明锦屏县的计量

---

① 乾隆《清江志》卷一《天文志·气候》，乾隆五十五年钞本，第 39 页。

② 乾隆《镇远府志》卷九《风俗》，乾隆刻本，第 18 页。

③ 光绪《黎平府志》卷四上《典礼志·学校》，光绪十八年黎平府志局刻本，第 107 页。

④ 光绪《天柱县志》卷三《食货志》，光绪二十九年刻本，第 20 页。

⑤ 以黎平府为例，其糯米在丰年之时"每亩可收谷三十把，每把可得仓斗八斗"，此斗应当
是仓斗，清代一仓石稻谷为 125 市斤，则一斗为 12.5 市斤，八斗为 100 市斤，则每亩的产量为
3000 市斤，清代的 1 亩约为现在市亩的 1.04 倍，稍大于市亩，则现在 1 市亩的产量约为 2884.6
市斤，这显然与常识不符。

⑥ 龙泽江、谭洪沛、吴小平：《清水江文书所见清代贵州苗侗地区的田粮计量单位考》，《农
业考古》2012 年第 4 期。

⑦ 龙泽江、谭洪沛、吴小平：《清水江文书所见清代贵州苗侗地区的田粮计量单位考》，《农
业考古》2012 年第 4 期。

单位。再者，龙氏依据近年的田野调查所得的重量来衡量清代的重量并不合适，由于水稻杂交技术的应用和推广，当代稻谷的产量要比清代高。因此笔者以为运用锦屏县内的文书来论证较为妥当，其文书略录如下：

> ……所有培浪田上下贰坵，上一坵约谷七把，……又下一坵约禾二十三把，……又培玖相连田二坵，计禾十二担，……二处共田大小四坵，共禾五十四把。①

据上引文书可知，培浪田的农作物产量为 30 把，培玖相连田为 12 担，而两处田的总产量为"禾五十四把"，因此培玖相连田农作物的产量也可计为 24 把，亦即 12 担的重量和 24 把的重量相等，因此 1 担为 2 把，故 1 把为 45 斤。又锦屏县把和边为十进制关系，即 1 把为 10 边，所以 1 边为 4.5 斤。

此外还有秤（有时亦写作称）和掌等计重单位。道光八年（1828），加池寨姜世谟兄弟三人佃种姚玉坤田，其田"共约谷十七石，言定每年秋收上租谷二十二称半，每秤六十斤"②，据此可知 1 秤为 60 斤（洪平斤）。道光十五年（1835），彭启华将大田一坵出典与王明坤，言定"每年称租谷六十五掌，每掌六斤"③，即 1 掌为 6 洪平斤，与 1 手重量相同。为方便计，笔者将以上各计量单位列成表格（表 6-2），并换算为库平斤和市斤，以兹比较。

---

① 《蒋文必、蒋文连同母龙氏母子三人断卖田约（道光二十六年四月十六日）》，张应强、王宗勋主编：《清水江文书》，第 1 辑，广西人民出版社 2007 年版，第 7 册，第 208 页。

② 《姜世谟、姜世元、姜世杰兄弟佃田字（道光八年十一月二十八日）》，张应强、王宗勋主编：《清水江文书》，第 1 辑，广西人民出版社 2007 年版，第 3 册，第 336 页。

③ 《彭启华立典田契（道光十五年三月十六日）》，张应强、王宗勋主编：《清水江文书》，第 2 辑，广西人民出版社 2009 年版，第 4 册，第 277 页。

表6-2　《清水江文书》常见计重单位和库平斤、市斤换算示意表

单位	洪平斤	库平斤	市斤
石、担、挑、撸等	90	79.3	94.6
秤（称）	60	52.8	63
把	45	40	47.7
挈/手	6	5.28	6.3
边	4.5	4	4.77

说明：1 洪平斤为14.1两，1库平斤为16两，所以1洪平斤约为0.88库平斤。又1库平斤为1.1936市斤。洪平斤、库平斤及市斤的换算依据为林光澄、陈捷《中国度量衡》，商务印书馆1934年版；吴承洛《中国度量衡史》，上海书店1984年版。

二　轮作制度

从现存的贵州省清水江下游流域的地方志所载资料可知，明清时期该区域的轮作制度多为一年一熟。清代以前，黎平、锦屏、天柱等县的水稻种植一般为一年一熟，清朝建立之后，这些地方仍沿袭这一轮作方式，"境内稻田无再熟佳种，岁仅一获"。这些地区的水稻一般于每年的芒种（阳历5月）节气前后栽种，即所谓"所有禾稻秧苗业于芒种节前载插完竣"[1]，至阳历9月白露节气左右收割，之后多留板田泡水过冬或炕冬，很少冬耕。又有学者以为，贵州地区由于受限于多山及高原地形，水稻或杂粮的轮作制度一年一获为多，贵州的黎平、镇远、都匀和贵阳等府的粮食作物只有秋收而没有春夏收。[2]

另外有一些资料表明，清乾隆时期清水江下游流域的部分地区的农业生产有一年两熟。如乾隆十六年（1751）五月二十四日贵州古州镇总兵宋爱奏称："黎平、都匀二府属厅、州县卫地方……山种杂粮、旱

---

[1]《贵州古州镇总兵宋爱乾隆十六年五月二十四日奏》，见中国科学院地理科学与资源研究所、中国第一历史档案馆编《清代奏折汇编——农业·环境》，商务印书馆2005年版，第122页。

[2] 王业键、谢美娥、黄翔瑜：《十八世纪中国的轮作制度》，见王业键《清代经济史论文集（一）》，稻乡出版社2003年版，第130页。

晚禾稻……查据协营报春荞、燕麦、小麦、油菜收成各七八分不等……山种之高粱、小米、黄豆、稗子等项发生极其茂盛。"① 宋爱于奏折中提及，在水稻栽插之时，"春荞、燕麦、小麦、油菜收成各七八分不等"，又说"早晚禾稻"，都表明稻田上农作物有两季收成，夏收春荞、燕麦、小麦、油菜，秋收"早晚禾稻"。即在水稻收获后，种植油菜或小麦等一部分冬种作物。因此，所谓两季收成并非水稻，而是水稻—杂粮的两熟。而且一般是地力肥、水利条件好的田块才能实行这样的两熟制度。据新编地方志载，在中华人民共和国建立之前，清水江下游地区在历史上并没有双季稻种植的记载，只是个别地方有一季早稻和一季晚稻的口头流传，并无实证。②

上述锦屏县的稻田耕作制度至民国前期没有发生重大改变。20 世纪 50 年代后期，贵州省地方政府在清水江下游流域，尤其是清水江腹地的锦屏、八寨、丹江等地推广小麦的种植，但是成效并不明显。以锦屏县启蒙镇丁达村为例，该村于 1956 年开始引种推广小麦的种植，但在 90 年代后小麦产量锐减，进入 21 世纪后则"几乎无人再种"，"村民历来习惯于冬闲春种，遵循一年一熟旧制，秋收留板田泡水过冬或炕冬，冬耕很少"③。综上可知，清代锦屏县的水稻轮作只是一年一熟，所以在分成地租中，承典人所得地租即为一年的利谷。

第三节　"出典回佃"式典交易的利息

一　清代贵州黎平府粮价数据的可靠性

在明确锦屏县计量单位即轮作方式后，可以根据粮价来计算利息，

---

① 《贵州古州镇总兵宋爱乾隆十六年五月二十四日奏》，见中国科学院地理科学与资源研究所、中国第一历史档案馆编《清代奏折汇编——农业·环境》，商务印书馆 2005 年版，第 122 页。

② 黔东南苗族侗族自治州地方志编纂委员会编：《黔东南苗族侗族自治州志·农业志》，贵州人民出版社 1993 年版，第 86 页。

③ 吴谋高主编：《丁达村志》，昆明鹰达印刷有限公司 2008 年印，第 103、105 页。

但首先有必要先检定粮价数据的可靠性。前文提及清代的粮价数据包括两种——"粮价库"和"粮价表"，据胡鹏和李军的研究可知，两套粮价数据的使用方法为"乾隆朝和嘉庆朝取'粮价库'数据，道光朝至宣统朝以'粮价表'资料为基础，以'粮价库'数据加以补充"[①]。因此本书涉及乾隆和嘉庆年间的粮价采用"粮价库"的数据，道光至宣统年间则采用"粮价表"的数据。

对于数据的可靠性，王业键等人的研究提供了一种行之有效的检验方法。他们的方法是，首先统计粮价数据中"连续不变月数的缺失的长度、位置和频率"，并以此作为参考。其次，将粮价数据出现"连续不变达半年以上（七至十二个月）和一年以上（超过十二个月）"的次数及重复的最大值，作为粮价数据可靠性的依据。[②] 他们用 Wc 表示"粮价连续不变三个月（含）以下的月数在不含遗漏组总月数所占的比率"[③]。对于"粮价库"所载乾隆朝至宣统朝[④]时期贵州黎平府粮价数据的可靠性，已有学者做过检验，并认为在 1738—1765、1766—1795、1796—1820、1821—1850、1851—1874、1875—1911 等时段，贵州黎平府粮价的 Wc 值分别为 0.637、0.713、0.869、0.958、0.97、1，1738—1911 年时段的 Wc 值为 0.865。[⑤] 根据王业键等人的研究，Wc 值大于

---

① 胡鹏、李军：《两套清代粮价数据资料综合使用之可行性论证与方法探讨——基于文献学和统计学方法的分析》，《中国社会经济史研究》2016 年第 2 期。

② 王业键、陈仁义、温丽平等：《清代粮价资料之可靠性检定》，见王业键《清代经济史论文集（二）》，稻乡出版社 2003 年版，第 290—291 页。

③ 王业键、陈仁义、温丽平等：《清代粮价资料之可靠性检定》，见王业键《清代经济史论文集（二）》，稻乡出版社 2003 年版，第 300 页。试举一例加以说明，如果某一地区连续 20 个月的粮价数据如下所示：1.7，1.7，NA，1.2，1.3，1.5，NA（数据缺漏，下同），1.5，1.5，1.6，1.4，1.4，NA，NA，1.2，1.2，1.2，1.8，1.1，1.1 依据以上数据，因为 1.7 = 1.7，NA，1.2，1.3，1.5，NA，1.5 = 1.5，1.6，1.4 = 1.4，NA = NA，1.2 = 1.2 = 1.2，1.8，1.1 = 1.1，所以共得数据 13 组，实际存在粮价数据 10 组（扣除 3 组缺失数据），缺失 4 个月的粮价数据，因此 Wc 为 16。Wc 的分子为 13，所以 $Wc = 13/16 = 0.812$。

④ 清代"粮价库"和"粮价表"的粮价数据都只截至宣统三年六月。

⑤ 余开亮：《清代粮价数据质量的评估及其原因探析》，见《第四届全国经济史学博士后论坛暨第四届上财经济史学论坛博士后论坛论文集》，上海，2017 年 9 月，第 308 页。

0.7 表明粮价数据的可靠性较高,① 故而"粮价库"中贵州黎平府在 1738—1911 年间的粮价数据可靠性较高。此外,王砚峰的研究表明 "粮价表"和"粮价库"的数据来源相同,都为清代宫中档案,只是因 历史原因而分散于北京、台北两地,② 所以可以断定,"粮价表"中记 录的贵州黎平府粮价数据的可靠性亦较高。因之"粮价表"的粮价数 据可直接采用,无须再检验其可靠性。

二　同等质量下谷和米的价格关系

无论是"粮价库"抑或是"粮价表",它们都只有稻米而没有稻谷 的价格数据,那么稻米和稻谷之间如何折算呢? 全汉昇和王业键主张米 价为谷价 2.3 倍计算。③ 据笔者的调查可知,20 世纪初至 60 年代,清 水江下游地区稻谷的出米率约为 68% 至 75%,即 100 斤稻谷出可出精 米 68 斤,糙米 75 斤,中等米 70 斤左右。④ 本书选用的均是中等米价 格,又清代的出米率可能略低于民国时期,但差距应当不会太大,大概 约为 65%。但这并不意味着同等质量的稻谷和稻米,前者的价格为后 者的 65%,还需要考虑稻米的加工费用。而运输等其他费用则可以不 用考虑,因为清代贵州地区本地所产粮食可以自给自足,⑤ 具体到黎平 府,据地方志记载:"苗人皆食杂粮,其收获稻米除纳粮赋之外,皆运

---

① 王业键、陈仁义、温丽平等:《清代粮价资料之可靠性检定》,见王业键《清代经济史论 文集（二）》,稻乡出版社 2003 年版,第 304 页。

② 王砚峰:《清代道光至宣统间粮价资料概述——以中国社会科学院经济研究所图书馆馆藏 为中心》,《中国经济史研究》2007 年第 2 期。

③ 全汉昇、王业键:《清雍正年间（1723—1735）的米价》,见全汉昇《中国经济史论丛》 第 2 册,香港中文大学新亚书院 1972 年版,第 519 页。

④ 此点承蒙复旦大学历史系朱荫贵教授告知,他在上大学之前长期在贵州省农村生活和劳 动,对当地的农村事物十分了解。另据天柱县退休中学历史教师刘慧桥的叙述,20 世纪初至 60 年 代天柱县农村地区出米率约为 72%,估计锦屏县与此差距不大。

⑤ 王业键、黄国枢:《十八世纪中国粮食供需的考察》,见王业键《清代经济史论文集 （一）》,稻乡出版社 2003 年版,第 137 页。

售楚省者也。"[1] 说明当地生产的稻谷有余，无需从外地运粮，故而可忽略运输费用。至于稻米的加工费用，大约为稻谷市场价格的8%。[2]假设稻谷的质量为G1，那么同等质量的稻谷成米后的质量为65%G1，又假设稻谷和稻米的市场价则分别为P1和P2，据前述可知，同等质量稻谷的价格和碾米的总费用与稻谷成米后质量和米价的积相等，据此可得出以下公式：

$$G1 \cdot P1 + G1 \cdot P1 \cdot 8\% = G1 \cdot P2 \cdot 65\%$$

通过计算可知，P1＝0.6P2，亦即同等质量的稻谷的市场价为稻米的60%。得知谷价和米价的关系之后，根据粮价的具体数据，可以计算出谷物的价格，进而将其换算成银两数额。依据这一思路，笔者将上述40件典契中谷息一一换算为银两数，再依据银两数额来计算利率，具体如下表所示。

表6-3　　　　　　　清代锦屏县典契约谷息与银两兑换示意表

交易时间	出典人	承典人	典价	谷息数量（洪平）	谷息数量（库平）	米价	谷息兑换银两数	最低利率	最高利率
乾隆三十九年五月初四日	姜合保	杨镇宇	16两	162	142.56	0.98/1.51	0.64/0.99	4%	6.2%
乾隆五十九年三月初十日	王政峰	姜佐章	22.5两	840	739.2	1.02/1.49	3.48/5.08	15.4%	22.6%
嘉庆七年十月二十一日	杨文棹	李国璋	30两	1800	1584	0.99/1.42	7.24/10.38	24.1%	34.6%
嘉庆八年二月初二日	姜昌连	姜廷㩵	10两	315	277.2	0.99/1.42	1.27/1.81	12.6%	18.1%
嘉庆八年四月二十二日	姜金保	姜佐兴	2.1两	120	105.6	0.99/1.42	0.48/0.69	22.9%	32.9%
嘉庆十年五月初四日	姜登高	姜之连	15两	180	158.4	0.99/1.37	0.72/1.00	4.8%	6.6%
嘉庆十一年正月十九日	姜文玉	姜佐兴	4.5两	180	158.4	0.99/1.37	0.72/1.00	16.1%	22.2%

①　乾隆《黔南识略》卷二一《黎平府》，道光二十七年罗氏刻本，第11页。
②　此据采访刘慧桥而得。

续表

交易时间	出典人	承典人	典价	谷息数量（洪平）	谷息数量（库平）	米价	谷息兑换银两数	最低利率	最高利率
嘉庆十三年四月十五日	姜应文	姜松朝	50两	400	352	1.00/1.41	1.62/2.29	3%	4.6%
嘉庆十三年十月初八日	龙老富	姜绍略弟兄	50两	810	712.8	1.01/1.40	3.32/4.60	6.6%	9.2%
嘉庆十五年十二月二十一日	姜光明	姜载渭	23两	240	211.2	1.01/1.41	0.98/1.37	4.3%	5.9%
嘉庆十八年二月二十四日	龙运时	姜松桥	120两	2100	1848	1.01/1.40	8.61/11.94	7.2%	9.9%
嘉庆二十一年四月十七日	龙明波	龙大儒	12.66两	135	118.8	1.03/1.41	0.56/0.77	4.4%	6%
嘉庆二十三年正月十三日	姜老其	姜松桥	56两	1140	1003.2	1.02/1.40	4.72/6.48	8.4%	11.5%
嘉庆二十五年十二月二十日	龙长生等人	姜佐兴	8两	240	211.2	1.06/1.44	1.03/1.40	12.9%	17.5%
嘉庆二十五年十二月二十七日	姜善兰	姜佐兴	17两	450	396	1.06/1.44	1.94/2.63	11.4%	15.5%
道光七年正月三十日	姜世胡	姜成瑜	19.7两	540	475.2	1.05/1.43	2.30/3.13	11.7%	15.9%
道光九年四月十日	姜维远	姜世儒	7两	180	158.4	1.04/1.42	0.76/1.04	10.8%	14.8%
道光十一年三月二十日	姜维远	陆光宾	6两	270	237.6	1.04/1.42	1.14/1.56	19%	25.9%
道光十五年三月十六日	彭启华	王明坤	10两	390	343.2	1.08/1.46	1.71/2.31	17.1%	23.1%
道光十六年八月十二日	姜光壁	姜载渭	12.5两	540	475.2	1.07/1.45	2.34/3.18	18.7%	25.4%
道光二十四年三月十六日	李天顺等人	姜世明	4两	320	281.6	1.10/1.48	1.43/1.92	35.7%	48%
道光二十四年七月初九日	姜开荣	姜绍熊	0.3两	276	242.88	1.10/1.48	1.23/1.66	410%	55.3%
道光二十四年十一月二十七日	姜保贵	姜凤仪	1.84两	110	96.8	1.09/1.47	0.48/0.65	26.4%	35.7%
道光二十四年十一月二十七日	姜保贵	姜开让	1.8两	108	95.04	1.09/1.47	0.48/0.64	26.5%	35.8%

续表

交易时间	出典人	承典人	典价	谷息数量（洪平）	谷息数量（库平）	米价	谷息兑换银两数	最低利率	最高利率
道光二十九年九月初六日	姜沛云	姜开让	8两	240	211.2	1.07/1.45	1.04/1.41	13%	17.6%
咸丰元年九月十八日	朱达泉	李正伦	47.36两	3667.5	3227.4	1.09/1.47	16.23/21.89	34.3%	46.2%
咸丰五年三月十六日	姜沛云	陆光清	3.8两	400	352	1.07/1.45	1.74/2.35	45.7%	61.9%
同治元年正月二十八日	姜世学	姜兆琳	2.5两	200	176	1.13/1.50	0.92/1.22	36.7%	38.7%
同治八年五月初二日	姜凤凰	姜显国	4两	180	158.4	1.13/1.50	0.83/1.09	20.6%	27.4%
同治九年正月二十四日	姜奇凤	姜世显	4两	240	211.2	1.11/1.48	1.08/1.44	27%	36%
同治九年二月初六日	姜凤凰	姜明高	6两	225	198	1.11/1.48	1.01/1.35	16.9%	22.5%
同治九年十一月初八日	杨正魁	杨学海等人	3200文（2.02两）	120	105.6	1.11/1.48	0.54/0.72	26.8%	35.7%
光绪十二年五月二十九日	朱本鸿	彭仁彬	6000文（3.84两）	300	264	1.07/1.45	1.30/1.76	33.9%	46%
光绪十九年正月初六日	姜凤岐	姜献义	8两	315	277.2	1.04/1.42	1.33/1.81	16.6%	22.7%
光绪二十三年二月二十三日	姜元英弟兄	杨胜明	38两	1520	1337.6	1.05/1.43	6.48/8.83	17%	23.2%
光绪二十四年正月十三日	姜元英弟兄	姜凤沼	10.5两	525	462	1.05/1.43	2.24/3.05	21.3%	29%
光绪二十四年六月十一日	姜元英弟兄	姜开连	2两	100	88	1.05/1.43	0.42/0.58	21.3%	29%
光绪二十四年六月十九日	姜元英弟兄	姜开胜	9两	450	396	1.05/1.43	1.92/2.61	21.3%	29%
宣统元年五月二十日	孙光前	姜元秀	1500文（1.04两）	45	39.6	1.07/1.45	0.19/0.26	18.8%	25.5%

续表

交易时间	出典人	承典人	典价	谷息数量（洪平）	谷息数量（库平）	米价	谷息兑换银两数	最低利率	最高利率
宣统三年十二月二十三日	姜顺连	姜凤德	1两	50	44	2.16/3.35	0.44/0.68	43.8%	68%

资料来源：张应强、王宗旭主编：《清水江文书》，第 1 辑，广西师范大学出版社 2007 年版；陈金全、杜万华主编：《贵州文斗寨苗族契约法律文书汇编——姜元泽家藏契约文书》，人民出版社 2008 年版；张应强、王宗旭主编：《清水江文书》，第 2 辑，广西师范大学出版社 2009 年版；张应强、王宗旭主编：《清水江文书》，第 3 辑，广西师范大学出版社 2011 年版；高聪、谭洪沛主编：《贵州清水江流域明清土司契约文书·九南篇》，民族出版社 2013 年版；台湾"中央"研究院清代粮价资料库，网址：http：//mhdb. mh. sinica. edu. tw/foodprice/；中国社会科学院经济研究所编：《清代道光至宣统间粮价表》，广西师范大学出版社 2009 年版，第 23 册，贵州，第 193—223 页。

说明：

（1）对于米价的选取。因为契约中往往言明秋收（农历八月）之时交纳谷物，所以如果签订契约的时间在农历八月之前，则采用当年八月的米价；签订契约的时间在八月之后，则采用次年八月的米价。如果当月缺失，则采用临近月份的数值。整年缺失则采用次年八月的米价数值（如嘉庆十年的粮价数据缺失，笔者采用嘉庆十一年的粮价数据）。宣统三年较为特殊，因为"粮价库"记载的米价截至宣统三年的西历 6 月，"粮价表"则截至宣统三年的农历五月，故而宣统三年采用"粮价库"当年 6 月的米价。因"粮价库"为西历，① 而农历八月会跨西历的 8 月与 9 月，或者跨 9 月或 10 月，所以在如若是跨 8 月和 9 月，米价取 8 月和 9 月中最高值和最低值，跨 9 月和 10 月的取值方法相同。

---

① "粮价库"中粮价数据所用的月份是西历，"粮价库"有以下使用说明："原粮价列表的价格数据是以中历月表示的价格，粮价研究须进行统计分析，以转为公元年为佳，才能避免中历年出现一年有 12 或 13 个月（闰）不一的情形。为了解决中历转公历的问题，王业键院士曾于主持本院补助主题研究计划'清代粮价的统计分析与历史考察'执行期间，以薛仲三、欧阳颐编：《两千年中公历对照表》（生活·读书·新知三联书店 1956 年版）一书为据，由本院计算中心协助开发了'中央研究院两千年中公历转换'程序。本数据库即在此基础上，将原以中历月表示的粮价，转成以公历月表示的粮价。这是按照某一中历月可能占有两个（或三个）公历月不等的日数比例，即某一中历月粮价所意含的月价格，实是跨两个（或三个）公历月不等日数比例的价格为原则转换而成。"具体见：http：//mhdb. mh. sinica. edu. tw/foodprice/readme. php。

（2）清代地方官员向皇帝报告当月的粮价时，有两个数据，一个是当月最高价，一个是最低价，所以表中的米价前面一个数字表示当月最低米价，后一个数字为当月最高米价。米的单位为仓石，即米价是 1 仓石米的价格，米价是以白银计算，如 78/110，78 表示该月 1 仓石米的最低价格为 0.78 两白银，1 仓石米的最高价格为 1.1 两，其他以此类推，不再赘述。因此，谷息兑换的银两数便有两个数值。

（3）表中列有稻谷的洪平斤数和库平斤数，是为方便比较起见。因米价是以仓石来计算，而 1 仓石为 130 库平斤，所以在计算稻谷的价格时，首先将库平斤数换算为仓石，即将稻谷的库平斤数除以 130，所得即为仓石数量。之后根据前文所得的同等质量稻谷和米，谷价为米价的 60% 之公式，计算一定质量稻谷所能换取的银两数值。

（4）表中所列土地交易的通货绝大多数为白银，仅有 3 份文书使用的通货是铜钱，即同治九年九月十一月初八日、光绪十二年五月二十九日和宣统元年五月二十日签订的契约文书。为便于比较和计算，应当根据银钱比价将铜钱换算为白银。关于银钱比价问题，已有很多成果，台湾著名学者林满红将清朝从 1644 年正式定都北京至 1911 年这段时间内每年的银钱比价制成表格，[①] 为研究这一时段的银钱比价提供了长期的数据，但是清代各地所用的铜钱不一，[②] 而林满红又未说明这一数据的依据和来源，所以其所罗列的数据难以适用。故而最好的办法是从文书中获取银钱比价，笔者在已出版的《清水江文书》找到数纸载明银钱比价关系的契约文书，但其中与上述 3 个年份完全吻合的只有宣统元年（银钱比 1：1443），[③] 另外 2 份没有找到对应年份的银钱比价关系。但是有与之年份相近的银钱比价关系，即同治十二年（银钱比 1：1587）[④] 及光绪十四年（银钱比 1：1562），[⑤] 因此笔者采用同治十二年和光绪十四年的银钱比价来换算同治九年和光绪十二年的白银两数。

---

① 具体参见林满红著，詹庆华、林满红等译，林满红审校《银线：19 世纪的世界与中国》，江苏人民出版社 2011 年版，第 76—77 页。

② 前辈学者彭信威在其著作《中国货币史》中曾制作了三幅清代制钱市价的表格，罗列了顺治、康熙、雍正、乾隆、嘉庆、道光、咸丰、同治、光绪等朝部分年份的银钱比价，从表中可以看出银钱比价因地而异，不甚一样，具体参见彭信威《中国货币史》，上海人民出版社 2007 年版，第 608、614—615、623—624 页。

③ 《姜永松断卖山场杉木契（宣统元年正月初十日）》，张应强、王宗勋主编：《清水江文书》，第 1 辑，广西人民出版社 2007 年版，第 13 册，第 163 页。

④ 《姜秉智等分山单（同治十二年闰六月四日）》，张应强、王宗勋主编：《清水江文书》，第 2 辑，广西人民出版社 2009 年版，第 1 册，第 333 页。

⑤ 《姜煜文等卖山分单（光绪十四年七月初十日）》，张应强、王宗勋主编：《清水江文书》，第 2 辑，广西人民出版社 2009 年版，第 1 册，第 240 页。

从表 6-3 中我们可以看出，将谷息换算成银两后，利率最低者为3%，最高者为 68%，[①] 主要集中在 25% 以内。清代至民国时期，清水江下游地区的金钱借贷利率一般为"月息三分"，即借贷年利率为 36%（谷物借贷的利率更高）。[②] 以这一利率为基准，在上述典契中，超过这一利率的典契有 6 件（其中 3 件最低利率低于 36%），占总数的 15%。另外，从上述典交易整体利率来看，嘉庆前期的利率要高于嘉庆后期及道光前期的利率，道光后期至清末的利率又有所提高，那影响利率变动的因素有哪些呢？

第四节　"出典回佃"式交易利率变动的原因

一　粮价、田价和利率的关系

影响借贷利率的因素很多，以往学者从区域、市场供求关系、竞争、物价、借贷风险、政府的法规政策、宗族等角度进行有益的论述。[③] 本书所讨论的典交易采用谷物交纳利息的方式，那么首先应该考虑是否粮食（指谷物）价格的影响。这种典交易方式，其利率的高低会受谷物价格高低影响是显而易见的，并且二者成正比关系，谷物价格高，利率也相应增高，反之亦然。如宣统三年（1911）姜顺连同姜凤德签订的典交易契约：

---

① 签订于道光二十四年（1844）的"出典回佃"式交易年利率最低为 410%，最高为 553%（见陈金全、杜万华主编《贵州文斗寨苗族契约法律文书汇编——姜元泽家藏契约文书》，人民出版社 2008 年版，第 396 页），对于这个数字笔者表示怀疑，整理者认为典价 0.3 两，笔者通过辨别书中的图片以为整理者识读有误，但图片过于模糊，无法判定其具体价格为多少，只能存疑。

② 谷物借贷或称之为实物借贷、粮食借贷，其利率一般都要比货币借贷利率高，这在中国许多地方都是如此，如李金铮在研究长江中下游地区乡村的借贷关系时发现，湖南、湖北、江西、安徽、江苏和浙江等省同期的粮食借贷利率交货币借贷利率高，同时他还分析了产生这一现象的原因，具体参见李金铮《民国乡村借贷关系研究》，人民出版社 2003 年版，第 158—162、172 页。

③ 具体可参见俞如先《清至民国闽西乡村民间借贷研究》，天津古籍出版社 2010 年版，第 7—9、317—326 页。

立典田字人本寨姜顺连，为因缺少银用，无从得出，自愿将
到地名小补先田大小贰垅，约谷壹石。上凭福保之田，下凭凤凰
之田，左凭大路，右凭山为界，四抵分明。今将出典与姜凤德名
下承典为业，当面议定典价老宝银壹两正，亲手领回应用。其田
自典之后，任凭银主上田秤租谷五十斤正。恐后无凭，立此典字
为据。①

由上引文书可知，宣统三年姜顺连因"缺少银用"，将自己名下田
2垅出典与本寨的姜凤德为业，言定典价1两，向姜凤德每年上田秤租
谷50斤。需要指出的是，在光绪中期至宣统年间，锦屏县以谷纳息的
典交易当中，出现以50斤粮食作为1两白银利息的现象，这与民间借
银还谷的借贷利息一致。② 据表6－3的数据可知姜顺连每年交纳的谷
物利率在43.8%—68%之间。其利率之所以如此之高，在于黎平府的
粮价从宣统二年正月开始高涨。但如果除去该份文书，其他文书体现出
现的利率走向与两家相同，说明粮价是影响利率的主因，假若不吻合，
则说明该例只是特例。

"粮价库"的整理者不仅录入粮价数据，还对粮价的走向做了图表
处理，从图表中可以看出，清代乾隆三年（1738）至宣统三年（1911）
这段时间内，黎平府的粮食价格受季节影响有所波动，但波动幅度很
小。③ 乾隆八年（1743）黎平府的粮食价格开始上涨（指最高价格，下

---

① 《姜顺连典田字（宣统三年十二月二十三日）》，张应强、王宗勋主编：《清水江文书》，
第1辑，广西人民出版社2007年版，第10册，第352页。

② 如光绪三十二年十一月初一日，姜隆生父子将田1垅出典与姜凤德，同时将隆生还借钱1
两，每年的谷利即为50斤谷物，见《姜隆生父子典田字（光绪三十二年十一月初一日）》，张应
强、王宗勋主编：《清水江文书》，第1辑，广西人民出版社2007年版，第10册，第333页。

③ http：//mhdb. mh. sinica. edu. tw/foodprice/result. php？ allYear = 1&AreaIDSelect1 = GZ&
AreaNextSelect1 = 183&AreaIDSelect2 = ZL&AreaNextSelect2 = all&Grain1 = R2&Grain2 = WO&chart =
1&ifContrast = none.

同），次年，其价格超过 1.5 两，之后有所回落。至乾隆十七年
（1752），其价格再次上涨，一直稳定在 1.5 两以上。到嘉庆初年时，粮
价才回落至 1.5 两以下，之后至清朝覆灭，除同治年间粮价稍稍上涨以
外，黎平府的粮价一直在 1.5 两以下，波动幅度很小。① "粮价表"的
数据也表明，道光朝至宣统朝年间，黎平府的粮价并未发生剧烈的变
动，只有小幅度的波动。② 根据上述黎平府的粮价波动，对比表 6 - 3 的
利率，可以清楚地看出，利率的高低和粮价的波动并不吻合。又光绪二
十四年（1898）六月，姜元英、姜元俊弟兄出典田地时亦是每两纳谷
利 50 斤，其利率在 21.3%—29% 之间，假如宣统年间的粮价维持在光
绪年间的水平，那么宣统三年（1911）的利率应当同光绪年间的利率
持平，所以前述姜顺连的例子乃是特例。虽然我们不能否定粮食价格波
动对利率的高低有所影响，但是可以肯定，引起表 6 - 3 中利率变化的
主因并非粮食价格的波动。

　　曹树基在论述清代浙江石仓的土地出当的谷息时认为，田价波动对
利率有相当影响，二者成反比关系，即田价持续上涨，谷物利率呈现下
跌趋势。③ 笔者整理了《清水江文书》第 1 辑共计 141 件载明具体的产
量和价格的土地买卖契约，计算产量为 1 石的土地的价格，并将其制成
图（图 6 - 1）。从中我们可以清晰看出，清代锦屏县的土地价格在嘉庆
时期有过激烈抬升的趋势，道光年间虽然有所波动，但整体要低于嘉庆
时期，咸丰至宣统时期，土地价格相对平稳，没有大的起伏。结合
表 6 - 3 的借贷利率，发现田价和谷物利率之间并不存在必然的关联。
因此，田价亦非影响谷物利率的主因。

---

① 见 http：//mhdb. mh. sinica. edu. tw/foodprice/readme. php，只要选择全时段，贵州省黎平
府中米价格及点状等内容即可呈现黎平府中米价格数据和价格走向图。
② 中国社会科学院经济研究所编：《清代道光至宣统间粮价表》，广西师范大学出版社 2009
年版，第 23 册，贵州，第 193—223 页。
③ 曹树基：《清中后期浙南山区的土地典当——基于松阳县石仓村"当田契"的考察》，
《历史研究》2008 年第 4 期。

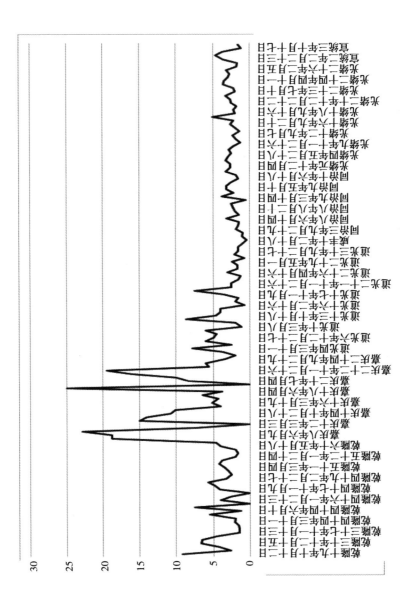

图 6-1 清代乾隆朝至宣统朝贵州锦屏县 1 石产量的土地价格趋势图

资料来源：张应强、王宗旭主编：《清水江文书》，第 1 辑，广西师范大学出版社 2007 年版。

二　差额利率

既然利率的变动不是由于粮价和田价等外部因素引起，那么就要考虑典交易的内部因素。笔者将40份典交易按照典价的数额由大到小排序（见表6-4），则会出现这样一个现象：典价数额小的利率总体要比典价数额大的利率高。有学者将这一现象称之为质额差异[①]或差额利率。[②] 假如设定典价10两以上为较高数额，10两以下为较低数额，这一趋势更加明显。试举一例佐证上述观点，嘉庆八年（1803）二月姜昌连将田以10两的价格出典与姜廷揆，每年纳谷3.5担;[③] 同年四月，姜金保以2.1两之价将田出典与姜佐兴，每年纳谷2秤。[④] 二者同年出典，当年八月的粮价为0.99—1.42两/石,[⑤] 计算后可知前者的年利率为12.6%—18.1%，后者为22.9%—32.9%。

差额利率广泛存在于典当业和民间的货币借贷中。以典当业为例，如明代广东南海县"当铺里面当一两二两，三分起息，若当到十两二十两，就是二分多些起息了"[⑥]。明末浙江湖州当铺"十两以上者，每月一分五厘取息；一两以上者，每月二分起息；一两以下者，每月三分起息"[⑦]。清代乾隆年间，湖南省地方政府对典当业的利率出台新规定：一两以上至十两，利息为二分五厘；十两以上至百两则为二分。[⑧] 清代

① 宓公干：《典当论》，大东图书公司1978年版，第100页。

② 刘秋根：《中国典当制度史》，上海古籍出版社1995年版，第245页。

③ 《姜昌连典田字（嘉庆八年二月初二日）》，张应强、王宗勋主编：《清水江文书》，第1辑，广西师范大学出版社2007年版，第9册，第18页。

④ 《姜金保典田约（嘉庆八年四月二十二日）》，张应强、王宗勋主编：《清水江文书》，第1辑，广西师范大学出版社2007年版，第4册，第131页。

⑤ http://mhdb.mh.sinica.edu.tw/foodprice/readme.php。

⑥ （清）李渔：《无声戏》卷四《失千金福因祸至》，见《李渔全集》第八卷，浙江古籍出版社1991年版，第68—69页。

⑦ （清）胡承谋：《吴兴旧闻》卷二引《小谷口荟蕞》，见谢国桢《明代社会经济史料选编》，中册，福建人民出版社1980年版，第200页。

⑧ （清）不著撰者：《湖南省例成案》卷三三《户律·钱债》，杨一凡、刘笃才主编：《中国古代地方法律文献》，丙编，社会科学文献出版社2012年版，第2册，第156页。

末年的天津地区亦是如此。① 迨至民国仍多承袭这一习惯，据民国时期学者陆国香于 1935 年 7 月的调查可知，山西地区的当铺"有视当额之大小而差异者，祁县在民国以前，每当额不满一元者，月利三分；一元以上者，二分五；百元以上者则为二分；现虽百元以下均为三分，但百元以上仍保持旧例。洪洞在民十五前，当本以制钱计，一吊以上者月息二分，不足一吊者三分。霍县往昔亦然，一吊以上者二分，一吊以下者二分五，今亦改为一律三分。河津当利，昔为一律二分，今改一元五角以上者二分，一元以下者二分五。平遥当利今虽三分计算，但五十元以上者得减为二分五厘。此种办法，尤以质店为甚，现下太谷质店，月利五分，但五元以上得减为三分。平遥质店现下计利办法为：一元至十元，三分；十元至二十元，二分五；二十元以上者，二分一、二；三十元至五十元及以上者，二分"②。江西、江苏、湖北等地民间货币借贷的利率亦是这种情况。③

差额利率现象的产生与发展同商品经济发展有关，大数额的借贷一般用于商业领域，商品从生产流通到销售等一系列过程都需要资金投入。数额较小的借贷则主要是用于生活消费，其借贷者（即出典人）一般为贫苦之人。所以大额的借贷利率整体要比小额借贷利率低的原因在于：大额借贷主要用于商业贸易，其获利的可能性相对较大，拖欠的可能性便较小，因此对出贷方来说，出贷的风险相应变小，索要借贷本金的成本也随之减少。小额的借贷，其主要用途是生活等各方面的急需，偿还能力相对较弱，风险和交易成本也随之提高，所以需要较高的借贷利率来保证。虽然不能确定所有的商业投资都能获利，但相较而言，大额借贷的信用程度要高于小额借贷。

虽然存在部分大数额的利率高于小数额的利率的现象，但整体而言，

---

① 具体参见吴石城《天津典当业之研究》，《银行周报》1935 年第 19 卷第 36 期。
② 陆国香：《山西之质当业》，《民族（上海）》1936 年第 4 卷第 6 期。
③ 具体参见李金铮《民国乡村借贷关系研究》，人民出版社 2003 年版，第 172 页。

本书 40 份典契所载之典息利率的高低主要是受典价差额的影响。出现差额利率现象应当是受外来商客或者当地人外出经商带来的影响所致。① 这也表明，清代锦屏县土地的典交易市场和货币借贷市场遵循同样的经济规律，差额利率是衡量各方面利弊的一种理性思考和选择，因此清代锦屏县的"出典回佃"式交易较普通的典交易更具经济理性。另外，需要指出的是具体到清水江流域而言，大额的借贷资金一般用于木材的商业贸易。从木材的寻觅、洽商木材的价格到木材的运输及销售，每个环节都需要投入大量的时间和金钱成本方可顺利进行。虽然典契中很少提及典价的用途，但可从典价看出些许端倪。如嘉庆十八年（1813）二月二十四日龙运时和姜松桥签订的典契约，前者从后者手中获得高达 120 两的典价，② 很难想象，如此数量的银两不是用于商业投资。清水江下游的木材贸易在雍正帝推行大规模的改土归流之后——具体来说是在乾嘉时期——逐渐兴盛繁荣，③ 这点从表 6-4 中土地出典的时间及借贷数额也可得到印证。另外，土地和商业贸易之间具有关联性：在缺乏资金的情况下，土地交易为商业贸易提供资本；商业贸易取得利润之后购置土地，毕竟土地在传统中国社会是最重要、最稳定的财产。

表 6-4　　　　　　　　按典价数额大小排序示意表

交易时间	典价数额	最高利率
嘉庆十八年二月二十四日	120 两	9.9%
嘉庆二十三年正月十三日	56 两	11.5%

① 有研究表明，徽州和江西的商人在清水江流域的木材贸易中十分活跃，这些商人将其经商理念带入清水江流域具有相当的可能性，见王振忠《徽、临商帮与清水江的木材贸易及其相关问题——清代佚名商编路程抄本之整理与研究》，《历史地理》第 29 辑，上海人民出版社 2014 年版。

② 《龙运时典田字（嘉庆十八年二月二十四日）》，张应强、王宗勋主编：《清水江文书》，第 1 辑，广西师范大学出版社 2007 年版，第 7 册，第 180 页。

③ 林芊：《清初清水江流域的"皇木采办"与木材贸易——清水江文书·林契研究》，《原生态民族文化学刊》2016 年第 2 期。

续表

交易时间	典价数额	最高利率
嘉庆十三年四月十五日	50 两	4.6%
嘉庆十三年十月初八日	50 两	9.2%
咸丰元年九月十八日	47.36 两	46.2%
光绪二十三年二月二十三日	38 两	23.2%
嘉庆七年十月二十一日	30 两	34.6%
嘉庆十五年十二月二十一日	23 两	5.9%
乾隆五十九年三月初十日	22.5 两	22.6%
道光七年正月三十日	19.7 两	15.9%
嘉庆二十五年十二月二十七日	17 两	15.5%
乾隆三十九年五月初四日	16 两	6.2%
嘉庆十年五月初四日	15 两	6.6%
嘉庆二十一年四月十七日	12.66 两	6%
道光十六年八月十二日	12.5 两	25.4%
光绪二十四年正月十三日	10.5 两	29%
嘉庆八年二月初二日	10 两	18.1%
道光十五年三月十六日	10 两	23.1%
光绪二十四年六月十九日	9 两	29%
嘉庆二十五年十二月二十日	8 两	17.5%
道光二十九年九月初六日	8 两	17.6%
光绪十九年正月初六日	8 两	22.7%
道光九年四月十日	7 两	14.8%
道光十一年三月二十日	6 两	25.9%
同治九年二月初六日	6 两	22.5%
嘉庆十一年正月十九日	4.5 两	22.2%
道光二十四年三月十六日	4 两	48%
同治八年五月初二日	4 两	27.4%
同治九年正月二十四日	4 两	36%
光绪十二年五月二十九日	3.84 两	33.9%
咸丰五年三月十六日	3.8 两	61.9%
同治元年正月二十八日	2.5 两	38.7%

续表

交易时间	典价数额	最高利率
嘉庆八年四月二十二日	2.1 两	32.9%
同治九年十一月初八日	2.02 两	35.7%
光绪二十四年六月十一日	2 两	29%
道光二十四年十一月二十七日	1.84 两	35.7%
道光二十四年十一月二十七日	1.8 两	35.8%
宣统元年五月二十日	1.04 两	25.5%
宣统三年十二月二十三日	1 两	68%
道光二十四年七月初九日	0.3 两	553%

第五节　"出典回佃"式典交易的选择及其优势

从前文计算"出典回佃"式交易的利率可知，低利率是出典人选择这一交易方式的重要原因。那么"出典回佃"式交易对于承典人而言是否也有利？关于此点龙登高有过论述，他指出"出典人本已贫穷无告，如果没有土地耕种，可能连生存都难以维系，遑论付息还本？就放贷者而言，他们自己并不经营土地，而是将典田直接出租给债务人即出典方，双方已经具有一定的信用基础，信息搜索成本、谈判成本及违约成本都可以降低，还可以减少风险。可见，出典自佃的方式，对双方都是有利的，是降低交易成本与风险的理性选择"①。从经济学交易成本理论来看，龙登高的解释极具启发性。承典人将承典的土地佃与出典人耕种，确实可以节约相当一部分的交易成本。因为无论是典契约抑或是招佃契约的签订，都需第三方作为中人，以保证契约中的条款能得以实施，为此需给中人一笔费用。如道光十五年（1835）二月二十日姜

---

① 龙登高、林展、彭波：《典与清代地权交易体系》，《中国社会科学》2013 年第 5 期。

文燮和吴成德之间签订的典契约，中人费用为"二钱九分"；① 又如蒙均祥和彭高祥父子于宣统三年（1911）十一月二十四日进行的典交易，中人费用为120文，② 等等。一般而言，中人费用是必不可少的，除此还有代笔等费用，这些费用部分契约有注明，更多的契约则未注明（见本书第三章）。因此将承典的土地回佃给出典人，只需在契约内注明即可，无需再另立招佃契约，此如下纸文书所示：

> 立典田字人杨文棹，为因缺少银用，自愿将地名对磜田四坵，翁夭散田式坵，共计谷式拾八担，出典与李国璋兄名下为业，当受典价银叁拾两正。其田自典之后任凭李姓招人耕种管业，杨姓不得异言。其田不拘远近，价到赎回。恐后无凭，立此典字为据。
>
> 胞兄　杨登凤
>
> 凭中　龙孝健
>
> 　老哥
>
> 代笔　龙家瑚
>
> 嘉庆七年十月二十一日
>
> 立佃字人杨文棹今佃到李国璋兄田六坵，地名对磜，又地名翁夭散田佃种。每年称租禾三十秤，斤两不得短少。如其欠缺斤两，任从田主另招别人耕种，不得异言。立此佃字为据。
>
> 代笔　龙家瑚
>
> 嘉庆七年十月二十一日　　立③

---

① 《姜文燮立卖典田契约（道光十五年二月二十日）》，张应强、王宗勋主编：《清水江文书》，第3辑，广西师范大学出版社2011年版，第10册，第191页。

② 《蒙均祥立典田契约（宣统三年十一月二十四日）》，张应强、王宗勋主编：《清水江文书》，第2辑，广西师范大学出版社2009年版，第4册，第342页。

③ 《杨文棹典田字（嘉庆七年十月二十一日）》，张应强、王宗勋主编：《清水江文书》，第1辑，广西师范大学出版社2007年版，第3册，第10页。

上引文书为同一纸。杨文棹将自己名下"对磉田四坵，翁夭散田式坵"出典与李国璋，同日又将这六坵田回佃，契约中代笔和中人均未改变，这样便减少中人费用的支出，契约订立的成本亦随之减少。此外还有一种是在契约内书明田仍由出典人耕种，没有另书佃字，前文所举姜昌富典田契便是此种情况。

另外需要指出的是，龙登高认为出典人没有土地耕种就无法生存，更无法"付息还本"，此点值得讨论。首先，从行文上看，龙登高所说"土地"应当是指出典人典出的土地。但问题在于，出典土地并不代表将所有的土地出典，通常是出典一部分。其次，即便将土地全部出典，出典人也可佃种除承典人之外的土地，佃种出典土地只是众多选择中的一种而已。最后，承典人将土地佃给他人耕种，他同样可以获得相当于典息的租谷或租金，根本无须担心利息的问题。至于本金，如果出典人无法回赎土地，他可以要求承典人加价延长典期，无力回赎时可以变卖土地。更重要的是，在这种典交易中，话语权由承典人掌握，出典人要求回佃需要得到承典人的首肯。

除龙登高所述的因素外，就锦屏县而言，采用"出典回佃"式交易还有两个因素需要考虑。

一　地理因素

所谓地理因素是指，出典人和承典人所处的村寨不同。土地典交易不仅限于村寨内部，跨村寨甚至跨县的情况也并不少见。如若两个村寨在地理位置上不相邻，相应地这两个村寨村民的土地也不相邻，那么处在两个不相邻村寨的村民进行典交易，便会造成承典人离出典人土地远、耕管不便的情况。如乾隆三十九年（1774）五月初四日加池寨村民姜合保将祖遗之田1坵，典与何边（即河边）村村民杨镇宇，并约定收获的稻谷"耕田占二股，银主占三股"，秋收之时，由出典人将稻谷送到承典人家内。① 河边村与加池寨中间隔着文斗寨和九棒村，具有一定的距离，② 承典人耕管不便。解决这一问题最好的办法是将土地佃给出典人耕种，这样做还有另一优势：可以避免和出典人所在的村民发生冲突。因为对河边村村民而言，杨镇宇为外村之人，容易与出典人相邻土地所有人发生诸如引水灌溉的矛盾，虽然本村之间也不可避免会发生矛盾，但是相对外村人，激烈程度较轻。因此，将承典的土地佃给出典人可以避免以上风险。因此，将承典的土地佃给出典人可以避免以上风险。为更好印证这一现象，笔者将"出典回佃"典交易出典人和承典人不同村寨的情况整理如下（表6-5）。另外还有一种情况是，典交易同属一个村寨，但承典人未在村中居住，也会优先让出典人耕种土地。③

表6-5　　　　　　　　　出典人和承典人分属不同村寨示意表

出典人	承典人	出典人所在村寨	承典人所在村寨
姜合保	杨镇宇	加池寨	何（河）边村
姜应文	姜松朝	文斗上寨	加池寨
姜维远	陆光宾	加池寨	中仰寨
李天顺等人	姜世明	南路村	加池寨
杨正魁	杨学海等人	寨亚村	五显庙
姜元英弟兄	杨胜明	加池寨	党秧（央）村
范起蛟父子	姜廷德	岩湾寨	加池寨
姜昌富	姜氏胆香	文斗寨	加池寨

---

① 《姜合保典田约（乾隆三十九年五月初四日）》，张应强、王宗勋主编：《清水江文书》，第1辑，广西师范大学出版社2007年版，第3册，第3页。

② 锦屏县人民政府：《贵州锦屏县地名志》（内部资料），锦屏县人民政府1987年版，第152页。

③ 清末民国时期的栾城县（今河北省石家庄市栾城区）便存在此种情况，具体见［美］马若孟（Ramon H. Myers）著，史建云译《中国农民经济：河北和山东的农民发展，1898—1949》，江苏人民出版社2013年版，第94页。

续表

出典人	承典人	出典人所在村寨	承典人所在村寨
姜玉宗	彭高□	湾渡	塘求
姜寿发母子	陆正礼	加池寨	中仰寨
姜秉文	林昌云	加池寨	九佑村
王志科	王包林	孟寨	魁胆寨
王贵林	王林泽	魁胆寨	三德村

资料来源：张应强、王宗旭主编：《清水江文书》，第 1 辑，广西师范大学出版社 2007 年版；张应强、王宗旭主编：《清水江文书》，第 2 辑，广西师范大学出版社 2009 年版；张应强、王宗旭主编：《清水江文书》，第 3 辑，广西师范大学出版社 2011 年版。

上表仅是列举出"出典回佃"式契约中有清楚说明出典人和承典人村寨的情况，[1] 更多的典契则未注明典交易双方所在的具体村寨。不同村寨的出典人和承典人采用"出典回佃"式的典交易，对双方来说都是有利的，承典人除可以节约成本，还可以避免不必要的冲突；出典人只须按时交纳谷息，便可继续耕种土地。

二　合伙（股份）制度

由两人或两人以上集资而进行生产或经营活动的合伙制度是中国古代经济多样化的重要体现，合会、合股（股份）都是合伙制度的常见形式。合伙制度萌芽于中国西周时期，[2] 最迟至明代中叶，民间已经出现合伙经营土地的现象，[3] 清代时期在中国的大多数省份得到推广，这种新型的土地所有制是由两个或两个以上对土地共同所有的群体构成的

---

① 村寨之间的地理关系可参见锦屏县人民政府《贵州锦屏县地名志》（内部资料），锦屏县人民政府 1987 年版，第 152—212 页。

② 刘秋根：《中国古代的合伙制初探》，人民出版社 2007 年版，第 56 页。

③ 江太新：《明清时期土地股份所有制萌生及其对地权的分割》，《中国经济史研究》2002 年第 3 期。

股份所有制。在这样的股份所有制里，"股民"有权自由处理属于自己所有的那份股额，可以继承——分家析产时分为若干份由诸子继承，也可将自己所有的那份股额出卖、抵押或出典。①

　　具体到清水江下游地区，既有的研究表明，"股"大量存在于当地的生活、生产和投资等领域中，②亦即说明股份制度在当地居民的生产经营活动中十分常见。股份制度广泛存在于生产领域，也是采用"出典回佃"式典交易的一个重要原因。在股份所有制下，"股民"之间只有股份占有份额不同，彼此之间的身份和地位是平等的，"股民"共同出资经营土地，并按占有股份的多寡分配收入。③当其中一个合伙者缺少资金，要将合伙经营的土地所占的"股份"出典之时，虽然其他股份所有者无权干涉，也无权阻拦，但承典人同其他合伙人需要重新商定合伙经营方式。承典人若是和出典人的合伙者不相识，情况则更加复杂，为避免以上问题，由出典人回佃无疑是相对较佳的处置方式。如下份文书所示：

　　　　立典田字人本寨姜世学父子，为因家中缺少银用，无处得出，亲自将到地名党喉之田，大小五坵，约谷八石。此田分为式大股，世学父子名下占一大股，凭中出典与姜兆琳名下承典为业。凭中议定典价纹银式两伍钱整，亲手领回应用。每年至秋收之月称租谷式佰斤整，不得短少。如有短少，任凭银主上田耕种管业，典主日后不得异言。恐后无凭，立此典字。限定三年价到赎回，二比不得异

---

　　①　李文治、江太新：《中国地主制经济论——封建土地关系发展与变化》，中国社会科学出版社 2005 年版，第 274、272 页。对于土地股份所有制发展的原因及其分配方式等问题，可参见该书第 285—295 页。

　　②　朱荫贵：《试论清水江文书中的"股"》，《中国经济史研究》2015 年第 1 期。

　　③　李文治、江太新：《中国地主制经济论——封建土地关系发展与变化》，中国社会科学出版社 2005 年版，第 272 页。

言，立有典字为据。①

姜世学父子因家中缺少资金，将"地名党喉之田，大小五坵"中自己所占的一大股出典与姜兆琳，但土地仍由姜世学父子耕种，每年向承典人"称租谷式佰斤"。在出典人不按时交租或者租谷短少的情况下，承典人才"上田耕种管业"，这种情况是承典人无奈之下的选择。这主要是因为承典人的利益（租谷）无法得到保证，只得采取退佃的方式保证自身利益不受损，虽然这样可能会出现前文所述需要重新商定经营方式等问题，但相较利益受损而言，这些问题都是次要的。这是出典人合伙的情况，另外也存在承典人合伙承典的情况，下引文书所示：

> 立典田字约寨亚杨正魁，用度无处，自愿将地名果修田大小四坵，约谷二挑，凭中出典五显庙五房杨学海、宗姬、荣科、杨必超、通线众等承典为业。凭中议定价钱叁仟二佰文正，亲手收回。其田自典之后，任凭买主管业。仍付典主佃种，每年称租二秤，斤两不要短少。如有短少，任凭买主招别人佃种。立此典字为据。②

杨正魁因用度缺少银钱，将"修田大小四坵，约谷二挑"，出典与"五显庙五房杨学海、宗姬、荣科、杨必超、通线众等"，议定出典之田仍交付典主（典主通常指承典人，但根据上下文之意可知此处的典主指出典人）杨正魁耕种，并且每年向承典人"称租二秤"。同样约定不得租谷不得缺少，否则承典人另招他人佃种。又如下纸文书：

---

① 《姜世学父子典田字（同治元年正月二十八日）》，张应强、王宗勋主编：《清水江文书》，第1辑，广西师范大学出版社2007年版，第2册，第263页。

② 《杨正魁立典田字（同治九年十一月初八日）》，张应强、王宗勋主编：《清水江文书》，第3辑，广西师范大学出版社2011年版，第1册，第287页。

> 立典田字人本寨姜定国，为因缺少银用，无处得出，自愿将到
> 本名之田以坻，地名里得，界址上凭风德之田，下凭山，左右凭
> 坡，四抵分清。今将出典与修路会内姜风翱、风沼、恩宽、作干、
> 梦熊、梦鳌、源琳、源秀等承典为业，当面议定典价银陆两八钱
> 整，亲手收足。其田仰与典主耕种，每年上租谷壹佰斤整。不惧远
> 近，价到赎回。恐口无凭，立此典字为据。①

在上引文书中，承典人为修路会之会众，人数较多，承典土地之后
还需重新安排或分配耕作，所以土地仍交姜定国耕种，每年交纳租谷一
百斤。

上述地理和合伙（股份）制度是促使锦屏县乡民采用"出典回佃"
式典交易的重要因素，而且都是出于理性思考后的选择。另外，采用
"出典回佃"式交易还具有以下优势。首先对出典人而言：其一，通过
出典土地，获得了急需的资金，而且采用此种典交易方式，出典人所交
纳的谷息整体要低于钱息，而且借贷数额越大，其利息越低，低利息对
于出典人而言具有较大的吸引力。其二，将出典的土地佃回耕种，这样
缺少土地的出典者可以继续耕种土地以维持生计。耕种自己的土地比佃
种他人的土地还存在另一优势，出典人对自身拥有的土地较为熟悉，不
会因土地使用者的频繁更变使得土地利用率下降。对于承典人而言，虽
然表面上看该类型典交易的利率整体要低于"借钱还钱"式借贷利率，
承典人似乎是吃亏的，但是考虑到隐藏在背后的成本便可知晓，对承典
人来说也较为合算。一来可以节约诸多交易环节中的成本；二来采用谷
息相对比较稳定、可靠，因为出典人耕种土地，只要不遇到大的灾荒就
有收成，利息就能有所保障。因此，将土地佃给出典人耕种，可以说是
规避出典人不能交纳利息风险的一种理性的选择。所以，"出典回佃"

---

① 《姜定国典田字（民国十年十二月十八日）》，张应强、王宗勋主编：《清水江文书》，第1
辑，广西师范大学出版社2007年版，第11册，第380页。

式交易对出典人和承典人而言是一种双赢的信贷方式。而这也正是锦屏县乡民采用"出典回佃"式典交易的重要因素，亦是这一方式在当地得以长期延续的根本所在。

本章小结

本章主要论述"出典回佃"式交易的谷息和选择这一交易方式的原因及优势。"以谷纳息"的利率整体要低于"借钱还钱"式的利率，从乾隆至宣统时期，"以谷纳息"的利率变动主要是受差额利率影响，土地价格或谷价虽然对利率有所影响，但并非主因。差额利率是一种理性经济的表现，亦即说明清代锦屏县的以土地为媒介的借贷市场更具经济理性。曹树基和刘和惠、汪庆元等人的研究得出，清代明浙江松阳石仓村和徽州地区的土地出当或典交易中谷息型利率低于钱息型利率的结论，① 此与本书的结论类似，这说明无论是在东部相对发达的地区，还是西部欠发达地区，对于利益的选择都具有趋同性。

采用"出典回佃"式交易亦是理性思考后的选择，因为无论是从交易成本，抑或是从地理、合伙（股份）制度等角度看，这些既是对现实的考虑，也是出于理性的思考。同时，这一交易方式对出典人（借入方）和承典人（出借方）来说都颇为有利，是一种双赢的借贷方式。对承典人而言，"出典回佃"式交易具有节约交易成本、避免不必要的纠纷、最大限度保障出典人能够交纳利息等优势。对出典人而言，"出典回佃"式交易的利率相对较低，另外还能保证缺少土地的出典人能继续耕种土地。这些无不体现"出典回佃"式交易是出典和承典双

---

① 曹树基：《清中后期浙南山区的土地典当——基于松阳县石仓村"当田契"的考察》，《历史研究》2008 年第 4 期；清代徽州地区"以谷纳息"的利息大约为12%，当时投资土地的地租率大大低于社会上的借贷利率水平，见刘和惠、汪庆元《徽州土地关系》，安徽人民出版社2005 年版，第 227 页。

方基于理性思考后的双赢信贷方式。另外，有学者认为典交易在不利于土地投资、交易成本高、不利于生产效率的提高等方面阻碍了中国传统农业的发展，是造成清代民国中国发展停滞不前的重要因素，① "出典回佃"式交易方式、优势及其所体现的理性选择是对此种观点的有力反驳，也再次证明本书第四章所述典为一项高效率制度安排的结论。

"出典回佃"式交易，是典型的典交易衍生出的另一种土地转移交易方式，它的产生和发展是适应当时、当地经济发展的需求的。可以说，"出典回佃"式交易的产生是对传统中国土地交易方式的重要补充，有利于促进土地交易多样化发展，同时也是清代土地交易市场走向成熟的表现。土地交易的多样化有利于土地的使用效率提高，也使得农民的选择更具多样性，继续生存的能力得以加强，有利于基层农村的稳定，推动经济的发展。在中国传统农村社会中金融机构十分匮乏的情况下，村民创设出多种方式或渠道来解决资金匮乏的问题，"出典回佃"式交易便是诸多方式中重要的一种。这表明，农村地区的借贷方式亦呈现出多样化趋势。同时也说明传统中国农村社会金融活动的不断演变和更新，金融需求的自我调节能力不断增强，是农村自身具有超强弹性的重要体现。最后，土地交易方式的不断更新、演变，土地不断流转，对传统中国社会的稳定发挥了重要作用。

---

① ［美］罗伯特·C. 埃里克森著，乔仕彤、张泰苏译：《复杂地权的代价：以中国的两个制度为例》，《清华法学》2012 年第 1 期。

结　　语

典作为一种土地交易方式，源于北齐的"帖卖"，初步成熟于唐宋时期，特别流行于明清至民国时期，是传统中国除买卖之外最重要、最常见的土地交易方式。其所具有的特殊交易规则——以原价回赎典产，则仅见于中国历史文化中。本书以贵州清水江下游锦屏县和天柱县境内遗存的清代中叶至民国时期的典交易契约文书为中心，结合流动和静变两个视角，对典的基本概念、典和当等其他土地交易形式的异同、典制度产生的原因、典契的基本要素、典交易的基本过程、典交易发生的原因、典产的处置机制、典产的回赎率及典交易的衍生——"出典回佃"式典交易等做较为全面的考察分析，综合前文各章节的论述，本书似可得出以下几方面的推论：

一　对典概念和典制度产生原因的新阐释

法学界较早注意到典的问题，其相关研究多引用西方固有的法律概念加以阐释，即将典视为典权，且将典的交易对象限定为不动产。史学界受其影响，亦持相似观点。由于中西历史文化的差异，将近现代西方法律关系和概念生搬硬套于传统中国社会某些词汇或社会经济行为，不免存在圆凿方枘之处。

本书研究发现：典交易的标的物既可以是现代法律意义上的不动产，也可以是动产，甚至包括人的自身。因此将典交易的标的物仅限为不动产，不符合中国的历史实际，也无法展现典交易标的物的丰富性。在本书论述的土地典交易中，其交易的对象也并非都为不动产。此外，史学界引入法学和经济学中的物权、产权理论来阐释典，也存在不贴切之处，因其忽视了明清以来民间盛行的"一田二主"制，即土地分为"田面"和"田底"，且"田面"和"田底"都可以单独作为典交易的标的物。"田底"作为典交易的标的物，其交易的乃是大租，此种情况下典交易的标的物既非不动产，也不涉及土地的使用权益。

结合相关考察，本书认为：土地典交易是指出典人在约定期限内将土地的全部使用权益和收获权益（包括土地或土地上种植物的收获权益）及部分处置权，或将大租、小租（大租或小租的出让不涉及土地使用权益）转让给承典人，获得典价（贷款）的一种经济行为。在约定的典期结束后出典人以原典价将前述全部权益，或收大租、收小租的权益收回。

另外，在将典同当、活卖及胎借等其他三种容易混淆或研究不足的土地交易方式进行比较、辨析后发现：

第一，典和当是两种不同的土地交易方式。民间常有"错典为当"或"错当为典"的行为，学者也常将二者混淆，这是由于他们对典和当认识不清造成的结果。当其实是抵押之意，即实则为抵押借贷。以土地为例，典和当之间的区别在于：出当人耕种出当的土地，并向承当人（债权人）交纳钱息或谷息，出当人无法在约定期限内赎回土地，土地归承当人所有。出典的土地一般交由承典人耕种，以土地的收益作为借贷的利息，典期结束后出典人以原价回赎土地；出典人无力回赎可以加典以延长典期，承典人也可以将土地转典与他人。此外，当铺之当和典也常为学者混淆，当铺乃传统中国社会最为常见的信贷机构，它进行的是抵押借贷，标的物一般为不动产，且债权人在交易期限内无权使用标的物，以上诸点都与典存在较大区别。

第二，典和活卖为不同的土地交易方式，两者不应混淆。土地的完整形态（即田底合一，田面和田底都为同一人所有）、田面和田底均可以作为标的物进行交易。虽然土地转让的权益基本相同，但典属于债务关系，活卖则属于买卖范畴，将典和活卖视为同一交易方式，是一种误读。若进行的是田面交易，土地所有者（田底主）不发生改变，这种情况下典和活卖是相同的，这或许是学者将它们视为同一交易方式的根本原因。

第三，胎借的内涵特别是其在不同地域的衍生发展需要加以辨析。"胎借"之说源于福建地区，本为抵押借贷的一种，后随清政府开发台湾由闽人传入台，并衍生出另外两种新形态——对佃胎借和起耕胎借。不少学者以其中的一种或二种来论述胎借，导致以偏概全的问题。实际上三者存在不少区别：普通胎借即抵押借贷，承胎人仅占有标的物的抵押字据，对标的物的收益并无直接权利。对佃胎借，也称为汇租，在这种胎借方式中，承胎人可以直接向土地的租佃者（即出胎人的佃农）收取租谷或租银。起耕胎借，债权人可以对抵押物进行管业，可以更换佃人，同时以抵押物产生的收益作为利息，但如果所得收益超过需要支付的利息，债权人需要将溢出部分还给出胎人。

其中普通胎借、对佃胎借同典的差异较大。在交易中，出典人将土地的全部使用权益、收获权益及部分处置权益转让给承典人，这三种权益在普通胎借中都不发生转让；在对佃胎借中则转让部分收获权益。起耕胎借和典较为相似，其不同在于：一者，胎借是以土地收获为借贷利息，但收获物超过利息部分则要退还给出胎人，典是以土地的全部收获为借贷利息；再者，承胎人可以更换土地的佃农，承典人则不可随意更换佃农。

对于典制度产生的原因，学界多将其与传统中国"重孝好名"关联，但典作为一种制度性安排，其产生和延续，需要符合当时的社会需要，或是符合经济规律，这就涉及相关的社会背景。其中，国家土地政策的改变是典产生的一个重要因素，自北魏孝文帝时实行均田制，将土

地收归国有，再分别授予民人以露田和桑田。其中露田不可买卖，桑田
的买卖也是在有限范围内进行，即可以卖出盈余部分或者买进不足部
分。由此典便应运而生，因为其只是在一定的时期内将土地转让与他
人，不违背国家对土地买卖的限制。另外还有一些因素影响了其产生和
长期延续：一者，由于可以回赎的原则，在传统中国重视孝道的文化环
境之下，出典者不会因此背负不孝或败家的骂名。再者，作为带有信贷
性质的交易方式，在传统中国农村地区金融机构十分有限的情况下，典
能起到资金融通的重要作用。

美国政治学家詹姆斯·斯科特提出的"生存理论"也为本书探析
典制度的产生和延续提供新的理论视角。詹姆斯·斯科特通过研究东南
亚农民的政治生活与生存状况发现，"生存伦理"的产生是因为"在大
多数前资本主义的农业社会里，对食物短缺的恐惧"。[①] 其所言"生存
伦理"实为一种"生存危机"，即农民在生存危机下做出的农业生产安
排，因此将"生存伦理"扩大到农民为维持生存而做出的除农业生产
安排的其他诸如土地交易等行为亦是可行的。

"生存伦理"在传统中国的典制度中有较多体现，贯穿于典制度的
产生、发展和成熟等阶段。典制度源于北齐，因当时政府实行均田制，
限制民人的土地买卖（特别是国家授予的露田，亦即永业田），部分民
人为维持其基本的生存只能考虑将其最主要、最大宗的财产——土地进
行交易，国家限制土地买卖的情况下只能创设出一种新的土地交易方
式，即典。典交易既不违背当时的国家法律，又能在一定程度上缓解或
解决民人的生存危机。

在儒家思想的影响下，中国人素来重孝好名，出卖土地特别是经过
几代人积累而来的财产，会招来不孝败家的恶名。但当人们处于生存困
境之时，进行交易土地是摆脱危机的重要手段。而人们通过典交易可以

---

① ［美］詹姆斯·C. 斯科特著，程立显、刘建等译：《农民的道义经济学：东南亚的反叛与
生存》，译林出版社 2001 年版，第 3 页。

获得一定的资金，或根据目下所需的资金数额出典土地以度过眼前的困境。由于可以在一定的时期内回赎典产，那么通过典的方式转出土地，出典者可以避免背负不孝或败家的恶名。典制度是调和"生存伦理"和传统儒家思想之间矛盾的最佳选择。需要指出的是，生存始终是第一位的。在历史中，出卖土地（无论是否为祖产）换取生机，比文化传统或宗教价值观念更为重要。

二　典交易衍生新的交易方式：理性的选择

土地典交易中还存在一种"出典回佃"的情况，即出典人将典出的土地佃回耕种，并向承典人交纳地租以为典价利息。"出典回佃"现象早在宋代便已出现，迨至明清时期更为常见，山西、广东、湖南、广西、安徽、河北和江苏等地区均存在此种经济行为。

本书研究表明"出典回佃"现象的广泛、长期存在，除了龙登高以为的降低交易成本等因素之外，低利息率、地理和合伙经营制度也是重要的原因。在"出典回佃"交易中，出典人一般是交纳租谷作为借贷（即典价）的利息，无论是分成地租还是定额地租，通过粮价可以将租谷换算为银两，计算结果显示大部分的利率要低于以货币交纳利息的借贷。而不同村寨的出典人和承典人采用"出典回佃"式的典交易，承典人不仅可以节约成本，还可以避免不必要的冲突；出典人只须按时交纳谷息，便可继续耕种土地。农业的合伙经营制度在明清时期十分常见，当其中一个合伙者缺少资金，要将合伙经营的土地所占的"股份"出典之时，承典人同其他合伙人需要重新商定合伙经营方式，由出典人回佃则可以免去转让与陌生人的麻烦。

采用"出典回佃"交易对出典和承典双方而言是一种双赢。对出典人而言：首先，通过出典土地，获得急需资金，而且采用此种典交易方式，出典人所交纳的谷息整体要低于钱息，而且一般而言，借贷数额越大，其利息越低，低利息对于出典人而言具有较大吸引力。再者，将出典的土地佃回耕种，这样缺少土地的出典者可以继续耕种土地以维持生计。耕种自己的土地比佃种他人的土地还存在另一优势，即出典人对自身拥有的土地较为熟悉，不会因土地使用者的频繁更变使得土地利用率下降。对于承典人而言，虽然表面上看"出典回佃"交易的利率整体要低于"借钱还钱"式借贷利率，但是考虑到隐藏在背后的成本便可知晓，对承典人来说也较为合算。一者可以节约诸多交易环节中的成本；二者采用谷息相对可靠，因为农业生产的产出较为稳定。因此，将土地佃给出典人耕种，可以说是规避出典人不能交纳利息风险的一种理性选择。

"出典回佃"式交易，这一从普通的典交易发展而来的新型交易方式也说明，典具有较强的生命力和适应性，它在历史发展过程中，不断适应并随着社会和经济条件的变化而改变。可以说，"出典回佃"式交易的产生是对传统中国土地交易方式的重要补充，有利于促进土地交易多样化发展，同时也是清代土地交易市场走向成熟的表现。

三　典交易的作用

因存在出典人无法回赎典产的情况，有论者将之视为地主阶级兼并土地的手段而取否定态度，虽然不无弊病，但典的积极作用也是十分明显的：

（一）稳定农村社会秩序

在传统中国农村社会金融机构缺乏的情况下，典交易为缺乏资金而有借贷需求的农民提供了新的方式和渠道。就贵州清水江下游区域典交易来看，除贫困外，丧葬、婚姻、官司、偿还债务等费用，缺少粮食，筹集商业资本，进行农业再产生等均可成为典交易发生的缘由。通过出典田宅而获得资本，对人们生活的延续，商业或农业的生产、发展起着十分重要的作用。可以原价回赎典产的规则，也有益于农村秩序的稳定，刺激农民的生产积极性。

（二）典是一种高效率的制度安排

有学者以为"出典人可不负任何风险地享受土地价格上涨所带来的经济利益；出典人不会出资偿还承典人对土地所作的各种升值投资（如堤坝、灌溉渠、房屋等），亦即以原价回赎的交易规则，会打击承典者保养与改善承典土地的热情；不利于农业规模经营的形成"①，因而诟病典为"无效率"的制度安排。本书通过法律的规定和民间对土地典产的处置方式的论述，发现这种"无效率论"并不太准确。一者，承典人可以向出典人索要其对典产进行的投资或增值所投入的资金，这点无论在法律规定的层面，抑或是民间习惯层面都可得到印证。此外，"一田二主"土地形态下的典交易，承典人只是典入大租或小租；在"出典回佃"典交易之中，出典人依旧耕种其出典的土地，承典人只是坐收租谷。上述典交易中的承典人并不参与实际的农业生产活动，因此所谓典交易会"打击承典者保养与改善承典土地的热情"②之说并不妥帖。再者，转典虽然较一般典交易复杂，但转典遵循的是最初出典人向最后承典人回赎标的物的原则，不会增加典交易的成本。三者，造成传统中国无法进行大规模农业经营的原因同中国的地理环境、财产传递方式和人口增长密切相关。通过分析出典人典出土地的四至可知，承典人的土地常常与其典入土地接壤，因此典交易不仅没有限制土地规模的扩大，而且在土地交易"先问亲邻"原则的推动下，使得农业的生产规模有进一步扩大的可能。故而，典应被视为一种高效的制度安排。

（三）优化土地资源配置

在传统中国农村，诸多土地交易方式共同组成了土地交易市场，这为重要生产要素——土地——的流转和组合创造了条件。在土地的流转

---

① ［美］罗伯特·C. 埃里克森著，乔仕彤、张泰苏译：《复杂地权的代价：以中国的两个制度为例》，《清华法学》2012 年第 1 期。
② ［美］罗伯特·C. 埃里克森著，乔仕彤、张泰苏译：《复杂地权的代价：以中国的两个制度为例》，《清华法学》2012 年第 1 期。

过程中，其与劳动力得以发生有效配置，更多的资本流向土地和农业生产、经营。土地交易并无阶级性质，无论是阶级意义上的地主、富农、贫农、佃农抑或是雇农，只要拥有土地或者资本之人，均可以在土地市场之中进行交易。这种多阶层的参与，使土地的流转在交易市场中得到进一步的扩展和深化。典交易及其衍生而来的交易方式则进一步推动这一趋势。

龙登高指出："地权平均分配即使在静止的社会中也不能时限土地与劳动力的有效配置，因为土地变量、人口变量都随时变化，耕作经营能力亦有大小之别。"[①] 土地交易则使土地处于不断流转、变动的状态之中，它促使土地和劳动力进行有效地配置，农民在其中可以有多种选择或取向的自由。通过市场流动，劳动力资源丰富的农户可以获得更多的土地，投入更多的人力和物力资本经营土地，提高土地产出，使得土地得到更大效率的应用。而对于当时的城居地主而言，则可以将土地出典或通过其他交易方式转让与他人，摆脱土地的束缚，并将所得收益从事其他生产活动。所以，资本得以通过各种途径流向土地经营，经营所得的产品又通过交易等方式流向其他领域，这样资本得以不断融通，促进各行业的发展。

综合以上可知，典交易作为传统中国独有的土地交易方式，它在农民、农业和农村方面都存在一定的积极作用。农民方面，典交易为有资金寻求之人提供了资本来源渠道；农业方面，典交易是一种高效的制度安排，使得农业的生产规模有所扩大，同时典交易也有利于土地资源的优化配置，这些都促使农业生产得到进一步发展。农村方面，典交易对稳定农村的社会亦发挥着重要的作用。此外，中华文明延绵数千年而不断，而其之所以如此是建立在小农经济之上，对于小农经济，马克思论述道：小农经济具有封闭性和落后性，是造成其脆弱性的原因，而小农

---

① 龙登高：《地权市场与资源配置》，福建人民出版社 2012 年版，第 197 页。

经济的脆弱性表现在它无法抵御社会动乱和自然灾害。在传统中国社会里，社会动乱和自然灾害时有发生，那为何小农经济没有因此崩溃？中华文明为何没有因此而中断？这其中应当存在能够平衡、降低或化解危机的因素，并且这种因素并不单一。土地得以交易和不断流转当是众多因素当中的重要一环，首先土地交易，就本书所论的土地典交易而言，有利于农村社会秩序的稳定；再者，在遭遇自然灾害之时，农民可以通过出典土地获得资金和实物以度过自然灾害。而传统中国的土地交易方式有十分多样，这些都为平衡、降低或化解危机提供可能。因此，土地可以交易并不断流转或是中华文明得以延绵的一种重要因素。

附录一

清至民国锦屏县典契约整理示意表

序号	交易时间	出典人	承典人	标的物	典价	典期	页码	备注
1	乾隆二十七年十二月二十日	龙老相	姜文霜	田1坵禾2把	银1.2两	未说明	1.7.2	本寨
2	乾隆三十年十一月二十二日	龙腾霄	王正贤兄弟	田2坵禾24把	银40两	不拘远近	1.7.3	嘉庆四年八月二十九日原价转典与姜佐章
3	乾隆三十四年十二月初六日	姜德清	姜子龙	田1坵	银15两	三年	2.1.190	典足三年有钱回赎。代书费用银0.15两
4	乾隆三十五年二月初四日	姜甫亚父子	姜佐章	田3坵	银30两	不拘远近	1.7.7	出典人耕种,五股均分。乾隆三十五年闰五月十二日以55两出卖。1.7.8
5	乾隆三十七年是二月二十三日	陆在乾	陆宗林	田1坵禾1把	银4.24两	未说明	九275	堂叔
6	乾隆三十九年五月初四日	姜合保	杨镇宇	田1坵禾6把	银16两	三年	1.3.3	田仍由姜合保耕种,耕田者占2股,银主占3股
7	乾隆四十三年五月初二日	姜超相	姜士朝	禾200余手	银27两	不拘远近	3.9.479	
8	乾隆四十四年四月十四日	陆在乾	陆宗林	田1坵禾1把	银5.5两	未说明	九276	堂叔
9	乾隆五十二年正月十七日	龙远福	龙大儒	田4坵禾4把	银56.4两	未说明	九277	原粮由出典人交纳
10	乾隆五十五年六月二十八日	姜文尚	姜廷仪	田1坵禾3把	银11两	十年	2.1.201	

序号	交易时间	出典人	承典人	标的物	典价	典期	页码	备注
11	乾隆五十八年正月初八日	龙大学	龙大儒	茶山1块	银1两	未说明	九278	缺少粮食。与承典人山交界
12	乾隆五十九年三月初十日	王政举	姜佐章	田1坵 禾30把	银22.5两	不拘远近	1.8.23	出典人耕种,每年租谷14秤,不得短少,短少另招外人佃种
13	乾隆五十九年十二月十四日	姜文甫	邓大朝	田1坵	银13两	不拘远近	姜53	
14	乾隆六十年二月二十九日	吴显达弟兄	杨起高	田1坵 谷6石	银9.8两	未说明	九279	
15	嘉庆三年三月初八日	周能贤	熊光远	田2坵 谷2石	银3.2两	未说明	九280	本寨
16	嘉庆三年十二月初三日	姜文甫	邓大朝	田2坵	不明	不拘远近	姜59	出典人耕种,二股均分
17	嘉庆四年十二月二十六日	杨孝文	吴天元	茶山1块	银1两	未说明	九281	
18	嘉庆七年五月二十日	龙香蔼	邓大朝	田1坵	银5.7两	不拘远近	姜70	
19	嘉庆七年十月二十一日	杨文棹	李国璋	田2坵 谷28担	银30两	不拘远近	1.3.10	田仍由杨文棹耕种,每年租谷30秤
20	嘉庆八年二月初二日	姜昌连	姜廷揆	田3坵	银10两	不拘远近	1.9.18	中房。出典人耕种,每年租谷3.5担,每担90斤
21	嘉庆八年四月二十二日	姜金保	姜佐兴	田1坵 谷2石	银2.1两	不计年限	1.4.131	本寨。每年纳租禾2秤
22	嘉庆八年九月十八日	龙运时	王钱进	田1坵 禾20把	银40两	不拘远近	1.7.24	
23	嘉庆八年十二月二十日	范玉平	姜廷德	田1坵	银17.2两	不拘远近	1.3.12	
24	嘉庆九年三月初七日	龙明付	龙大儒	茶山1块	银4两	未说明	九282	本族
25	嘉庆九年十二月十五日	陆在乾	龙明如	田1坵 谷4.5石	银13两	未说明	九283	本寨
26	嘉庆十年三月初八日	范起蛟父子	姜廷德	田3坵	银20两	不拘远近	1.3.15	田由范起蛟父子耕种,二股均分

续表

序号	交易时间	出典人	承典人	标的物	典价	典期	页码	备注
27	嘉庆十年四月初二日	姜登运	姜廷识	田1坵禾12把	银86两	不拘年限	1.4.132	
28	嘉庆十年四月初三日	范绍尧	姜佐彰	田3坵	银60两	不拘远近	1.3.16	嘉庆十四年十月二十一日以89两的价格卖给姜廷德。1.3.319
29	嘉庆十年四月初六日	范宗尧	姜佐章	柱屋1间	银6两	本年十一月	1.7.172	
30	嘉庆十年五月初四日	姜登高	姜之连	田1坵禾8把	银15两	未说明	1.10.39	出典人耕种，二股均分
31	嘉庆十年五月初四日	姜登高	姜之连	田1坵禾8把	银18两	未说明	1.10.40	
32	嘉庆十年十二月初六日	姜廷华	姜廷秉	田2坵禾3把	银10两	不拘远近	1.10.47	
33	嘉庆十年十二月初九日	姜昌富	姜氏胆香	田4坵	银30两	不拘远近	1.7.25	岳母。出典人耕种
34	嘉庆十一年正月十九日	姜文玉	姜佐兴	田1截	银4.5两	未说明	1.4.136	本寨。每年纳禾3秤
35	嘉庆十二年十月二十三日	姜胜陆	姜三今	田1坵	银3.8两	本年内	2.2.170	
36	嘉庆十三年四月十五日	姜应文	姜松朝	田3坵	银50两	不拘远近	1.7.66	每年谷40担40斤
37	嘉庆十三年十月初八日	龙老富	姜绍略弟兄	田8坵	银50两	未说明	姜95	出典人耕种，每年秤租谷9石，每石90斤
38	嘉庆十三年十月二十三日	范绍宗	姜佐章	田2坵	银36两	不拘远近	1.7.27	
39	嘉庆十三年十一月十一日	龙运时	姜松桥	田1坵禾15把	银44两	不拘远近	1.8.29	
40	嘉庆十三年十二月初三日	范述尧兄弟	姜氏福香	田1坵	银25两	不拘远近	姜97	
41	嘉庆十五年十月二十日	龙老美二人	姜之林	田2坵	银9两	不拘远近	1.10.66	出典人回赎时要补承典人酒水等费用0.3两

续表

序号	交易时间	出典人	承典人	标的物	典价	典期	页码	备注
42	嘉庆十五年十二月二十一日	姜光明	姜载渭	田2坵	银23两	未说明	3.9.341	同宗。出典人耕种，每年秤禾4秤
43	嘉庆十七年九月初二日	姜老柄	姜佐兴	田3坵	银123两	未说明	1.4.145	出典人耕种，出典人占二成，承典人占三成
44	嘉庆十八年二月二十四日	龙运时	姜松乔	田3坵谷24把	银120两	屡年赎取	1.7.180	晚舅。出典人耕种，每年秋收称租谷35秤，不得短少，否则另招别人耕种
45	嘉庆十八年十二月初十日	姜成周	姜廷德	田1股	银10两	未说明	1.3.25	本寨
46	嘉庆十八年十二月十四日	范锡畴	邓有训	田1坵	银35两	未说明	姜132	
47	嘉庆十八年十二月二十二日	姜通文	姜弼周等人	田一半	银13两	不拘远近	1.3.26	本寨
48	嘉庆十八年十二月二十三日	龙现华	姜佐兴	田1坵	银14两	未说明	1.4.146	出典人耕种，二股均分
49	嘉庆二十年三月初一日	杨起凤	梁学仲叔侄	田1坵	银12两	未说明	九284	
50	嘉庆二十年九月二十五日	姜华周	姜松桥	田2坵	银40两	未说明	1.7.32	出典人耕种，出典人占二股，承典人占三股
51	嘉庆二十一年四月十七日	龙明波	龙大儒	田1坵谷3石	银12.66两	未说明	九285	本族。出典人耕种
52	嘉庆二十一年十二月二十三日	姜廷元	朱鑑	田2坵	银91两	未说明	3.9.343	
53	嘉庆二十三年正月十三日	姜老其兄弟	姜松桥	田1坵	银56两	未说明	1.7.33	谷利19秤
54	嘉庆二十三年十二月二十二日	杨正朝	龙大儒	茶山	银16两	不拘远近	九286	本寨
55	嘉庆二十四年正月二十二日	姜廷种	姜松桥	伯难礼廪	银8两	未说明	1.7.34	本房

续表

序号	交易时间	出典人	承典人	标的物	典价	典期	页码	备注
56	嘉庆二十四年四月初四日	龙用鳌	龙大儒	茶山1块	银1.1两	未说明	九287	缺少口粮。本房伯父
57	嘉庆二十四年十一月二十八日	姜生保	姜载渭	田1坵	银30两	未说明	3.9.489	对月回赎
58	嘉庆二十四年十二月初七日	姜敦智	姜佐兴	田1坵	银24两	不拘远近	1.4.154	本寨。同天以45两价格出卖。1.4.153
59	嘉庆二十四年十二月十八日	龙万元	龙文彬	田1坵谷8石	银14.2两	未说明	九288	本寨
60	嘉庆二十五年十二月初七日	龙有连	姜佐兴	田2坵	银4两	未说明	1.4.158	本寨
61	嘉庆二十五年十二月二十	龙老长	姜佐兴	田3坵	银8两	未说明	1.4.160	本家。每年谷4秤
62	嘉庆二十五年十二月二十七日	姜善兰	姜佐兴	田3坵	银17两	未说明	1.4.162	本房叔爷。每年交谷7.5秤
63	道光元年十一月初六日	姜国祥二人	杨永贞	油山树1股	银4两	三年	2.1.313	东道银0.17两
64	道光二年二月十九日	邓有训	姜映辉	田1坵	银15两	未说明	姜214	先年得典范老目之田，后范姓向姜姓取赎
65	道光三年十二月初四日	杨正朝	龙用飞	茶山1块	银6.8两	未说明	九289	本寨
66	道光四年七月初□日	龙用招	龙用飞	房屋等	银30两	未说明	九290	堂兄
67	道光四年十二月二十六日	姜凤乔父子	姜世荣	田4坵	银7两	未说明	1.9.35	本寨
68	道光六年四月初五日	龙用之	龙用飞三人	坐屋1间	银15两	未说明	九291	堂兄
69	道光七年正月三十日	姜世明	姜成瑜	田1坵禾6把	银19.7两	未说明	1.9.37	本寨。出典人耕种，每年租谷9秤
70	道光七年十二月二十四日	姜世培	姜世荣	田1坵	银2两	不拘远近	1.9.38	本家

续表

序号	交易时间	出典人	承典人	标的物	典价	典期	页码	备注
71	道光八年十一月十四日	姜登智	姜开让	田2坵禾12石	银80两	未说明	1.9.41	本寨
72	道光八年十一月十四日	姜登智	姜开让	田1坵禾4把	银22两	未说明	1.9.42	本寨
73	道光八年十一月二十五日	姜登志	姜世荣	田4坵	银8两	不拘远近	1.9.45	本家
74	道光八年十一月二十八日	姜世谟三人	姚玉坤	田1坵谷17石	银155两	不拘远近	1.3.63	道光十九年四月十三日以原价转典与龙家琳
75	道光九年四月初十日	姜维远	姜世儒三人	田1坵	银7两	未说明	1.3.64	本寨。每年上租谷3秤抵利
76	道光九年十二月二十一日	姜维远	姜成瑜	田1坵谷1担	银1.9两	未说明	1.3.65	本寨
77	道光十一年三月二十日	姜维远	陆光宾	田4坵	银6两	不拘远近	1.3.72	每年秋收上租谷4.5秤
78	道光十二年三月初九日	唐汉方	彭德聪	田1坵	银0.4两	未说明	2.4.410	
79	道光十二年四月二十二日	姜世宽	姜世荣	田1坵	银7.2两	不拘远近	1.9.54	本家。出典人耕种，二股均分
80	道光十三年三月初二日	姜登智	姜明礼	粪寮	银0.3两	未说明	1.7.42	每年担粪为业
81	道光十四年三月初六日	龙用鳌	龙用准等四人	祖业半股	银7.6两	未说明	九292	咸丰元年九月二十三日转典
82	道光十五年二月二十日	姜文燮	吴成德	田	银21两	未说明	3.10.191	先年得典姜儒之田（中人0.29两）。咸丰十二年十二月初六日吴正才照价转赎给姜卓贤耕种
83	道光十五年三月十六日	彭启华	王明坤	田1坵禾120□	银10两	不限远近	2.4.277	承典人耕种。每年租谷65□，每□6斤
84	道光十五年十二月初八日	姜世宽	李枝发	田1坵谷7担	银3.5两	未说明	1.3.79	出典者为承典者岳父

续表

序号	交易时间	出典人	承典人	标的物	典价	典期	页码	备注
85	道光十五年十二月二十六日	龙绍尧	龙明贻	茶山1块	银4.58两	未说明	九293	本寨
86	道光十六年八月十二日	姜光壁	姜载渭	田1坵谷12担	银12.5两	未说明	3.9.363	出典人耕种，每年租谷6担
87	道光十九年四月十二日	姜开文	姜光秀等	田1坵	银26两	不拘远近	1.2.245	本寨
88	道光十九年五月初六日	龙家琳	姜开明	田1坵谷17石	银24两	不拘远近	1.3.349	加典。道光十九年十二月初四日姜世谟三人将田断卖给姜开明。1.2.247
89	道光十九年五月十一日	姚钟培等三人	姜相德	田3坵	银5.8两	不拘远近	1.2.246	
90	道光十九年六月十八日	姜凌汉	姜载渭	田3坵	银15两	未说明	3.9.366	堂伯。因生意。出典人耕种，二股均分
91	道光二十年三月十八日	龙文辉	龙王忠二人	地1团	钱600文	不论远近	3.2.204	
92	道光二十一年三月十五日	姜开秀	姜凤仪三人	田1坵谷6担	银9.6两	不拘远近	1.2.248	本家
93	道光二十二年十月十六日	姜开秀	李天顺	田1坵	银16两	未说明	1.9.74	
94	道光二十三年正月二十六日	姜保贵	姜世显	谷6.5担	银6两	未说明	1.10.169	本寨
95	道光二十三年六月二十四日	姜开渭二人	姜开让	园1块	银2两	未说明	1.4.205	本寨
96	道光二十三年十一月初六日	吴之礼	龙用举	田4坵谷6石	银16两	未说明	九295	本寨。先年得典龙用福之田。咸丰八年七月二十九日，杨通明转典一股给陆昌礼，价1280文
97	道光二十四年二月初三日	姜兆理	姜兆龙二人	田1截谷5石	银1.5两	不拘远近	姜387	胞兄和叔

序号	交易时间	出典人	承典人	标的物	典价	典期	页码	备注
98	道光二十四年三月十六日	李天顺	姜世明	谷8担	银4两	未说明	1.9.254	先年得典开秀之田。出典人耕种，每年上租谷320斤
99	道光二十四年七月初九日	姜开荣	姜绍熊	田1坵	银0.3两	未说明	姜396	出典人耕种。每年租谷3担6斤
100	道光二十四年十月二十七日	姜先宗	姜兆龙	田2块	银5.5两	不拘远近	姜400	四年以上。中人钱0.1两，回赎时补
101	道光二十四年十一月二十七日	姜保贵	姜凤仪	田1坵	银1.84两	未说明	1.2.251	本房。保贵耕种，每年租谷110斤
102	道光二十四年十一月二十七日	姜保贵	姜开让	田1坵	银1.8两	未说明	1.2.252	本房。保贵耕种，每年租谷108斤
103	道光二十六年十一月十五日	吴之礼	陆昌礼三人	田4坵谷6担	银22两	未说明	九123	先年得典杨姓之田
104	道光二十七年十二月	姜兆璋	姜宗保	田2坵	银4两	不拘远近	1.2.253	本寨
105	道光二十八年十月二十三日	龙用葵	陆昌礼	田4坵谷5石	大钱7340文	未说明	九296	本寨。钱每千重6斤
106	道光二十八年十二月初五日	姜世俊	姜世道	田1坵	银6两	不拘远近	1.2.255	本房。回赎补东道银8分
107	道光二十九年正月二十一日	杨胜谟	陈定熬	茶山1块	钱9000文	二月半	九297	逾期则承典人管业。二月二十日龙本旺管业。三月初八日本寨龙大鳌等人管业
108	道光二十九年三月二十一日	龙本林叔侄	胡之汉	茶山1块	钱11400文	未说明	九298	本寨。同治四年十一月初八日转典与本寨龙士聪，不拘远近原价取赎
109	道光二十九年五月十九日	姜光月	不明	田2坵	银1.5两	未说明	姜418	
110	道光二十九年九月初六日	姜沛云	姜开让	田1坵	银8两	未说明	1.10.175	本家。出典人耕种，每年上租谷240斤。分期回赎

续表

序号	交易时间	出典人	承典人	标的物	典价	典期	页码	备注
111	道光三十年四月初五日	姜凤仪	姜宗保	田2坵谷17石	银24两	不拘远近	1.3.362	本寨。祖先年得典龙家林之田
112	道光三十年七月二十日	吴朝显	龙玉忠	地2团	钱1200文	五年	3.2.210	
113	道光三十年十二月二十四日	姜绍齐	姜世贤	田3坵	不明	未说明	姜424	堂孙。纠纷需要
114	咸丰元年九月十八日	朱达泉	李正伦	田22坵谷81.5石	银40.36两	不限远近	1.13.276	出典人耕种，二股均分
115	咸丰二年十一月初四日	龙进海父子	彭德照	田3坵谷8担	银4.6两	二个月内	2.4.419	先年得典彭姓之田
116	咸丰三年二月二十四日	潘远祥	杨进海弟兄	田1坵谷20石	银40两	不拘远近	九299	
117	咸丰三年十二月初八日	龙嗣春	陆凤翔弟兄	田2坵谷1石	大钱1200文	未说明	九300	本寨。先年得典亮司龙绍荣之田
118	咸丰四年六月初七日	萧应贤	彭德照	田11坵谷15担	大钱20000文	三年	2.5.158	
119	咸丰四年六月二十六日	姜开旺	姜世太	田1坵	银8.5两	未说明	1.9.266	本房
120	咸丰五年三月十六日	姜沛云	陆光清	田1坵谷9石	银3.8两	未说明	1.10.178	出典人耕种，二股均分。分期回赎
121	咸丰六年四月十二日	杨进海弟兄	龙用辉	田3坵谷20石	银23.5两	未说明	九301	咸丰三年得典潘远祥之田，潘姓依原价向龙姓取赎
122	咸丰六年十一月二十九日	姜开智	姜兆龙	田1坵	银3两	不明	姜428	先年得典姜开杰之田
123	咸丰七年三月初三日	范应祥	彭明旺	田2坵谷300斤	钱4880文	不拘远近	2.5.166	
124	咸丰七年三月初六日	姜丙申二人	龙乔保	田1坵	钱2500文	未说明	1.9.82	本寨
125	咸丰七年十月初四日	王老元	王氏	田14坵	大钱9200文	未说明	2.4.422	

续表

序号	交易时间	出典人	承典人	标的物	典价	典期	页码	备注
126	咸丰七年十一月二十二日	龙嗣春	陆凤祥弟兄	池塘1口	大钱1000文	未说明	九302	本寨
127	咸丰七年十二月初四日	姜秉兴	姜兆清	谷3挑	银1.68两	来年三月初一日	1.9.83	
128	咸丰八年正月初十日	杨胜奉	姜兆琳	田1坵谷4.5石	银1.62两	典足三年	1.7.58	本寨
129	咸丰八年十二月十六日	姜老孟	姜伐耕	田1坵	银1.61两	未说明	1.9.268	本家
130	咸丰八年十二月二十五日	龙士枚	龙兴魁	田1坵谷10石	大净钱4080文	未说明	九303	本寨。先年得典龙士熙之田，日后龙士熙备原价24200文向兴魁回赎。咸丰十一年十月二十一日转典
131	咸丰九年五月十二日	姜克昌	李老骚	田1坵谷12担	银6.5两	典足三年	1.8.67	此田吉保赎回
132	咸丰九年十二月二十九日	姜凤仪	姜恩瑞	田2坵谷12石	银24两	不拘远近	1.3.367	先年得典龙家林之田
133	咸丰十年六月二十一日	杨通谟等人	龙兴魁	屋1间	钱3080文	未说明	九305	本寨。先年得典龙用英屋，用英备原价向兴魁取赎
134	咸丰十一年十月十七日	熊君升二人	龙兴魁	屋1间	钱2800文	未说明	九308	本寨。先年得典杨姓之田，日后杨姓向龙姓取赎
135	同治元年正月二十八日	姜世学	姜兆琳	田5坵谷4石	银2.5两	三年	1.2.263	本寨。每年秋收称租谷200斤
136	同治三年二月十六日	唐平泰兄弟	姜惟忠二人	田1坵谷3.5担	银2.8两	不拘远近	2.1.77	先年得典杨大章之田
137	同治三年二月二十日	杨家亨兄弟	龙绍模二人	田4坵谷39石禾70□	银70两	不拘远近	土35	
138	同治三年二月二十日	杨学标弟兄	龙绍模二人	田6坵谷23石	银35两	不拘远近	土35	
139	同治三年四月十三日	姜开文父子	姜开周	田1坵	银30两	三年	1.3.371	本房

续表

序号	交易时间	出典人	承典人	标的物	典价	典期	页码	备注
140	同治三年八月初五日	姜克顺	李老骚	田1坵谷3担	不清	典满三年	1.7.75	田由吉清赎回
141	同治三年十月十五日	姜克顺	李老骚	田2坵谷4担	银3.5两	未说明	1.7.75	田由吉清赎回
142	同治五年五月初十日	杨兆东兄弟	彭德照	田14坵	钱3500文	未说明	2.4.428	先年得典他人之田
143	同治五年十一月二十六日	姜凤章等	姜恩瑞	田1坵谷14石	银30两	不拘远近	1.3.375	本家。先年典与姜开周
144	同治六年四月初三日	姜秋叔	姜吉清	田1坵	银6两	典足三年	1.7.79	本家侄了。出典人耕种，出典人占二股，承典人占三股
145	同治七年二月初九日	姜世泽等五人	石老伍	田1坵	银24两	不拘远近	1.2.271	本寨
146	同治七年四月二十三日	姜开文父子	姜开周	田1坵禾6把	银20两	三年	1.3.376	本房。当年出典人耕种
147	同治七年十二月二十四日	龙加辉母子	姜毓英叔侄	田10坵谷62石禾70□	银105两	未说明	土35—36	转典杨家亨之田。光绪二十二年二月十八日杨家泰照价赎回杨家亨之田。38
148	同治八年五月初二日	姜凤凰	姜显国	田1坵谷4石	银4两	三年	1.8.76	本寨。出典人耕种
149	同治八年十一月初八日	姜凤皇	姜凤来	田1坵谷7石	银8两	未说明	1.7.80	本家兄。同治十三年三月初四日以22.8两出卖。1.7.84
150	同治八年十二月初六日	熊君富	龙士江四人	核桃3株	钱1800文	未说明	九310	本寨关圣公会
151	同治九年正月二十四日	姜奇凤	姜世显	田1坵谷8担	银4两	三年	1.10.203	本寨。出典人耕种，每年上租谷240斤，不得短少，短少由承典人耕种
152	同治九年二月初六日	姜凤凰	姜明高	田1坵谷5担	银6两	未说明	1.7.81	本寨。出典人耕种
153	同治九年四月二十九日	姜玉梅	姜凤飞	田2坵	银7.25两	未说明	1.10.208	本家叔父。因祖母亡故

续表

序号	交易时间	出典人	承典人	标的物	典价	典期	页码	备注
154	同治九年十一月初八日	杨正魁	杨学海等人	田4坵谷2挑	钱3500文	未说明	3.1.287	出典人耕种，每年纳租谷2秤
155	同治十年五月初八日	姜克贞	姜吉清	田1坵谷5担	银3.2两	三年	1.7.82	侄子。加典，复限三年
156	同治十年五月初十日	姜克贞	姜吉清	田1坵谷2.5担	银6.15两	未说明	1.7.83	当年由出典人耕种
157	同治十年九月十八日	龙家琳	姜恩瑞	田2坵谷17石	银53两	不得赎取	1.3.379	老典
158	同治十一年十月三十日	姜氏玉秀	姜恩芳	田2块	银1两	未说明	姜460	
159	同治十三年十月十九日	姜克顺	姜吉庆	田1坵	银2.32两	典足三年	1.7.85	本房侄子
160	光绪元年三月十二日	杨正显	潘再升弟兄	田1坵谷4担	钱3700文	不拘远近	九311	先年得典他人之田。同日潘姓以3000文之价转典与龙兴廷
161	光绪二年十一月十一日	姜凤冠	姜凤彩	田1坵谷4担	银7.53两	未说明	1.10.221	本房
162	光绪三年八月十二日	姜海珑	姜东凤	田7坵	扣本利82.7两	三年	2.1.335	生意折本。该年由出典人收花。分期回赎
163	光绪三年十二月二十二日	龙道云二人	本族清明会	田1坵谷4石	钱3880文	未说明	九313	先年得典堂兄道宏弟兄之田
164	光绪三年十二月二十二日	龙道宏弟兄	本族清明会	田1坵谷7石	钱6180文	未说明	九314	
165	光绪五年二月十六日	吴光本	胡□□	田2坵	大钱1118文	未说明	九315	先年得典杨姓之田，杨姓依老契向胡姓取赎
166	光绪八年二月十八日	李老往	姜克顺	谷8担	银9两	未说明	1.7.92	
167	光绪八年九月十四日	姜开榜	姜开周	田3坵谷4石	钱7300文	典足三年	1.10.242	
168	光绪九年十二月初十日	彭高红	龙老岩	田1坵	银4两	未说明	2.4.438	出典人耕种。酒水费用300文

续表

序号	交易时间	出典人	承典人	标的物	典价	典期	页码	备注
169	光绪十年五月初三日	杨光忠	龙道准	田2坵谷5石	钱3100文	不拘远近	九316	本寨。光绪十九年十二月三十日转典与龙兴顺
170	光绪十一年十二月十一日	姜恩荣	姜玉秀	田1坵	3.5两	未说明	1.7.94	本寨
171	光绪十二年五月二十九日	朱本鸿	彭仁彬	田2坵谷7担	钱6000文	不限远近	2.5.181	出典人耕种，每年租谷300斤
172	光绪十二年八月二十一日	姜怀德	姜海治	田1坵	银6.08两	未说明	2.3.74	光绪十二年九月二十七日以11.08两之价出卖。2.3.75
173	光绪十二年十二月初八日	姜记明	姜凤沼	田1坵谷4担	银4.48两	未说明	3.6.475	本寨
174	光绪十三年三月初二日	朱本红	彭高明弟兄	田1坵谷12担	银10.38两	三年	2.4.442	
175	光绪十三年十二月十一日	姜述相	姜盛法	田8坵	银5.1两	三年之内	1.9.111	
176	光绪十三年十二月十三日	姜万成	姜吉祖	田1坵谷9担	银9两	不拘远近	1.10.270	本寨
177	光绪十三年十二月二十九日	王荣安	王金仁	田1坵	银4.82两	不限远近	2.9.422	本寨
178	光绪十五年二月十二日	姜恩荣	姜显国	田1坵	银3.69两	不拘远近	1.7.97	胞弟。同年四月二十日以1.58两卖与姜凤来。1.7.98
179	光绪十五年十月十二日	姜献义叔侄	唐第苟弟兄	田4坵	钱6900文	不拘远近	1.1.177	本寨
180	光绪十五年十月十九日	姜凤岐	姜卓相	田1坵	银49.1两	不拘远近	1.4.226	
181	光绪十六年十一月初十日	龙兴廷	龙兴浩	田7坵谷24石	钱7180文	未说明	九317	
182	光绪十六年十二月十六日	龙道准	龙兴顺父子	田2坵谷3担	钱1500文	未说明	九318	族叔

序号	交易时间	出典人	承典人	标的物	典价	典期	页码	备注
183	光绪十六年十二月二十九日	龙怀珍	龙道海	田1坵谷2石	钱840文	三年	九319	堂叔。缺少口粮
184	光绪十九年正月初六日	姜凤岐	姜献义	田1坵谷7石	银8两	未说明	1.4.229	本家堂侄。出典人耕种。同年十月二十九日以15.8两出卖。1.4.230
185	光绪二十年六月二十一日	姜元贞	姜氏西月	田1坵	银16.8两	未说明	2.1.105	出典人耕种。分期回赎
186	光绪二十年七月二十八日	龙普临	王金海	田1坵	银0.87两	三年	2.5.284	本寨
187	光绪二十一年二月初八日	姜登熙等三人	姜哲相	田3坵	银20两	未说明	1.13.350	出典人耕种
188	光绪二十一年二月	王荣运	王荣鑑	田1坵	银6.1两	三年	2.5.417	族弟
189	光绪二十一年四月十四日	朱本聪等三人	彭高显	田1坵谷4石	钱9080文	三年	2.4.454	
190	光绪二十一年四月二十五日	王宏斌	王玉东	禾10耪	银12.83两	不限远近	2.10.469	本寨
191	光绪二十一年五月二十四日	王德光	王永明	田1坵禾20边	银3.28两	一年	2.8.266	本房。田一年不赎则贵永明永远管业
192	光绪二十一年十二月十九日	熊尚怀	陆胜明	山	大钱2868文	未说明	九320	
193	光绪二十一年十二月二十五日	姜兆璠	姜凤来	菜园	钱1500文	未说明	1.7.100	本寨。次年正月二十日以6.38两出卖。1.7.102
194	光绪二十二年二月十一日	姜世俊	姜凤连	田1坵	银15.4两	不拘远近	1.7.103	光绪二十四年四月十一日以23.8两出卖。1.7.108
195	光绪二十二年十月十四日	姜登熙等三人	易元泉	田2坵	银18两	不拘远近	1.13.352	
196	光绪二十三年二月初八日	姜恩科	姜凤来	田1坵	银8.5两	典足三年	1.7.104	次年三月二十六日以20.8两出卖。1.7.105

序号	交易时间	出典人	承典人	标的物	典价	典期	页码	备注
197	光绪二十三年二月二十三日	姜元英弟兄	杨胜旺	田1坵谷24担	银38两	不拘年限	1.6.190	出典人耕种，每两谷利40斤，如果违约，则承典人耕种
198	光绪二十三年十二月二十六日	朱本培	杨本清弟兄	田6坵谷26担	银52.8两	不拘远近	2.4.457	
199	光绪二十四年正月十三日	姜元英弟兄	姜凤绍	田1坵	银10.5两	不拘远近	1.4.231	本房。每两谷利50斤。光绪二十五年十一月初六日以22.48两出卖。1.4.235
200	光绪二十四年三月十七日	滚乔发	房秀发	地1团	银0.6两	十年	3.2.312	
201	光绪二十四年五月初九日	姜元亨弟兄	姜宣熙弟兄	田1坵	银1.6两	未说明	2.1.117	
202	光绪二十四年六月十一日	姜元英弟兄	姜开连	田1坵谷2担	银2两	不拘远近	1.5.63	本房。每两谷利50斤
203	光绪二十四年六月十九日	姜元英弟兄	姜开胜	田1连谷10担	银9两	不拘远近	1.4.233	本房
204	光绪二十四年六月二十六日	姜元英弟兄	姜开胜	谷7担	银3.5两	未说明	1.4.234	本房。每月加三行利
205	光绪二十四年十月二十七日	陆胜科	龙兴荣	田1坵谷4石	钱1680文	未说明	九321	
206	光绪二十四年十一月二十六日	杨再林	杨胜本	田1坵	银4.6两	典期不明	2.4.461	房族
207	光绪二十五年正月二十五日	姜老甲	姜盛永	田1坵谷9担	银13.2两	三年	2.1.120	先年得典姜克荣之田
208	光绪二十五年三月初四日	姜元英兄弟	姜德相兄弟	田2处谷24担	银169.58两	不拘远近	1.1.204	民国九年正月二十八日，叔父姜献义赎回
209	光绪二十五年七月初四日	王和顺	王建堂	田1坵禾12边	银1.12两	三年	2.8.492	本寨

续表

序号	交易时间	出典人	承典人	标的物	典价	典期	页码	备注
210	光绪二十六年十二月初八日	吴吉焕	王金锡	田1坵	银23两	三年	2.5.423	
211	光绪二十七年二月二十六日	姜贞祥弟兄	朱家煜	田1坵谷2.3石	银2两	三年	姜493	出典人耕种，出典人分花三年。过三年，不拘远近价到回赎
212	光绪二十九年十一月初四日	姜盛清	姜景荣弟兄	田1坵谷12担	银26两	三年	2.1.241	生意。酒水费用0.26两。3年后赎回又出典。2.2.242
213	光绪三十年九月十九日	龙道铣	龙道烈	屋1间	钱5080文	未说明	九322	族弟
214	光绪三十二年三月十八日	姜世官	朱家振	田1坵谷4担	银4两	三年	姜499	
215	光绪三十二年六月十二日	姜元俊	姜凤德	塘1眼	银0.6两	三年	1.6.203	本房
216	光绪三十二年九月十三日	姜盛清	姜学广	田3坵谷12担	银32两	未说明	2.2.242	
217	光绪三十二年十月初八日	姜东成	姜继美	田1坵谷8担	银10.2两	典足三年	1.10.332	本房
218	光绪三十二年十一月初一日	姜隆生父子	姜凤德	田1坵谷2石	银5两	典足三年	1.10.333	本寨。借银1两，每年谷利50斤
219	光绪三十二年□月初八日	朱吉昌	杨本清	田7坵	银45两	不限远近	2.4.474	
220	光绪三十三年九月二十日	杨顺全	杨尚才	田1坵谷1.5担	银2.4两	次年三月	3.1.224	本寨。逾期则承典人耕管三年
221	光绪三十三年十一月二十日	胡钟之	熊尚运	核桃山等	谷4担	未说明	九323	
222	光绪三十三年十二月十五日	龙志达	陆相富弟兄	田1坵谷12石	钱16800文	三年	2.3.320	
223	光绪三十三年十二月二十五日	江福昌父子	戴玉娇	田1坵禾60边	银23.8两	三年	3.2.20	

续表

序号	交易时间	出典人	承典人	标的物	典价	典期	页码	备注
224	光绪□年二月初八日	龙兴□	胡钟祥	田1坵谷15石	钱6200文	未说明	九193	
225	光绪三十四年三月初六日	姜显清	姜凤德	田9坵谷10石	银13.8两	不拘远近	1.10.336	本寨
226	光绪三十四年七月二十六日	滚林乔	滚林贵	地1团1股	钱7000文	五年	3.2.323	本寨
227	宣统元年二月十三日	姜盛祥	姜登廷二人	共田	银2两	未说明	姜506	出典人耕种，承典人分花
228	宣统元年五月二十日	孙光前	姜元秀	田1坵谷1担	钱1500文	不拘远近	1.4.238	本寨。民国十年六月二十五日以5080文出卖给姜元贞。1.5.106
229	宣统元年五月三十日	姜世官	姜铨相	田1坵谷10石	银14.2两	不拘远近	姜509	
230	宣统元年八月十二日	姜松成	姜凤德	田1坵	银3.4两	未说明	1.10.341	本房。出典人耕种
231	宣统二年五月十二日	易元泉	姜周栋	田1块	银5两	未说明	姜511	先年得典姜世官之田。民国三年八月十四日姜登宰赎回
232	宣统二年十二月十七日	陆相培	陆胜宽叔侄	田1坵田1坵	钱16400文	不拘远近	2.3.200	血佃。出典人耕种。民国元年六月十二日加典5028文。民国三年十二月二十五日转典叔陆相仁
233	宣统三年二月二十五日	张正芳	刘光全	田1坵谷8担	钱32880文	不限远近	2.4.483	
234	宣统三年十月初六日	姜为明	姜为宏	田1坵谷3.5石	银4.38两	三年	2.1.161	
235	宣统三年十一月二十四日	蒙均祥	彭高祥父子	田2坵谷2担	钱8008文	三年	2.4.342	中人钱120文
236	宣统三年十二月二十三日	姜顺连	姜凤德	田2坵谷1石	1两	三年	1.10.352	本寨。出典人耕种，每年每两租谷50斤

续表

序号	交易时间	出典人	承典人	标的物	典价	典期	页码	备注
237	民国元年三月十一日	朱达培弟兄	杨通元	田1坵谷10担	钱38800文	未说明	2.4.344	
238	民国元年五月初二日	王开应	王永明	园地1坪	钱1400文	三年	2.8.287	本寨
239	民国元年六月初七日	姜玉宗	彭高□	田1间	银4.2两	不拘远近	2.5.214	回赎之日为二月份。出典人耕种,每年租谷100斤
240	民国二年五月十八日	彭高年弟兄	彭高祥父子	田1坵谷3.5担	银12两	三年	2.5.65	出典人耕种,每年交租240斤。民国四年五月初八日转典刘书月管业收租
241	民国三年五月初三日	王荣安	王元□	田2坵	银16.8两	三年	2.7.296	本寨。同年八月十九日以20.08两出卖
242	民国三年七月十五日	王凤仁	王引生	田1坵禾9边	钱8000文	三年	2.8.335	本寨
243	民国三年十二月二十三日	姜登科	姜登儒	共田	钱400文	未说明	姜523	
244	民国三年十二月二十八日	姜正才	姜永松	田1坵	银33.2两	不拘远近	1.12.171	
245	民国四年七月二十八日	王永方	王世福	谷8边	铜元3000元	未说明	2.5.340	本寨
246	民国四年九月十八日	姜长顺	姜灿春	田1坵谷4石	银6两	不拘远近	2.1.382	出典人耕种,每年上租谷270斤。分期回赎
247	民国六年四月初二日	姜学广	姜为宏	田1坵谷18石	银20.64两	不拘远近	2.1.383	出典人耕种,每年上租谷800斤。分期回赎
248	民国六年正月二十日	姜作琦父子	姜元贞	田1坵谷6担	银26.38两	典足三年	1.6.220	本寨。出典人耕种。同年二月二十三日以36.8两出卖。1.6.221
249	民国六年五月二十八日	王有彬	王有敖	田3坵禾4耪	银8两	一年	2.5.436	本寨

续表

序号	交易时间	出典人	承典人	标的物	典价	典期	页码	备注
250	民国六年六月二十二日	彭开林	龙祖恩	田1间	银18两	不明	2.5.223	
251	民国六年七月初一日	姜登鳌	朱家煜	田1块	银4两	本年十月	姜526	逾期则承典人耕种，价到回赎
252	民国六年十月初三日	王有鳌	王秀光	田3坵禾3耩	银7.14两	不限远近	2.5.439	
253	民国六年十月初八日	姜作琦	陆正贵	田1坵谷8担	银9.6两	本年	1.5.88	违限每年秋收称租谷420斤
254	民国六年十一月十六日	姜双富	姜兆琳	塘1口	银13.1两	不拘远近	1.2.325	本家。日后出卖先问承典人
255	民国七年正月三十日	文起贵	刘福恩	田1坵	银20两	不限远近	1.12.159	出典人回赎时要补承典人中笔银0.4两
256	民国七年三月十三日	孙运美	熊尚文	田1坵谷5.2石	钱7400文	三年	九324	
257	民国七年三月十四日	姜显清	姜纯一	田1坵谷4担	银20两	不拘远近	1.9.312	本寨
258	民国七年三月二十三日	陆相厚	陆相钊	田1坵谷20石	大钱17000文	不拘远近	2.3.213	本房。出典人耕种，每年称每千文称租谷240斤
259	民国七年四月十四日	姜显清	姜纯一	田1坵谷4担	银10两	未说明	1.9.436	本寨。出典人耕种，每年上租谷400斤
260	民国七年九月二十五日	姜作琦	姜献义	田1坵谷6担	银16两	典足三年	1.1.247	本寨
261	民国八年二月初九日	姜庚午	杨顺美等人	不明	银3.26两	不明	2.2.13	回赎收条
262	民国八年二月二十八日	姜学广	邓春泰	田1坵谷18石	银32两	三年	2.1.392	出典人耕种
263	民国九年三月二十二日	王彦科	王瑞登	田1坵禾1耩2边	银7两	三年	2.8.300	本房
264	民国九年七月初三日	姜作琦	姜元贞	田1坵谷4担	银28.85两	典足三年	1.5.95	本寨。民国九年十二月四日以34.8两出卖（1.4.248），次日佃回耕种（1.5.96）

续表

序号	交易时间	出典人	承典人	标的物	典价	典期	页码	备注
265	民国九年十月二十七日	王坤求	王显生	田3坵	钱20000文	一年	2.8.344	本寨
266	民国九年十二月初五日	姜纯美	姜纯一	田1坵谷5担	钱8000文	未说明	1.9.322	本房。钱每月加三行利
267	民国十年四月初五日	姜寿发母子	陆正礼	田4坵谷5担	银14两	未说明	3.6.510	出典人耕种，每年租谷200斤
268	民国十年五月初七日	王秀敠	王包林	田1坵谷100斤	钱3500文	本年十月	2.10.66	本寨
269	民国十年五月十五日	姜学广	姜灿春	田3坵谷12石	银20.8两	不拘远近	2.2.16	出典人耕种。赎回
270	民国十年五月二十八日	姜氏桃之	姜元瀚	田1坵谷6担	钱20080文	未说明	1.11.44	本寨
271	民国十年十二月十八日	姜定国	姜凤沼等人	田1坵	6.8两	不拘远近	1.11.380	本寨。出典人耕种，每年上租谷100斤
272	民国十年十二月二十二日	孙光前	姜元贞	田1坵谷3担	钱14500文	未说明	1.5.108	本寨
273	民国十年十二月二十九日	王林躲	彭永森	田1坵禾4赭	钱15000文	次年三月	2.10.72	逾期则承典人下田耕种
274	民国十一年二月初二日	王恩广	王恩葵	田1坵	钱4000文	三年	2.5.361	兄弟
275	民国十一年四月初九日	龙道铣	龙运春	屋1间	元钱8360文	不拘远近	九325	堂侄
276	民国十一年六月初五日	姜长寿	姜继琦	田	钱1000文	未说明	3.6.519	堂兄
277	民国十一年十二月十五日	陆秀文	陆胜河	田1坵谷1.8石	元钱3980文	三年	2.3.329	血叔父
278	民国十二年二月初三日	王宁鲜	王吉瑞	田1坵禾1赭	洋6000文	三年	2.6.331	本寨。加典三年
279	民国十二年二月二十二日	姜必达	姜克纯等人	谷4石	谷85斤	本年九月	2.1.399	加四行息。缺少口粮

续表

序号	交易时间	出典人	承典人	标的物	典价	典期	页码	备注
280	民国十二年二月二十九日	彭仁清	彭仁彬	田1半谷5担	钱29080文	二年	2.4.363	胞兄。将得典他人之田出典。出典人耕种
281	民国十二年三月十二日	龙世璠	龙运春	田3坵谷12石	元钱9000文	三年	九326	本寨
282	民国十二年四月初一日	王通柏	王贵华	田2坵谷8耪	钱35000文	三年	2.7.205	本寨
283	民国十二年七月初一日	王华恩	王永谟	田1坵禾1耪4边	钱10380文	十日	2.5.461	本寨
284	民国十二年七月十一日	王华恩	王求林	田1坵禾1耪6边	铜元20封	一个月	2.5.462	本寨。过限则承典人下田收花为利
285	民国十三年十二月初八日	王坤求	龙氏贵引二人	田1坵禾14耪	钱106000文	一年	2.8.356	
286	民国十三年九月二十一日	陆秀文	陆相培	田10坵	元钱29080文	五年	2.3.223	本寨堂公
287	民国十四年正月初十日	王家保	王清平	田5坵	钱12000文	三年	2.8.398	本寨。中人为叔父
288	民国十四年二月十五日	姜周士母子	姜周栋	田1坵谷9石	钱16000文	不拘远近	3.9.444	兄。出典人耕种，每年十月纳租谷400斤。民国十七年闰二月二十六日赎回
289	民国十四年二月十九日	王恩广	王恩葵	田2坵	钱30000文	三年	2.5.369	兄弟
290	民国十四年六月初八日	王清禄	龙汉有	田1坵禾2耪	钱16000文	三年	2.7.179	
291	民国十四年六月十三日	王康求	龙王氏枝柳	田1坵	钱20000文	二年	2.5.371	父亲作古。民国十六年二月。当年纳利谷150斤。承典人为天柱县木杉寨
292	民国十四年八月初八日	王瑞珍	王吉林	田7坵禾10耪	钱60000文	三年	2.7.95	本寨
293	民国十四年八月十六日	姜志仁	姜承智	田3坵谷16石	光洋26元	不拘远近	3.10.194	加谷460斤当典价

续表

序号	交易时间	出典人	承典人	标的物	典价	典期	页码	备注
294	民国十四年九月二十一日	王泽焕	王贵生	田4坵禾2耢	钱10500文	当月	2.9.456	本寨。逾期则由承典人耕种
295	民国十四年十二月十一日	王延和	王恩葵	田1坵	钱45000文	三年	2.5.372	本寨
296	民国十五年二月初□日	王恩禄	王恩庆	田1坵	钱18000文	二年	2.5.470	本房
297	民国十五年三月二十三日	姜秉文	林昌云三人	田4坵谷4担	钱8000文	未说明	1.5.127	出典人耕种。同年六月二十三日姜元贞赎回
298	民国十五年四月十三日	王有承	王有彬	田2坵	钱12000文	二年	2.10.403	本房
299	民国十五年五月初十日	王海标	王显田	田1坵	钱21000文	三年	2.8.399	本寨
300	民国十五年五月十六日	姜坤泽	姜元瀚兄弟	田2坵谷2石	钱7280文	典足三年	1.11.56	本家
301	民国十五年六月二十日	王通柏	龙现麟	田1坵禾1耢2稿	钱12000文	三年	2.7.208	
302	民国十五年十二月十五日	彭仁炳弟兄	彭开林	田1坵谷5担	钱550800文	三年	2.4.368	胞兄
303	民国十五年十二月初八日	王贵林	王氏爱银	禾150斤	钱10000文	次年九月	2.5.476	本寨。民国十九年三月二十一日加典2400文。民国□年翠银收钱2000文
304	民国十六年三月二十日	彭仁清	彭仁彬	谷3担	钱63680文	不限远近	2.4.369	胞兄
305	民国十六年四月初五日	王志科	王包林	田1坵	钱30000文	未说明	2.10.102	出典人耕种，每年9月上租谷300斤
306	民国十六年六月十八日	王恩禄	王贵多	田1坵禾200斤	钱20180文	不限远近	2.5.481	本寨
307	民国十六年七月十七日	王志朵	王恩葵	田1坵	铜元20封	三年	2.5.386	父子
308	民国十六年十月十二日	王贵林	王贵森	田1坵禾4耢	钱16000文	次年三月	2.5.483	本房

续表

序号	交易时间	出典人	承典人	标的物	典价	典期	页码	备注
309	民国十六年十一月初一日	杨荣坤	姜东成兄弟	田1坵谷16挑	元钱63封	不限远近	1.11.177	承典人不耕种，则每月加四行息
310	民国十八年二月二十六日	王有德	王安福	田1坵禾8边	钱14000文	未说明	2.10.354	本祠（同宗）
311	民国十八年八月初五日	王有鳌	王志岩	田1坵	钱50000文	二年	2.7.139	辛未年二月回赎
312	民国十九年正月十四日	王世元	王名传	田1坵	光洋4元	一年	2.5.486	本寨
313	民国十九年二月十七日	王贵林	王林泽	田1坵	光洋4元	未说明	2.5.487	出典人耕种，每年利谷140斤
314	民国十九年三月二十六日	王志元	王瑞田	田1坵禾4耧	钱80000文	二年	2.9.394	本寨
315	民国十九年四月十一日	龙立品	龙运椿	田1坵谷7石	钱14000文	未说明	九328	族叔
316	民国十九年六月十七日	王瑞珍	龙延宁	田1坵禾2耧5边	钱62400文	三年	2.10.114	本寨
317	民国十九年九月初十日	彭仁炳	龙氏荣凤	田1坵谷6担	钱48000文	三年	2.4.374	堂媳。田分2大股，加典自己名下1大股
318	民国十九年九月初十日	彭仁福二人	彭开林	田1坵谷6石	钱20000文	三年	2.4.375	长兄
319	民国二十年二月二十日	王志元兄弟	桃姜	田1坵	钱270000文	三年	2.8.503	本寨
320	民国二十年六月二十三日	王有敖	龙见发	田1坵禾4耧	钱35000文	未说明	2.8.404	
321	民国二十年七月二十二日	万培荣等四人	滚荣科	房屋1间	钱8800文	本年十二月	3.2.353	本寨。逾期则由承典人永远为业
322	民国二十一年四月二十八日	王贵标	王卯林	田1坵	洋150元	未说明	2.9.471	本寨。出典人耕种，每年秋收上租谷200斤
323	民国二十二年二月初二日	姜如芝	姜元昌	田2坵谷3石	钱23000文	本年六月	3.10.25	逾期每年上租谷230斤

续表

序号	交易时间	出典人	承典人	标的物	典价	典期	页码	备注
324	民国二十二年四月二十二日	陆胜煌	陆宗显	田1间	钱28080文	未说明	2.3.256	本寨
325	民国二十三年五月初五日	王有宁	王宏林	田1坵禾3耪	钱210000文	三年	2.6.322	本寨
326	民国二十三年五月二十一日	陆秀银	陆胜河	田1坵谷3担	元钱198封	三年	2.3.344	本房叔父。民国二十四年四月一日以492880文之价出卖。2.3.345
327	民国二十三年八月二十七日	刘书烈	彭普亨	田1坵谷4担	铜元60000文	不限远近	2.5.98	先年得典侯开德之田
328	民国二十四年七月初七日	刘书贵	侯开明	田10坵1股	价洋20元	不限远近	2.4.380	6大股
329	民国二十四年七月初十日	姜继琦	姜氏月香	田2坵	光洋22元	未说明	3.6.539	还长媳之钱
330	民国二十四年七月二十四日	刘书盛	彭普亨	田16坵	钱78000文	三年	2.4.381	所占小股
331	民国二十四年十月二十六日	刘书贵	张林发	田8坵谷15担	大洋328元	未说明	2.4.382	民国三十一赎回
332	民国二十四年十一月十一日	王云清	王根林	田1坵半	大洋21.8元	三年	2.10.362	本寨
333	民国二十四年十二月初二日	杨秀清	杨再能	田1坵谷5石	钱142200文	未说明	3.1.22	堂侄。民国二十五年三月二十日以光洋40.48元之价出卖。3.1.23
334	民国二十四年十二月二十二日	彭仁炳兄弟	彭普亨	田1坵	钱101400文	三年	2.5.100	加典三年
335	民国二十五年二月初九日	刘书贵	彭普亨	田6坵谷12挑	元钱741000文	三年	2.4.383	
336	民国二十五年八月二十六日	王秀栋	王庚林	田1坵禾5边	钱9000文	三年	2.6.67	民国二十六年二月二十六日以大洋8.8元之价出卖。2.6.68

续表

序号	交易时间	出典人	承典人	标的物	典价	典期	页码	备注
337	民国二十六年二月初四日	姜周池	姜永珠	田3坵谷2石	光洋10元	三年	1.13.203	
338	民国二十六年二月初八日	杨顺天	姜宣翰	田1坵谷6担	大洋32元	不拘远近	2.2.412	本寨。民国二十七年十月初八日以55.28元之价出卖。2.2.422
339	民国二十六年二月二十六年	彭仁福弟兄	彭普亨	田1坵谷10挑	元钱180000文	三年	2.4.385	族侄。出典人耕种，每年称谷200斤
340	民国二十六年四月十二日	王有德	王康佑等人	田1坵	大洋27元	本年十月	2.10.363	本寨。谷利250斤。逾期照月加四行利
341	民国二十六年五月二十六日	杨顺天	姜必衍	田1坵谷2.5石	大洋8元	不拘远近	2.2.414	本寨
342	民国二十六年八月十一日	刘书盛	彭普亨兄弟	谷5挑	228000文	三年	2.4.387	
343	民国二十六年十月十四日	姜秉光	范锡溧	谷7担	大洋32元	未说明	1.7.315	出典人耕种，每年上谷400斤。民国三十一年三月初九日赎回
344	民国二十七年四月十二日	杨胜广	刘兴花	田1干	钱25000文	不限远近	九329	后龙景乾转典龙运嵩
345	民国二十七年十二月二十三日	王清焕	王有祺	田1坵禾1耢	钱32860文	次年三月	2.7.180	本房
346	民国二十八年五月二十八日	王秀栋	汤彩兴	田1坵禾1耢8边	钱30000文	三年	2.6.398	
347	民国二十九年六月十二日	姜宣伟	姜景周	田6坵	市洋58元	三年	2.2.439	本寨。民国三十年二月初七日加典18.8元，加典期3年
348	民国三十年闰六月初九日	王志忠	王灿垣	田1坵禾4耢	钞洋200元	二年	2.10.137	胞弟
349	民国三十年八月初十日	龙炳寿	吴元大	田1坵	洋140元	三年	3.2.9	
350	民国三十一年二月二十六日	彭仁清	彭普亨	田1坵谷3挑	洋150.8元	不限远近	2.4.499	

序号	交易时间	出典人	承典人	标的物	典价	典期	页码	备注
351	民国三十一年五月初三日	周光清	王灿元二人	田1坵	洋305元	未说明	2.5.505	
352	民国三十一年十二月二十一日	彭普求	彭普亨	田1坵谷1挑	钞洋70.08元	三年	2.4.398	本村堂兄
353	民国三十二年十二月二十三日	王玉海	王贵生	田1坵禾3耢	洋1600元	二年	2.9.213	本寨
354	民国三十三年五月二十日	王志朱	王氏皎月	田半坵禾3耢	洋2000元	二年	2.10.156	
355	民国三十三年六月初六日	王有光兄弟	王灿元	田2坵	钱2000文	未说明	2.8.381	本寨
356	民国三十三年六月十五日	王光平	王林党	田1坵	洋6480元	三年	2.5.331	本寨
357	民国三十三年九月二十日	王岩林父子	王清平	田1坵	钞洋3488元	未说明	2.6.364	本房
358	民国三十三年十一月二十四日	王显田	王生田	田1坵	市洋1600元	三年	2.9.35	本房
359	民国三十四年五月十一日	欧氏爱烟	姜永周	田1坵	洋3400元	秋收之后	1.13.209	本房
360	民国三十四年六月	王泽求	王玉东	田1坵	不明	本年九月	2.10.559	本寨
361	民国三十四年十一月二十九日	龙运培	龙运松	田7坵谷18石	洋12580元	三年	九330	本乡
362	民国三十五年九月二十四日	熊支河	龙世福	屋1间	洋20800元	三年	九331	
363	民国三十五年十一月二十日	王瑞垣	王佑祥	田1坵	市洋12万元	未说明	2.10.171	本寨。回赎时典价折大洋60元
364	民国三十五年之前（具体时间不详）	李应昌	彭仁金	田3坵谷20担	洋8000元	三年	3.9.474	民国三十五年腊月二十九日姜周士赎回

续表

序号	交易时间	出典人	承典人	标的物	典价	典期	页码	备注
365	民国三十六年二月十六日	胡建□	杨再能	田1坵谷3石	大洋50元	未说明	3.1.51	
366	民国三十六年六月十六日	陆秀现	陆秀志弟兄	田2坵	大洋28元	三年	2.3.353	本寨
367	民国三十六年十月十五日	彭普求	彭普亨	谷3挑	谷250斤	三年	2.5.256	缺少粮食
368	民国三十七年五月初一日	龙在渭	姜正芳	田1坵谷4石	市洋130万元	不拘远近	3.1.145	本寨。先年得典姜永清之田
369	民国三十七年十二月二十日	龙延斌	吴贵丹	田1坵	谷250斤	未说明	2.8.552	
370	民国三十八年四月二十日	龙运棹	熊枝河	田4坵谷8石	谷6石	未说明	九332	本寨
371	民国□年十一月二十八日	姜永瑞	姜永珠	田1坵谷2石	元钱12000文	未说明	1.13.210	出典人耕种，每年上租谷120斤
372	公元一九五〇年二月十五日	王祥有	王祖昌	田1坵	122800文	三年	2.7.494	本房
373	公元一九五一年三月初六日	刘氏晚丹母子	王志凤	田2坵	光洋15元	三年	2.10.373	本寨。缺少银钱交粮
374	公元一九五一年十二月二十九日	王宗灼	王玉朵	田1坵	谷400斤	一年	2.10.560	本寨
375	公元一九五二年元月十二日	王光元	王林泽	田2坵	谷450斤	二年	2.7.157	本寨
376	公元一九六二年七月初二日	滚荣科父子	范廷生	房屋1间半	币88元	三年	3.2.382	本寨

资料来源：张应强、王宗旭主编：《清水江文书》，第1辑，广西师范大学出版社2007年版；陈金全、杜万华主编：《贵州文斗寨苗族契约法律文书汇编——姜元泽家藏契约文书》，人民出版社2008年版；张应强、王宗旭主编：《清水江文书》，第2辑，广西师范大学出版社2009年版；张应强、王宗旭主编：《清水江文书》，第3辑，广西师范大学出版社2011年版；吴大华主编，潘志成、吴大华编著：《清水江文书研究丛书第一卷：土地关系及其他事务文书》，贵州民族出版社

2011 年版；高聪、谭洪沛主编：《贵州清水江流域明清土司契约文书·九南篇》，民族出版社 2013 年版。

说明：

（1）交易年代：契约文书年代无法辨识的部分用"□"表示，并按照时间排序。

（2）标的物：标的物为田且知道产量，用田的数量和具体的产量表示。没有注明产量的田或者标的物为山、房屋等，则标注出这些标的物的具体数量。

（3）典期：有具体典期则直接注明典期，注明"不限远近"或"不拘远近"等则用这些字眼表示，没有提及典期则用"未说明"表示。

（4）页码：本表的资料来源可见资料来源的说明。不同的资料页码用不同的方式标注，如"1.7.2"表示《清水江文书》第 1 辑第 7 册第 2 页；"九 275"则表示《贵州清水江流域明清土司契约文书·九南篇》第 275 页；"姜 53"表示《贵州文斗寨苗族契约法律文书汇编——姜元泽家藏契约文书》第 53 页；"土 35"表示《清水江文书研究丛书第一卷：土地关系及其他事务文书》第 35 页；其他的可以类推，不赘述。

（5）备注：主要是注释承典人和出典人的关系，如直接标注"堂叔"则表示，承典人为出典人之堂叔，其他可类推。

附录二

清代锦屏县四十件"出典回佃"式典交易契约示意表

交易时间	出典人	承典人	典价	谷息数量（洪平）	谷息数量（库平）	谷息兑换银两数	最低利率	最高利率
乾隆三十九年五月初四日	姜合保	杨镇宇	16两	162	142.56	0.64/0.99	4%	6.2%
乾隆五十九年三月初十日	王政峰	姜佐章	22.5两	840	739.2	3.48/5.08	15.4%	22.6%
嘉庆七年十月二十一日	杨文棹	李国璋	30两	1800	1584	7.24/10.38	24.1%	34.6%
嘉庆八年二月初二日	姜昌连	姜廷揆	10两	315	277.2	1.27/1.81	12.6%	18.1%
嘉庆八年四月二十二日	姜金保	姜佐兴	2.1两	120	105.6	0.48/0.69	22.9%	32.9%
嘉庆十年五月初四日	姜登高	姜之连	15两	180	158.4	0.72/1.00	4.8%	6.6%
嘉庆十一年正月十九日	姜文玉	姜佐兴	4.5两	180	158.4	0.72/1.00	16.1%	22.2%
嘉庆十三年四月十五日	姜应文	姜松朝	50两	400	352	1.62/2.29	3%	4.6%
嘉庆十三年十月初八日	龙老富	姜绍略弟兄	50两	810	712.8	3.32/4.60	6.6%	9.2%
嘉庆十五年十二月二十一日	姜光明	姜载渭	23两	240	211.2	0.98/1.37	4.3%	5.9%
嘉庆十八年二月二十四日	龙运时	姜松桥	120两	2100	1848	8.61/11.94	7.2%	9.9%
嘉庆二十一年四月十七日	龙明波	龙大儒	12.66两	135	118.8	0.56/0.77	4.4%	6%
嘉庆二十三年正月十三日	姜老其	姜松桥	56两	1140	1003.2	4.72/6.48	8.4%	11.5%

附录二 清代锦屏县四十件"出典回佃"式典交易契约示意表 ◆◆

续表

交易时间	出典人	承典人	典价	谷息数量（洪平）	谷息数量（库平）	谷息兑换银两数	最低利率	最高利率
嘉庆二十五年十二月二十日	龙长生等人	姜佐兴	8两	240	211.2	1.03/1.40	12.9%	17.5%
嘉庆二十五年十二月二十七日	姜善兰	姜佐兴	17两	450	396	1.94/2.63	11.4%	15.5%
道光七年正月三十日	姜世胡	姜成瑜	19.7两	540	475.2	2.30/3.13	11.7%	15.9%
道光九年四月十日	姜维远	姜世儒	7两	180	158.4	0.76/1.04	10.8%	14.8%
道光十一年三月二十日	姜维远	陆光宾	6两	270	237.6	1.14/1.56	19%	25.9%
道光十五年三月十六日	彭启华	王明坤	10两	390	343.2	1.71/2.31	17.1%	23.1%
道光十六年八月十二日	姜光壁	姜载渭	12.5两	540	475.2	2.34/3.18	18.7%	25.4%
道光二十四年三月十六日	李天顺兄弟三人	姜世明	4两	320	281.6	1.43/1.92	35.7%	48%
道光二十四年七月初九日	姜开荣	姜绍熊	0.3两（?）	276	242.88	1.23/1.66	410%	553%
道光二十四年十一月二十七日	姜保贵	姜凤仪	1.84两	110	96.8	0.48/0.65	26.4%	35.7%
道光二十四年十一月二十七日	姜保贵	姜开让	1.8两	108	95.04	0.48/0.64	26.5%	35.8%
道光二十九年九月初六日	姜沛云	姜开让	8两	240	211.2	1.04/1.41	13%	17.6%
咸丰元年九月十八日	朱达泉	李正伦	47.36两	3667.5	3227.4	16.23/21.89	34.3%	46.2%
咸丰五年三月十六日	姜沛云	陆光清	3.8两	400	352	1.74/2.35	45.7%	61.9%
同治元年正月二十八日	姜世学	姜兆琳	2.5两	200	176	0.92/1.22	36.7%	38.7%
同治八年五月初二日	姜凤凰	姜显国	4两	180	158.4	0.83/1.09	20.6%	27.4%
同治九年正月二十四日	姜奇凤	姜世显	4两	240	211.2	1.08/1.44	27%	36%
同治九年二月初六日	姜凤凰	姜明高	6两	225	198	1.01/1.35	16.9%	22.5%
同治九年十一月初八日	杨正魁	杨学海等人	3200文（2.02两）	120	105.6	0.54/0.72	26.8%	35.7%

续表

交易时间	出典人	承典人	典价	谷息数量（洪平）	谷息数量（库平）	谷息兑换银两数	最低利率	最高利率
光绪十二年五月二十九日	朱本鸿	彭仁彬	6000文（3.84两）	300	264	1.30/1.76	33.9%	46%
光绪十九年正月初六日	姜凤岐	姜献义	8两	315	277.2	1.33/1.81	16.6%	22.7%
光绪二十三年二月二十三日	姜元英弟兄	杨胜明	38两	1520	1337.6	6.48/8.83	17%	23.2%
光绪二十四年正月十三日	姜元英弟兄	姜凤沼	10.5两	525	462	2.24/3.05	21.3%	29%
光绪二十四年六月十一日	姜元英弟兄	姜开连	2两	100	88	0.42/0.58	21.3%	29%
光绪二十四年六月十九日	姜元英弟兄	姜开胜	9两	450	396	1.92/2.61	21.3%	29%
宣统元年五月二十日	孙光前	姜元秀	1500文（1.04两）	45	39.6	0.19/0.26	18.8%	25.5%
宣统三年十二月二十三日	姜顺连	姜凤德	1两	50	44	0.44/0.68	43.8%	68%

资料来源：张应强、王宗旭主编：《清水江文书》，第1辑，广西师范大学出版社2007年版；陈金全、杜万华主编：《贵州文斗寨苗族契约法律文书汇编——姜元泽家藏契约文书》，人民出版社2008年版；张应强、王宗旭主编：《清水江文书》，第2辑，广西师范大学出版社2009年版；张应强、王宗旭主编：《清水江文书》，第3辑，广西师范大学出版社2011年版；吴大华主编，潘志成、吴大华编著：《清水江文书研究丛书第一卷：土地关系及其他事务文书》，贵州民族出版社2011年版；高聪、谭洪沛主编：《贵州清水江流域明清土司契约文书·九南篇》，民族出版社2013年版。

附录三

清代黎平府中米价格（1738—1911）

年代	1月	2月	3月	4月	5月	6月	7月	8月	9月	10月	11月	12月
1738					120/140	120/140	120/140	104/124	90/110	90/110	90/110	90/110
1739	90/110	98/110	100/110	100/110							90/100	90/100
1740	90/100	90/105	90/105	90/106	90/110	90/110	90/110	93/115	89/111	82/103	83/105	83/105
1741		90/110	90/110		90/110	90/110	90/110	90/110	90/103	90/100	86/92	85/90
1742	85/90	89/99	90/100	90/100	90/104	90/105	90/105		114/129	105/120	105/120	105/120
1743	105/120			110/135	110/134		123/138	120/135	125/135	120/137	115/140	115/140
1744	115/140	115/140	120/145	127/148	132/150	135/150	135/150		125/140		110/120	101/115
1745	105/120		110/130		110/130	115/135	120/130	120/135	120/135		115/125	
1746	117/127	120/130		125/144	127/149	130/157	120/147	120/147	125/137	125/137	110/121	110/121
1747	110/121		110/120	110/131	114/139	115/140	116/142	117/144	114/141			113/140
1748		113/141		113/143	113/150	113/150	113/150		113/155	113/155	113/155	111/150
1749	109/141	110/140	112/144	112/148	112/152	114/155	115/155	106/145	100/138	100/138	97/136	96/131
1750	104/138	109/142	107/144	106/141	106/140	106/136		106/110	105/118	91/114	100/130	98/129
1751		97/126	91/126	95/133	100/134	100/134	100/125	100/126	100/132	100/130	100/128	100/128
1752	100/128	100/128	100/128	100/128	100/128	100/128	100/119	115/146	120/157	120/153	120/151	120/151
1753	120/151	120/151	120/151	120/156	120/156	120/165	156/159	137/182	134/173	131/156	127/153	111/155
1754	111/154	110/154	114/155	117/155	124/155	127/156	133/157	133/157	133/157	126/144	120/131	120/131
1755	120/131	120/134	122/141	127/152	128/156	128/165	128/165	128/162	128/161	117/157		115/156
1756	115/150	115/150	115/155	128/158	128/159	128/172	128/171	127/164	118/161	110/150	110/150	110/150
1757	110/150	110/150	110/150	110/150	111/150	111/158	111/158	111/150	111/150	104/150	100/150	100/150
1758	100/150	104/150	110/150	118/150	120/154	124/159	121/160	120/160	120/155	112/161	111/155	106/150
1759	106/150	110/155	113/155	118/155	120/155	120/155	120/156	120/155	117/155	110/153	110/150	110/150

续表

年代	1月	2月	3月	4月	5月	6月	7月	8月	9月	10月	11月	12月
1760	109/150	108/150	109/150	116/150	118/150	116/150	116/150	116/151	113/150	105/150	100/150	100/150
1761	100/150	100/150	100/150	100/152	103/155	100/155	100/155	100/155	100/151	100/151		95/140
1762	93/140	93/140	93/143	94/152	99/154	99/154	99/154	99/154	98/154	96/153	96/153	96/153
1763	96/153	96/153	98/151	100/153	101/159	101/161	100/161	115/150			100/150	
1764		100/147	100/147	107/150	112/158	113/158	120/156	119/157	113/157	106/150	101/149	100/149
1765	100/149	100/149	100/149	101/151	107/155	111/155	113/155	115/156	109/154	104/151	102/150	100/150
1766	100/150	100/150	100/150	103/151	104/154	107/155	114/173	116/168	112/153	101/150	100/150	100/150
1767	100/150		100/162	101/175	109/177	116/178	136/183				110/150	100/150
1768	100/150	100/150	101/150	108/161	115/175	120/177	129/177	129/170	114/155	114/150	105/150	100/150
1769	100/150	100/150	105/154	120/164	130/178	131/177		133/165	120/150			
1770				106/165		140/189	136/185	126/165	125/151	123/151		
1771	98/149	100/149	100/158	102/166	114/166	125/179	132/190	134/171	121/163	111/153	109/150	101/150
1772	100/150	100/150	109/150	119/171	125/182	125/183						
1773		104/149	105/150	108/151	116/155	125/159	125/157	120/155	105/152	95/150	95/150	95/150
1774	95/150	95/150	95/150	96/151	101/154	102/155	102/155	102/155	100/151	98/150	86/150	85/150
1775	85/150	85/150	85/153	86/155	94/157							81/150
1776	81/150	81/150	81/150	81/152	86/156	93/158	95/158	93/158	87/154	81/151	79/150	78/150
1777	78/150	78/150	81/151	87/154	91/159	92/160	90/151	90/150	90/150	90/150	86/150	86/150
1778	86/150	86/150	86/151	89/154	89/154	91/155	96/160	95/159	93/155	93/150	91/150	87/150
1779	87/150	88/150	97/151	105/153	105/153	105/153	105/153	104/151	103/150	103/150	103/150	101/150
1780	98/150	97/150	97/151		109/156	109/156		109/151	104/150	104/150	104/150	104/150
1781	104/150	104/150	105/151	109/152	109/155	109/156	109/156	109/153	105/150	100/150	100/150	100/150
1782	100/150	100/150	101/150	104/153	107/156	107/156		107/152		100/150	100/150	100/150
1783	100/150			107/155	107/156	107/156	107/156				102/150	102/150
1784	102/150	102/150	104/152	107/155	107/156		107/156	107/156		102/150	102/150	102/150
1785	102/150	102/150	102/150		104/155	102/155	106/156	107/151	105/150	102/150	102/150	102/150
1786	102/150		102/150	107/153	107/156	107/156		107/150	105/150	100/150		100/150
1787	100/150	100/150	101/151	104/154	107/155	107/156	107/156	107/154	103/151	100/150	100/150	100/150
1788	100/150	100/150	100/150	105/152	107/156	107/156			102/150	102/150	102/150	102/150
1789	102/150	102/150	103/151	107/155	107/156		107/156	107/156	102/150	102/150	101/149	101/149

续表

年代	1月	2月	3月	4月	5月	6月	7月	8月	9月	10月	11月	12月
1790	101/149	101/149	101/149	101/149			107/156	107/155	103/151	102/149	102/149	102/149
1792		102/149		107/154	107/155	107/156	107/156			102/149	102/149	102/148
1793	102/148	102/148	102/148		107/154						102/149	102/149
1794		102/148					107/156		102/149	102/149		102/147
1795	102/145	102/145	102/146	102/146				105/151	103/149	102/148	102/146	101/146
1796		101/143	101/144	103/146	125/150	109/154	106/152	104/150	101/148	101/148	101/147	101/146
1797	101/145	101/144	101/145	103/147	104/148	106/150	106/150					
1798	101/145	101/145	100/144	102/146	104/149	106/151	106/153	105/152			102/150	102/150
1799	101/149	101/149	101/149	101/149	101/149	103/151	103/152	102/151	101/150	99/148	98/147	97/146
1800	97/146	97/146	97/146	98/147	101/150	103/151	103/150	104/151	103/150	101/148	100/147	98/145
1801	97/145	97/145	97/146	98/147	99/148		104/150	103/149	101/147	101/145	101/145	101/145
1802	101/144	100/143	100/143	101/145		106/149	106/149			101/144	99/142	99/142
1803	98/140	98/139	99/139	100/139	100/140	101/142	102/143	102/143	101/142	99/138	98/136	96/135
1804	96/135	96/135			99/137	100/138		99/137	98/135	97/133	96/132	
1805	96/132	96/132	96/132	96/133								
1806		95/132	95/132	96/133	98/135	99/136		99/137	99/137			
1807				98/136								
1808	96/134		97/135		100/138		102/140	103/141	103/141	100/138	99/137	98/136
1809	96/134	96/134	97/135	98/136	99/137	101/139	103/141	103/141	102/140	101/139	99/137	98/136
1810	97/135	96/134	96/134	97/135	99/137	101/139	103/141	103/141	102/140	100/138	99/137	98/136
1811	97/135	96/134	96/134	98/136	99/137	100/138	102/140	103/141	103/141	101/139	100/138	99/137
1812	98/136	98/136	98/136	99/137	100/138	101/139	102/140	103/141	102/140	100/138	99/137	98/136
1813	98/136	98/136	98/136	99/137	100/138	101/139	102/140	102/140	101/139	100/138	99/137	99/137
1814	99/137	99/137	99/137	99/137	100/138	102/140	103/141	104/142	103/141	102/140	100/138	100/138
1815												99/137
1816	99/137	99/137	99/137	100/138	101/139	103/141	104/142	104/142	103/141	101/139	100/138	99/137
1817	98/136	98/136	98/137	99/138	101/139	102/140	103/141	103/141	102/140	101/139	99/137	
1818					102/140				102/140			98/136
1819	98/136	98/136	99/137	100/138	101/139	102/140	103/141	104/142	103/141	101/139	100/138	99/137
1820	98/136	98/136	99/137	100/138	100/138	101/139	103/141	103/141	102/140	101/139	100/138	100/138

续表

年代	1月	2月	3月	4月	5月	6月	7月	8月	9月	10月	11月	12月
1821	100/138											
1825			99/137	99/137								
1826								106/144	105/143	103/141	102/140	100/138
1827	99/137	98/136	98/136	100/138	102/140	104/142	105/143	106/144	106/144	104/142	103/141	101/139
1828	99/138	98/136	98/136	99/137	101/139	103/141	104/142					100/138
1829	99/137	98/136	98/136	100/138	102/140	104/142	105/143	105/143	104/142	103/141	102/140	100/138
1830	99/137	98/136	99/137	101/139	102/140	103/141	104/142	105/143	105/143	104/142	104/142	103/141
1831	103/141	103/141	103/141	104/142	105/143	106/144	107/145	106/144	104/142	103/141	102/140	101/139
1832	101/139	101/139	102/140		105/143	106/144	107/145	107/145	105/143	103/141	102/140	101/139
1833	100/138	99/137	99/137	101/139	103/141	105/144	106/146	109/147	109/147	108/146	106/144	105/143
1834	103/141	103/141	104/142	105/143	106/144	108/146	109/147	109/147	108/146	107/145		104/142
1835	103/141	103/141	104/142	105/143	106/144	107/145	108/146	109/147	109/147	108/146	107/145	105/143
1836	104/142	103/141	103/142	105/143	106/144	107/145	108/146	108/146	107/145	106/144	105/143	104/142
1837	103/141	102/140	103/141	104/142	105/143	106/144	108/146	109/147	108/146	107/145	105/143	104/142
1838	103/141	103/141	104/142	105/143	106/144	107/145	108/146	109/147	110/148	109/147	107/145	106/144
1839	104/142	103/141	104/142	105/143	107/145	109/147	110/148	110/148	110/148	108/146	106/144	105/143
1840	103/141	103/141	104/142	106/144	108/146	109/147	110/148	110/148	109/147	107/145	105/143	104/142
1841	103/141	102/140	103/141	104/142	106/144	107/145	108/146	109/147	109/147	109/147	105/143	104/142
1842	102/140	102/140	103/141	105/143	107/145	109/147	110/148	110/148	110/148	108/146	106/144	104/142
1843	104/142	104/142	104/142	106/144	108/146	109/147	110/148	110/148	110/148	110/148	109/147	107/145
1844	106/144	105/143	105/143	105/143	107/145	108/146	110/148	110/148	110/148	109/147	107/145	105/143
1845	104/142	104/142	104/142	105/143	107/145	109/147	110/148	110/148	109/147	107/145	105/143	104/142
1846	104/142	103/141	103/141	104/142	106/144	107/145	109/147	109/147	109/147	107/145	105/143	104/142
1847	103/141	102/140	102/140	103/141	104/142	106/144	108/146	109/147	108/146	106/144	103/141	102/140
1848	102/140	101/139	101/139	102/140	104/142	106/144	108/146	108/146	106/144	104/142	102/140	
1849	101/139	101/139	101/139	103/141	104/142					105/143	104/142	103/141
1850	102/140	102/140	103/141	104/142	105/143	107/145	108/146	108/146	107/145	106/144	104/142	104/142
1851	103/141	103/141	103/141	105/143	107/145	108/146	109/147	109/147	109/147	108/146	106/144	105/143
1852	105/143	104/142	104/142	105/143	107/145	108/147	109/148	110/148	109/147	108/146	106/144	105/143
1853	105/143	105/143	105/143	107/145	109/147	110/148	111/149		109/147	107/145	105/143	104/142

续表

年代	1月	2月	3月	4月	5月	6月	7月	8月	9月	10月	11月	12月
1854	104/142	103/141	103/141	105/143	107/145	108/146	109/147	109/147	109/147	107/145	105/143	104/142
1855	104/142	103/141	103/141	104/142	105/143	107/145	108/146	109/147	108/146	106/144	104/142	103/141
1856	102/140	102/140	102/140	104/142	106/144	108/146	110/148	110/148	109/147	107/145		104/142
1857	103/141		103/141				111/149	111/149	111/149	109/147	107/145	106/144
1858	105/143	105/143	105/142	106/143	108/145	110/147	112/149	113/150		110/147	108/145	107/144
1859		106/143		107/144	109/146	110/147	111/148	111/148		109/146	107/144	106/143
1860	105/142	104/141	104/141	105/142	107/144	109/146	111/148	112/149	111/148	110/147	110/147	107/144
1861	106/143	105/142	106/143	107/144	108/145	111/148	113/150	113/150	112/149			
1862		106/143	107/144	108/145	110/147	112/149	113/150	113/150	113/150	110/147	108/145	107/144
1863	106/143	106/143	105/142	106/143	108/146	109/148	112/149	112/149	111/148	110/147	109/146	107/144
1864	107/144	106/143	107/144	108/145	110/147	112/149	113/150	113/150	112/149	111/148	109/146	108/145
1865	108/145	107/144	108/145	109/148	111/156	113/150	114/151	115/152	114/151	113/150	111/148	110/147
1866	109/146	108/146	108/145	110/147	111/148	113/150	115/152	116/153	115/152	113/150	111/148	110/147
1867	110/147	109/146	109/146	110/147	112/149	113/150	115/152	115/152	115/152	114/151	112/149	111/148
1868	110/147	109/146	110/147		113/150	113/150	114/151	115/152	114/152	113/150	111/148	109/146
1869	108/145	107/144	108/145	109/146	110/147	112/149	113/150	113/150	113/150	111/148	108/146	108/145
1870	107/144	106/143	107/144	107/145	110/147	110/147	111/141	112/149	111/149	109/146	107/145	107/144
1871	106/144	106/143	105/142	106/143	108/145	109/146	110/147	111/148	111/148	110/147	108/145	107/144
1872	107/144	106/143	106/143	108/145	110/147	111/148	112/149	112/149	111/148	110/147	108/145	108/145
1873	108/145	107/144	107/144	109/146	111/148	111/149	112/150	113/151	113/151	112/149	110/147	108/146
1874	107/145	106/144	105/143	105/144	108/146	109/147	106/126	109/136	111/149	110/148	108/146	106/144
1875	105/143	104/142	104/142	105/143	107/145	108/146	110/148	110/148	110/148	108/146		
1876				104/142	106/144	107/145	108/146	109/147	109/147	108/146	106/144	105/143
1877	104/142	104/142	104/142	105/143	107/145	109/147	110/148	111/149	111/149	109/147	107/145	106/144
1878	105/143	105/143	105/143	106/144	108/146	110/148	111/149	111/149	110/148	108/146	106/144	105/143
1879	105/143	104/142	104/142	105/143	107/145	108/146	109/147	110/148	110/148	108/146	106/144	104/142
1880	103/141	103/141	103/141	104/142	105/143	108/146	109/147	108/146	106/144	104/142	103/141
1881	102/140	102/140	103/141	104/142	106/144	107/145	108/146	108/146	107/145	106/144	104/142	102/140
1882	100/138	99/137	98/136	98/136	100/138	102/140	103/141	105/143	105/143	104/142	103/141	102/140
1883	101/139	101/139	102/140	103/141	105/143		107/145	107/145	106/144	104/142	102/140	100/138
1884	99/137	99/137	100/138	101/139	103/141	104/142	105/143	106/144	106/144	106/144	104/142	103/141
1885	102/140	102/140	101/139	102/140	103/141	105/143	106/144	106/144	105/143	103/141	101/139	100/138
1886	99/137	99/137	99/137	101/139	103/141	105/143	106/144	107/145	107/145	105/143	103/141	102/140

续表

年代	1月	2月	3月	4月	5月	6月	7月	8月	9月	10月	11月	12月
1887	101/139	100/138	100/138	102/140	104/142	105/143	106/144	107/145	107/145	106/144		
1888										103/141	101/139	100/138
1889	99/137	99/137	99/137	100/138	102/140	104/142	105/143	105/143	104/142	103/141		100/138
1890	99/137	99/137	100/138	101/139	103/141	104/142	105/143	107/145	107/145	106/144	104/142	102/140
1891	101/139	100/138	100/138	100/138	102/140	104/142	105/143	106/144	106/144	105/143	103/141	102/140
1892	101/139	100/138	101/139	102/140	104/142	105/143	105/143	105/143	106/144	105/143	103/141	102/140
1893	101/139	100/138	99/137	100/138	102/140	104/142	105/143	105/143	104/142	103/141	101/139	101/139
1894	100/138	100/138	101/139	101/139	103/141	105/143	106/144	106/144	105/143	104/142	102/140	101/139
1895	101/139	100/138	100/138	101/139	104/142	105/143	105/143	106/144	107/145	105/143	103/141	102/140
1896	101/139	101/139	101/139	102/140	103/141	105/143	106/144	107/145	106/144	105/143	103/141	101/139
1897	101/139	100/138	101/139	102/140	104/142	105/143	106/144	106/144	105/143	104/142	102/140	102/140
1898	101/139	100/138	101/139	102/140	103/141	104/142	105/143	106/144	106/144	104/142	103/141	102/140
1899	101/139	100/138	101/139	102/140	104/142	105/143	106/144	107/145	105/143	103/141	102/140	
1900	101/139	100/138	101/139	102/140	104/142	105/143	106/144	107/145	107/145	106/144	104/142	103/141
1901	102/140	100/138	100/138	101/139	103/141	105/143	106/144	106/144	105/143	103/141		101/139
1902	101/139		101/139	102/140	104/142	105/143	106/144	107/145	105/143	103/141		102/140
1903	101/139	100/138	101/139	102/140	104/142	105/143	106/144	107/145	108/146	106/144	104/142	103/141
1904	102/140	101/139	100/139	101/140	104/142	105/143	106/144	107/145	107/145	106/144		102/140
1905		100/138	101/139	103/141	105/143	106/144	107/145	107/145	106/144	105/143	103/141	102/140
1906	101/139	100/138	101/139	102/140	104/142		106/144	107/145			102/140	101/139
1907	101/139	100/138	100/138	100/138	101/139	103/141	105/143	107/145	106/144	104/142	102/140	100/138
1908	99/137	99/137	100/138	100/138	102/140	103/141	104/142	105/143	104/142	103/141	101/139	100/138
1909	100/138	99/137	100/138	101/139	103/141	104/142	105/145	107/145	107/145	106/144	105/143	103/141
1910	155/188	179/211	179/212	180/213		185/218	187/219	190/220	187/218	185/215	187/218	185/216
1911	183/214	180/212	182/214	186/224	211/335	216/335						

资料来源：清代粮价资料库：http://mhdb. mh. sinica. edu. tw/foodprice/about. php。

说明：清代地方官员向皇帝报告当月的粮价时，有两个数据，一个是当月最高价，一个是最低价，所以表中的米价前面一个数字表示当月最低米价，后一个数字为当月最高米价。米的单位为仓石，即米价是1仓石米的价格，米价是以白银计算，如78/110，78表示该月1仓石米的最低价格为0.78两，1仓石米的最高价格为1.1两，其他以此类推，不再赘述。

附录四

《清水江文书》第1辑所见清代土地价格

序号	交易时间	土地产量	价格	土地价格/石（担）	来源
1	乾隆十九年十月十二日	禾 7 把	32 两	9.14 两	1.8.1
2	乾隆二十六年十月九日	禾 6 把	8 两	2.66 两	1.10.2
3	乾隆二十七年九月十八日	禾 7 把	15 两	4.28 两	1.3.2
4	乾隆三十年十二月十五日	禾 3 把	10 两	6.66 两	1.7.4
5	乾隆三十四年九月二十日	禾 5 把	16.5 两	6.6 两	1.8.4
6	乾隆三十五年闰五月十二日	禾 24 把	55 两	4.58 两	1.7.8
7	乾隆三十七年十一月十三日	禾 3 把	2.2 两	1.46 两	1.10.3
8	乾隆四十年闰十月二十一日	禾 30 把	23 两	1.53 两	1.7.62
9	乾隆四十四年二月二十五日	禾 5 把	4 两	1.6 两	1.7.12
10	乾隆四十四年三月十一日	禾 10 把	10.5 两	2.1 两	1.7.139
11	乾隆四十四年三月十六日	禾 6 把	6.1 两	2.03 两	1.8.8
12	乾隆四十四年五月二十六日	禾 4 把	11 两	5.5 两	1.8.9
13	乾隆四十四年六月十日	禾 2 把	1.3 两	1.3 两	1.7.142
14	乾隆四十四年六月二十一日	禾 16 把	60 两	7.5 两	1.7.63
15	乾隆四十六年一月二十一日	禾 2 把	3.5 两	3.5 两	1.7.144
16	乾隆四十六年一月二十三日	禾 4 把	8 两	4 两	1.7.13
17	乾隆四十六年二月九日	禾 8 把	10.5 两	2.62 两	1.7.145
18	乾隆四十六年三月五日	禾 20 把	31.6 两	3.16 两	1.8.13
19	乾隆四十七年十一月九日	禾 14 把	29 两	4.14 两	1.7.14
20	乾隆四十七年十二月十四日	禾 7 把	16.6 两	4.74 两	1.4.124
21	乾隆四十八年二月十日	禾 6 把	17 两	5.66 两	1.7.64

序号	交易时间	土地产量	价格	土地价格/石（担）	来源
22	乾隆四十九年二月二十七日	禾6把	10两	3.33两	1.3.5
23	乾隆五十年二月二十日	禾1把	1.3两	2.6两	1.7.15
24	乾隆五十年四月七日	禾1把	1.5两	3两	1.9.7
25	乾隆五十一年三月四日	禾4把	7两	3.5两	1.7.150
26	乾隆五十一年三月二十四日	禾4把	8.55两	4.275两	1.8.15
27	乾隆五十一年五月二十一日	禾1把	1.9两	3.8两	1.8.178
28	乾隆五十二年一月二十四日	禾6把	6两	2两	1.8.16
29	乾隆五十三年三月二十日	禾10把	8.5两	1.7两	1.7.152
30	乾隆五十九年十二月十日	禾4把	4两	2两	1.3.8
31	乾隆六十年五月十八日	禾6把	12两	4两	1.3.312
32	嘉庆七年十月二十八日	禾30把	70两	4.66两	1.7.169
33	嘉庆八年六月八日	禾16把	150两	18.75两	1.7.170
34	嘉庆八年六月九日	禾16把	150两	18.75两	1.8.28
35	嘉庆十年三月四日	禾6把	68.8两	22.9两	1.3.316
36	嘉庆十年九月二十三日	谷1秤	5两	7.25两	1.3.17
37	嘉庆十二年三月三日	谷1担	4.2两	4.2两	1.10.54
38	嘉庆十三年二月二十一日	谷10石	150两	15两	1.4.140
39	嘉庆十三年三月二十五日	禾3把	21两	14两	1.10.58
40	嘉庆十四年十月二十八日	禾3把	16.2两	10.8两	1.10.60
41	嘉庆十五年七月八日	禾5把2手	26.5两	10.08两	1.7.28
42	嘉庆十六年三月十九日	谷4石	16两	4两	1.10.68
43	嘉庆十六年三月十九日	谷5石	26两	5.2两	1.10.69
44	嘉庆十六年十一月二十二日	禾12把	26两	4.33两	1.1.178
45	嘉庆十六年十二月二十四日	谷2.5担	16两	6.4两	1.10.72
46	嘉庆十八年六月四日	谷6担	11.6两	3.86两	1.13.271
47	嘉庆十九年三月二十九日	禾16把	200两	25两	1.7.29
48	嘉庆十九年十一月二十六日	谷5斗	2.6两	5.2两	1.10.81
49	嘉庆二十年七月四日	谷3斗	2.5两	8.32两	1.10.86
50	嘉庆二十二年十月二十二日	谷4担	40两	10两	1.8.193

续表

序号	交易时间	土地产量	价格	土地价格/石（担）	来源
51	嘉庆二十二年十一月二十六日	禾10把	80两	16两	1.4.149
52	嘉庆二十二年十一月二十六日	禾8把	78两	19.5两	1.4.150
53	嘉庆二十三年三月十日	禾5把	14两	5.6两	1.4.152
54	嘉庆二十四年二月十五日	谷1.5石	9两	6两	1.7.67
55	嘉庆二十四年九月二十九日	禾20手	4.5两	3.37两	1.9.26
56	道光二年五月十八日	谷1石	2两	2两	1.2.227
57	道光三年十二月二十三日	禾12石	45两	3.75两	1.4.167
58	道光四年三月十一日	谷18石	141.5两	7.86两	1.4.168
59	道光四年十二月二十四日	谷4石	10.03两	2.51两	1.3.335
60	道光五年十二月二十七日	谷4石	24两	6两	1.4.171
61	道光六年十二月二十七日	谷1石	5两	5两	1.3.59
62	道光七年二月十日	谷7石	32两	4.57两	1.4.174
63	道光十年二月二十八日	谷1.5担	9两	6两	1.10.137
64	道光十年三月八日	禾5把	3两	1.2两	1.4.178
65	道光十二年十二月二十四日	禾2石	4.12两	2.06两	1.2.238
66	道光十二年十二月二十六日	谷6担	52两	8.66两	1.7.41
67	道光十三年十月十八日	谷1担	4.69两	4.69两	1.9.61
68	道光十三年十二月三十日	谷2石	9.1两	4.05两	1.9.63
69	道光十五年二月六日	谷2石	8.1两	4.05两	1.3.77
70	道光十六年二月十六日	谷1秤	0.52两	0.78两	1.9.381
71	道光十六年二月二十二日	谷5石	10两	2两	1.7.45
72	道光十七年三月十四日	谷1石	1.6两	1.6两	1.3.345
73	道光十七年十一月九日	禾20手	4.8两	3.6两	1.9.71
74	道光十八年十月十八日	谷24担	180两	7.5两	1.7.203
75	道光十九年三月九日	谷3把	3.8两	2.53两	1.7.47
76	道光二十一年十一月二十六日	谷18担	46.8两	2.6两	1.4.197
77	道光二十二年十二月二十日	谷3担	5.4两	1.6两	1.4.205
78	道光二十六年三月四日	谷5石	6.5两	1.3两	1.13.274
79	道光二十六年四月十六日	禾54把	82两	3.04两	1.7.208

续表

序号	交易时间	土地产量	价格	土地价格/石（担）	来源
80	道光二十六年七月十日	谷4担	6.8两	1.7两	1.11.4
81	道光二十六年十月四日	谷2石	3.5两	1.75两	1.4.209
82	道光二十九年五月一日	谷6担	14.45两	2.41两	1.3.361
83	道光二十九年八月二十二日	谷83石	64.6两	0.78两	1.7.211
84	道光二十九年十月二十日	禾138把	143两	2.13两	1.7.212
85	道光三十年九月二十七日	谷6石	9.6两	1.6两	1.7.55
86	道光三十年十一月二十八日	谷8石	13.05两	1.63两	1.2.258
87	咸丰九年二月七日	谷8担	8.18两	1.02两	1.9.87
88	咸丰十年二月十八日	谷4.5石	4500文	0.45两	1.7.73
89	同治元年七月十五日	谷7担	7.5两	1.07两	1.8.225
90	同治三年三月十一日	谷4.5石	4.2两	0.93两	1.3.370
91	同治三年九月二十九日	谷200斤	4.25两	1.91两	1.3.372
92	同治三年十二月五日	谷10担	16两	1.6两	1.7.76
93	同治八年五月十八日	谷16石	24.42两	1.52两	1.10.195
94	同治八年六月十四日	谷1石	3.2两	3.2两	1.3.377
95	同治八年六月十六日	谷4担	5.89两	1.47两	1.10.198
96	同治八年六月二十三日	谷7石	13.98两	1.99两	1.10.199
97	同治八年八月二十日	谷5担	11.8两	2.36两	1.9.276
98	同治八年十一月十八日	谷12石	31.18两	2.6两	1.10.200
99	同治九年一月二十四日	谷8担	4两	0.5两	1.10.203
100	同治九年三月十四日	谷10担	38.18两	3.818两	1.9.405
101	同治九年三月十六日	谷5石	10.98两	2.19两	1.10.206
102	同治九年三月二十四日	谷13石	41.5两	3.19两	1.10.207
103	同治九年五月十日	谷13石	42两	3.23两	1.8.77
104	同治九年七月五日	谷6担	15两	2.5两	1.9.407
105	同治十年二月十二日	谷6担	9.8两	1.63两	1.9.104
106	同治十年六月十八日	谷120斤	2.52两	1.89两	1.11.279
107	同治十三年五月四日	谷7石	22.8两	3.26两	1.7.84
108	光绪元年十月二十七日	谷8石	21.6两	2.7两	1.7.240

续表

序号	交易时间	土地产量	价格	土地价格/石（担）	来源
109	光绪元年十二月四日	谷8石	21.6两	2.7两	1.8.80
110	光绪二年三月二十六日	谷3担	9.8两	3.27两	1.8.83
111	光绪四年二月十二日	谷2石	5.98两	2.99两	1.2.485
112	光绪四年五月二十八日	谷2.5担	6.4两	2.56两	1.9.109
113	光绪八年一月九日	谷9石	20.56两	2.84两	1.10.239
114	光绪八年十月九日	谷5石	11.28两	2.26两	1.10.244
115	光绪九年十一月二十六日	谷16担	24.9两	1.26两	1.10.249
116	光绪十二年五月十八日	谷1担	1.88两	1.88两	1.7.95
117	光绪十二年六月八日	谷1.5担	3.48两	2.39两	1.8.92
118	光绪十二年九月七日	谷5担	6.68两	1.34两	1.10.264
119	光绪十四年九月二十一日	谷8石	16.1两	2.01两	1.10.272
120	光绪十五年六月十六日	谷3担	7.88两	2.63两	1.7.99
121	光绪十六年九月二十日	谷6石	13.38两	2.23两	1.3.390
122	光绪十七年三月一日	谷18担	90.8两	5.04两	1.4.227
123	光绪十七年十二月三日	谷3担	6两	2两	1.10.281
124	光绪十八年九月十六日	谷8担	18.28两	2.28两	1.10.284
125	光绪十九年八月二十五日	谷5石	8.8两	1.76两	1.10.288
126	光绪十九年十月二十九日	谷7石	15.8两	2.56两	1.4.230
127	光绪二十年十二月二十二日	谷5石	13.28两	2.66两	1.2.309
128	光绪二十二年三月四日	谷2.5石	8.28两	3.31两	1.2.310
129	光绪二十二年六月二十八日	谷18石	36.8两	2.04两	1.8.106
130	光绪二十三年七月十日	谷6石	13.68两	2.28两	1.11.17
131	光绪二十四年三月十五日	谷2.5担	9两	3.6两	1.5.61
132	光绪二十四年三月二十六日	谷6担	20.8两	3.47两	1.7.105
133	光绪二十四年四月十一日	谷8担	23.8两	2.97两	1.7.108
134	光绪二十五年十一月六日	谷8担	22.48两	2.81两	1.4.235
135	光绪二十五年十二月一日	谷2石	6.28两	3.14两	1.11.19
136	光绪二十六年二月五日	谷8.9石	16.18两	1.82两	1.11.21
137	光绪二十六年十月十二日	谷4担	6.88两	1.72两	1.9.116

续表

序号	交易时间	土地产量	价格	土地价格/石（担）	来源
138	光绪三十一年十二月	谷4石	14.18两	3.55两	1.11.24
139	宣统二年二月二十三日	谷4石	18.48两	4.62两	1.2.316
140	宣统二年十月十八日	谷2石	7.38两	3.69两	1.7.110
141	宣统二年十二月五日	谷8石	13800文	1.2两	1.4.239
142	宣统三年十月十七日	谷1担	2380文	1.65两	1.10.349

资料来源：张应强、王宗旭主编：《清水江文书》，第1辑，广西师范大学出版社2007年版。

说明：（1）本表选取的是《清水江文书》，第1辑，有明确书明土地产量的土地交易价格，没有注明土地产量的无从比较其价格，因而没有选取。

（2）序号88、141和142的土地价格用铜钱表示，因此先将铜钱换算成白银方可比较。关于银钱比价问题，已有很多成果，林满红将清朝从1644年正式定都北京至1911年这段时间内每年的银钱比价制成表格①，为研究这一时段的银钱比价提供了长期的数据，但是清代各地所用的铜钱不一②，而林满红又没有说明这一数据的依据和来源，所以其所罗列的数据难以适用。故而最好的办法是从文书中获取银钱比价，笔者在已出版的《清水江文书》找到数纸载明银钱比价关系的契约文书，但未找到与上述3个年份完全吻合的年份，咸丰和宣统年间分别只有咸丰五年（银钱比1：2222）③和宣统元年（银钱比1：1443）④，因此笔者采用咸丰五年和宣统元年的银钱比价来换算咸丰十年和宣统三年的白银两数。代入计算后可知，序号88、141和142的土地价格分别为2.03两、9.56两和1.65两。

（3）计量单位的换算。贵州锦屏县2把为1石（担），10斗为1石（担），1石（担）等于90洪平斤，1手（挲）为6洪平斤。

---

① 具体参见林满红著，詹庆华、林满红等译，林满红审校《银线：19世纪的世界与中国》，江苏人民出版社2011年版，第76—77页。

② 前辈学者彭信威在其著作《中国货币史》中曾制作了三幅清代制钱市价的表格，罗列了顺治、康熙、雍正、乾隆、嘉庆、道光、咸丰、同治、光绪等朝部分年份的银钱比价，从表中可以看出银钱比价因地而异，不甚一样，具体参见彭信威《中国货币史》，上海人民出版社2007年版，第608、614—615、623—624页。

③ 《姜克昌借钱字（咸丰五年三月初五日）》，张应强、王宗勋主编：《清水江文书》，第1辑，广西人民出版社2007年版，第8册，第65页。

④ 《姜永松断卖山场杉木契（宣统元年正月初十日）》，张应强、王宗勋主编：《清水江文书》，第1辑，广西人民出版社2007年版，第13册，第163页。

参考文献

一 史料

（一）古籍

（汉）许慎：《说文解字》，中华书局 1963 年影印本。

（东汉）班固：《汉书》，中华书局 1964 年版。

（魏）张缉撰，（清）王念孙著，钟宇讯点校：《广雅疏证》，中华书局 1983 年版。

（晋）陈寿撰，（宋）裴松之注：《三国志》，中华书局 1959 年版。

（北齐）魏收：《魏书》，中华书局 1974 年版。

（南朝·宋）范晔撰，（唐）李贤等注：《后汉书》，中华书局 1965 年版。

（唐）魏征等：《隋书》，中华书局 1973 年版。

（唐）杜佑撰，王文锦、王永兴、刘俊文等点校：《通典》，中华书局 2007 年版。

（宋）窦仪等撰，吴翊如点校：《宋刑统》，中华书局 1984 年版。

（宋）王钦若等编：《册府元龟》，中华书局 1960 年影印本。

（宋）王溥：《唐会要》，中华书局 1955 年版。

（宋）陈旉：《农书》，中华书局 1985 年版。

中国社会科学院历史研究所宋辽金元史研究室点校：《名公书判清明集》，上下册，中华书局 1987 年版。

（元）郭居敬：《全相二十四孝诗选》，嘉靖二十五年刊本。

（明）刘惟谦等：《大明律》，《续四库全书》编纂委员会编：《续四库全书》，第 862 册，上海古籍出版社 2002 年版。

（明）应㮣：《大明律释义》，《续修四库全书》编委会编：《续修四库全书》，第 863 册，上海古籍出版社 2002 年版。

《皇明条法事类纂》，刘海年、杨一凡主编：《中国珍稀与典籍集成》，乙编，第 4 册，科学出版社 1994 年版。

《问刑条例（弘治十三年）》，刘海年、杨一凡主编：《中国珍稀与典籍集成》，乙编，第 2 册，科学出版社 1994 年版。

《大明律直引所附问刑条例和比附律条》，刘海年、杨一凡主编：《中国珍稀与典籍集成》，乙编，第 2 册，科学出版社 1994 年版。

《明英宗实录》，台北"中央研究院"历史语言研究所 1982 年版。

（明）雷梦麟撰，怀效锋、李俊点校：《读律琐言》，法律出版社 2000 年版。

（清）李渔：《李渔全集》，第八卷，浙江古籍出版社 1991 年版。

（清）张履祥撰，陈恒力校释，王达参校：《补农书校释》，农业出版社 1983 年版。

（清）不著撰者：《湖南省例成案》，杨一凡、刘笃才主编：《中国古代地方法律文献》，丙编，第 2 册，社会科学文献出版社 2012 年版。

（清）段玉裁：《说文解字注》，上海古籍出版社 1981 年版。

（清）郝懿行撰：《证俗文》，《续修四库全书》编纂委员会编：《续修四库全书》，第 192 册，上海古籍出版社 2002 年版。

（清）陈盛韶：《问俗录》，《四库未收书辑刊》，第 10 辑，第 3 册，北京出版社 2000 年版。

（清）阮元校刻：《十三经注疏》，中华书局 1982 年影印本。

（清）吴坤修等编撰：《大清律例根原》，上海辞书出版社 2012 年版。

（清）姚雨芗原纂，胡仰山增辑：《大清律例会通新纂》，同治十二年刊本。

《户部则例》，同治十三年刊本。

（清）罗文彬、王秉恩编纂，贵州大学历史系中国近代史教研室点校：《平黔纪略》，贵州人民出版社1988年版。

（清）薛允升：《唐明清三律汇编》，杨一凡、田涛：《中国珍稀法律典籍续编》，第8册，黑龙江人民出版社2002年版。

（清）朱寿朋编，张静庐等校点：《光绪东华录》，第5册，中华书局1984年版。

（二）地 方 志

嘉靖《贵州通志》，天一阁藏嘉靖三十四年刻本重钞本。

康熙《崇安县志》，中国社科学院图书馆选编：《中国稀见地方志汇刊》，第32册，中国书店出版社1992年影印版。

乾隆《清江志》，乾隆五十五年钞本。

乾隆《镇远府志》，乾隆刻本。

乾隆《黔南识略》，道光二十七年罗氏刻本。

嘉庆《古州杂记》，民国贵阳文通书局本。

咸丰《邵武县志》，方宝川、陈旭东主编：《福建师范大学图书馆藏稀见地方志丛刊》，第24册，北京图书馆出版社2008年影印版。

光绪《天柱县志》，光绪二十九年刻本。

宣统《贵州地理志》，宣统二年油印本。

光绪《黎平府志》，光绪十八年黎平府志局刻本。

民国《南平县志》，《中国地方志集成·福建府县志辑9》，上海书店出版社2000年版。

黔东南苗族侗族自治州地方志编纂委员会编：《黔东南苗族侗族自治州志·金融志》，贵州人民出版社1990年版。

黔东南苗族侗族自治州地方志编纂委员会编：《黔东南苗族侗族自治州志·农业志》，贵州人民出版社1993年版。

锦屏县人民政府：《贵州锦屏县地名志》（内部资料），锦屏县人民政府
　　1987 年版。

（三）资料汇编

冯和法编：《中国农村经济资料》，下册，华世出版社 1978 年版。

贵州省人民政府财政经济委员会编：《贵州财经资料汇编》，贵州省人
　　民政府财政经济委员会，1950 年。

李文治编：《中国近代农业史资料》，第 1 辑，生活·读书·新知三联
　　书店 1957 年版。

梁方仲：《中国历代户口、田地、田赋统计》，上海人民出版社 1980
　　年版。

林纪东等编辑：《新编六法参照法令判解全书》，五南图书出版公司
　　1998 年版。

谢国桢：《明代社会经济史料选编》，中册，福建人民出版社 1980
　　年版。

徐百齐编：《中华民国法规大全·中华民国民法》，商务印书馆 1936
　　年版。

许道夫：《中国近代农业生产及贸易统计资料》，上海人民出版社 1983
　　年版。

严中平等编：《中国近代经济史统计资料选辑》，中国社会科学出版社
　　2012 年版。

杨立新点校：《大清民律草案·民国民律草案》，吉林人民出版社 2002
　　年版。

中国社会科学院经济研究：《清代道光至宣统间粮价表》，广西师范大
　　学出版社 2009 年版。

（四）契约文书

安徽省博物馆编：《明清徽州社会经济资料丛编》（第一集），中国社会
　　科学出版社 1988 年版。

陈金全、杜万华主编：《贵州文斗寨苗族契约法律文书汇编——姜元泽家藏契约文书》，人民出版社 2008 年版。

福建师范大学历史系编：《明清福建经济契约文书选辑》，人民出版社 1997 年版。

高聪、谭洪沛主编：《贵州清水江流域明清土司契约文书·九南篇》，民族出版社 2013 年版。

刘伯山主编：《徽州文书》（第一辑），广西师范大学出版社 2005 年版。

吴大华主编：《清水江文书研究丛书：土地关系及其它事务文书》，民族出版社 2011 年版。

杨国桢主编：《闽南契约文书综录》，《中国社会经济史》1990 年增刊。

张传玺主编：《中国历代契约会编考释》，上册，北京大学出版社 1995 年版。

张新民主编：《天柱文书》，第 1 辑，江苏人民出版社 2014 年版。

张应强、王宗勋主编：《清水江文书》（三辑），广西师范大学出版社 2007、2009、2011 年版。

中国社会科学院历史研究所徽州文契整理组编：《明清徽州社会经济资料丛编》（第二集），中国社会科学出版社 1990 年版。

（五）调查报告、档案、报纸

《乾隆三十五年六月二十九日巡视南城御史增禄、给事中王懿德折》，中国第一历史档案馆藏，朱批奏折，档号 03—0630—028。

《清理不动产典当办法》，见《司法部呈拟定清理不动产典当办法当否请示遵文并批令（附单）》，《政府公报》1915 年 10 月 6 日，第 1229 期。

陈金田译：《临时台湾旧惯调查会第一部调查第三回报告书——台湾私法》（第一卷），台湾省文献委员会 1990 年版。

前南京国民政府司法行政部编，胡旭晟、夏新华、李交发点校：《民事习惯调查报告录》，中国政法大学出版社 2005 年版。

中国第一历史档案馆编：《清代土地占有关系与佃农抗租斗争》，上下
　　册，中华书局1988年版。

中国第一历史档案馆编：《雍正朝汉文谕旨》，第2册，广西师范大学
　　出版社1999年版。

中国科学院地理科学与资源研究所、第一历史档案馆编：《清代奏折汇
　　编——农业·环境》，商务印书馆2005年版。

二　专著

（一）中文专著

《贵州通史》编辑部：《贵州通史简编》，当代中国出版社2005年版。

柴荣：《古代物权法研究——以土地关系为研究视角》，中国检察出版
　　社2007年版。

戴炎辉：《中国法制史》，三民书局1979年版。

丁道谦：《贵州经济研究》，贵州《中央日报》1941年版。

费孝通、张之毅著：《云南三村》，天津人民出版社1990年版。

费孝通：《乡土中国》，北京大学出版社1998年版。

傅衣凌：《福建佃农经济史丛考》，福建协和大学中国文化研究会1944
　　年版。

高富平：《土地使用权与用益物权——我国不动产物权体系研究》，法
　　律出版社2001年版。

郭建：《典权制度源流考》，社会科学文献出版社2009年版。

郭建：《中国财产法史稿》，中国政法大学出版社2005年版。

郭沫若主编：《中国史稿》，第1册，人民出版社1976年版。

何仁仲编：《贵州通史》，第3、4卷，当代中国出版社2003年版。

黄右昌：《民法诠释·物权编》，下册，商务印书馆1945年版。

黄宗智：《法典、习俗与司法实践：清代与民国的比较》，上海书店出
　　版社2003年版。

黄宗智：《华北的小农经济与社会变迁》，中华书局 1986 年版。

孔庆明、胡留元、孙季平编著：《中国民法史》，吉林人民出版社 1996 年版。

李金铮：《民国乡村借贷关系研究》，人民出版社 2003 年版。

李文治、江太新：《中国地主制经济论——封建土地关系发展与变化》，中国社会科学出版社 2005 年版。

李文治：《明清时代封建土地关系的松解》，中国社会科学出版社 1993 年版。

梁治平：《清代习惯法》，广西师范大学出版社 2015 年版。

林光澄、陈捷：《中国度量衡》，商务印书馆 1934 年版。

林芊等：《明清时期贵州民族地区社会历史发展研究——以清水江为中心、历史地理的视角》，知识产权出版社 2012 年版。

凌惕安编著，张祥光、郎启飞点校：《咸同贵州军事史》，上下册，贵州人民出版社 2012 年版。

刘和惠、汪庆元：《徽州土地关系》，安徽人民出版社 2005 年版。

刘克祥：《中国永佃制度研究》，社会科学文献出版社 2017 年版。

刘秋根：《中国典当制度史》，上海古籍出版社 1995 年版。

刘秋根：《中国古代的合伙制初探》，人民出版社 2007 年版。

刘权：《典权法论》，艺文书社 1946 年版。

龙登高：《地权市场与资源配置》，福建人民出版社 2012 年版。

梅仲协：《民法要义》，中国政法大学出版社 1998 年版。

宓公干：《典当论》，大东图书公司 1978 年版。

潘维和：《中国历次民律草案校释·民国民律草案》，汉林出版社 1982 年版。

潘维和：《中国民事法史》，汉林出版社 1982 年版。

彭信威：《中国货币史》，上海人民出版社 2007 年版。

漆侠：《宋代经济史》，上册，上海人民出版社 1987 年版。

曲彦斌：《中国典当史》，上海文艺出版社 1993 年版。

史尚宽：《物权法论》，中国政法大学出版社 2000 年版。

王利明：《物权法研究》，中国人民大学出版社 2004 年版。

王文书：《宋代借贷业研究》，河北大学出版社 2014 年版。

王玉茹：《近代中国价格结构研究》，陕西人民出版社 1997 年版。

吴承洛：《中国度量衡史》，上海书店出版社 1984 年版。

吴承明：《经济史：历史观与方法论》，商务印书馆 2014 年版。

吴谋高主编：《丁达村志》，昆明鹰达印刷有限公司 2008 年版。

吴向红：《典之风俗与典之法律》，法律出版社 2009 年版。

谢在全：《民法物权论》，中册，中国政法大学出版社 2011 年版。

谢振民编著，张知本校订：《中华民国立法史》，下册，中国政法大学
    出版社 1999 年版。

徐钰：《清至民国时期清水江流域民间借贷研究——以〈天柱文书〉为
    中心》，孔学堂书局 2022 年版。

薛仲三、欧阳颐编：《两千年中公历对照表》，生活·读书·新知三联
    书店 1956 年版。

严桂夫、王国健：《徽州文书档案》，安徽人民出版社 2005 年版。

严中平主编：《中国近代经济史（1840—1894）》，上册，人民出版社
    2001 年版。

杨国桢：《明清土地契约文书研究》（修订版），中国人民大学出版社
    2009 年版。

杨肇遇：《中国典当业》，商务印书馆 1929 年版。

余棨昌：《民法要论物权》，朝阳学院出版部 1931 年版。

俞如先：《清至民国闽西乡村民间借贷研究》，天津古籍出版社 2010
    年版。

张晋藩：《清代民法综论》，中国政法大学出版社 1998 年版。

张晋藩：《中国法律的传统与近代转型》，法律出版社 1997 年版。

张晋藩：《中国法制文明的演进》（修订版），法律出版社 2010 年版。

张生：《中国近代民法法典化研究：1901—1949》，中国政法大学出版
社 2004 年版。

张玮：《战争·革命与乡村社会：晋西北租佃制度与借贷关系之研究
（1937—1945）》，中国社会科学出版社 2008 年版。

张肖梅：《贵州经济》，中国国民经济研究所 1939 年版。

张应强：《木材之流动：清代清水江下游地区的市场、权力与社会》，
读书·生活·新知三联书店 2006 年版。

章有义：《明清徽州土地关系研究》，中国社会科学出版社 1984 年版。

赵冈、陈仲毅：《中国土地制度史》，新星出版社 2006 年版。

赵俪生：《赵俪生文集》，第二卷，兰州大学出版社 2002 年版。

郑玉波著，黄宗乐修订：《民法物权》，三民书局有限股份公司 2010
年版。

中国民间文艺出版社编：《俗谚》，中国民间文艺出版社 1983 年版。

钟乃可：《典权制度论》，商务印书馆 1937 年版。

邹亚莎：《清末民国典权制度研究》，法律出版社 2011 年版。

（二）译著

［日］长野郎著，强我译：《中国土地制度的研究》，神州国光社 1932
年版。

［美］柏桦（C. Fred Blake）著，袁剑、刘玺鸿译：《烧钱：中国人生
活世界中的物质精神》，江苏人民出版社 2019 年版。

［美］道格拉斯·C. 诺斯著，杭行译，韦森译审：《制度、制度变迁与
经济绩效》，格致出版社、上海三联书店、上海人民出版社 2014
年版。

林满红著，詹庆华、林满红等译，林满红审校：《银线：19 世纪的世界
与中国》，江苏人民出版社 2011 年版。

［美］马若孟（Ramon H. Myers）著，史建云译：《中国农民经济：河

北和山东的农民发展，1898—1949》，江苏人民出版社 2013 年版。

［美］步德茂（Thomas M. Buoye）著、张世明、刘亚丛、陈兆肆译，张
世明、步德茂（Thomas M. Buoye）审校：《过失杀人、市场与道德经
济——18 世纪中国财产权的暴力纠纷》，社会科学文献出版社 2008
年版。

［美］韩森（Vlerie Hansen）著，鲁西奇译：《传统中国日常生活中的
协商：中古契约的研究》，江苏人民出版社 2009 年版。

［日］寺田浩明著，王亚新等译：《权利与冤抑——寺田浩明中国法史
论集》，清华大学出版社 2012 年版。

［美］杨联陞著，彭刚、程刚译：《中国制度史研究》，江苏人民出版社
2007 年版。

［美］詹姆斯·C. 斯科特著，程立显、刘建等译：《农民的道义经济
学：东南亚的反叛与生存》，译林出版社 2001 年版。

三　论文

（一）中文论文

曹树基：《传统中国乡村地权变动的一般理论》，《学术月刊》2012 年
第 12 期。

曹树基：《清中后期浙南山区的土地典当——基于松阳县石仓村"当田
契"的考察》，《历史研究》2008 年第 4 期。

戴建国：《宋代的民田典卖与"一田两主制"》，《历史研究》2011 年第
6 期。

范金民：《从分立各契到总书一契：清代苏州房产交易文契的书立》，
《历史研究》2014 年第 3 期。

方行：《中国封建社会的土地市场》，《中国经济史研究》2001 年第
2 期。

冯贤亮：《关系"清白"：近世清水江流域的契约书写与社会生活》，张

新民主编：《民间契约文书与乡土中国社会——以清水江流域天柱文
　　书为中心的研究》，江苏人民出版社 2014 年版。

傅斯年：《历史语言研究所工作之旨趣》，《历史语言研究所集刊》第一
　　本第一分册，1928 年。

傅衣凌：《闽清民间佃约零拾》，傅衣凌：《明清农村社会经济》，中华
　　书局 2007 年版。

傅衣凌：《明万历二十二年福州的抢米风潮》，傅衣凌：《傅衣凌治史五
　　十年文编》，中华书局 2007 年版。

胡鹏、李军：《两套清代粮价数据资料综合使用之可行性论证与方法探
　　讨——基于文献学和统计学方法的分析》，《中国社会经济史研究》
　　2016 年第 2 期。

黄宗智：《中国历史上的典权》，《清华法律评论》第 1 卷第 1 辑，清华
　　大学出版社 2006 年版。

江太新：《明清时期土地股份所有制萌生及其对地权的分割》，《中国经
　　济史研究》2002 年第 3 期。

经君健：《清代关于民间经济的立法》，《中国经济史研究》1994 年第
　　1 期。

冷然：《我对于贵州清理田赋之一点意见及办法（来稿代论)》，《贵州
　　财政月刊》1930 年第 2 卷。

李伯重：《明清江南农业中的肥料问题》，载刘东编《中国学术》第 32
　　辑，商务印书馆 2020 年版。

李力：《清代民法语境中"业"的表达及其意义》，《历史研究》2005
　　年第 4 期。

李力：《清代民间土地契约对于典的表达及其意义》，《金陵法律评论》
　　2006 年第 1 期。

林满红：《两千年间的"佛"与"国"：传统中国对西方货币领袖头像
　　的认知》，《中国经济史研究》2018 年第 2 期。

刘高勇：《论清代田宅"活卖"契约的性质》，《比较法研究》2008 年第 6 期。

刘志：《地权的分割、转移及其阐释——基于传统中国民间土地市场》，《中国经济史研究》2017 年第 3 期。

龙登高、林展、彭波：《典与清代地权交易体系》，《中国社会科学》2013 年第 5 期。

龙登高、温方方、邱永志：《典田的性质与权益——基于清代与宋代的比较研究》，《历史研究》2016 年第 5 期。

龙登高、温方方：《论中国传统典权交易的回赎机制——基于清华馆藏山西契约的研究》，《经济科学》2014 年第 5 期。

龙登高：《清代地权交易形式的多样化发展》，《清史研究》2008 年第 3 期。

龙泽江、谭洪沛、吴小平：《清水江文书所见清代贵州苗侗地区的田粮计量单位考》，《农业考古》2012 年第 4 期。

陆国香：《山西之质当业》，《民族（上海）》1936 年第 4 卷第 6 期。

罗畅：《两套清代粮价数据资料的比较与使用》，《近代史研究》2012 年第 5 期。

罗海山：《试论传统典契中的找价习俗》，《文化学刊》2010 年第 4 期。

米健：《典权制度的比较研究——以德国担保用益和法、意不动产质为比较考察对象》，《政法论坛》2001 年第 4 期。

盘应福：《清代中后期清水江下游文斗苗寨的产业信贷方式——基于对"借当契"与"典契"的讨论》，载洪名勇编《生态经济评论》，第四辑，经济科学出版社 2014 年版。

彭超：《论明清时期徽州地区的土地典当》，《安徽史学》1987 年第 3 期。

彭文宇：《清代福建田产典当研究》，《中国经济史研究》1992 年第 3 期。

全汉昇、王业键：《清雍正年间（1723—1735）的米价》，见全汉昇《中国经济史论丛》，第 2 册，香港中文大学新亚书院 1972 年版。

史建云：《近代华北土地买卖的几个问题》，载王先明、郭卫民主编《乡村社会文化与权力结构的变迁——"华北乡村史学术研讨会"论文集》，人民出版社 2002 年版。

唐晔：《宋代政府对耕牛贸易的干预与评价》，《中国经济史研究》2010 年第 2 期。

王凤梅：《〈天柱文书〉典当契约分类探析》，载张新民主编《人文世界——区域·传统·文化》，第六辑，巴蜀书社 2015 年版。

王日根：《由"体认""自觉"而"升华"：傅衣凌治史对唯物史观的践行》，《近代史研究》2017 年第 5 期。

王砚峰：《清代道光至宣统间粮价资料概述——以中国社会科学院经济研究所图书馆馆藏为中心》，《中国经济史研究》2007 年第 2 期。

王业键、陈仁义、温丽平等：《清代粮价资料之可靠性检定》，王业键：《清代经济史论文集》（二），稻乡出版社 2003 年版。

王业键、黄国枢：《十八世纪中国粮食供需的考察》，王业键：《清代经济史论文集》（一），稻乡出版社 2003 年版。

王业键、谢美娥、黄翔瑜：《十八世纪中国的轮作制度》，王业键：《清代经济史论文集》（一），稻乡出版社 2003 年版。

王振忠：《徽、临商帮与清水江的木材贸易及其相关问题——清代佚名商编路程抄本之整理与研究》，《历史地理》2014 年第 1 期。

魏殿金：《中国古代耕牛保护制度及其对后世的影响》，《南京财经大学学报》2007 年第 6 期。

吴秉坤：《清至民国徽州田宅典当契约探析——兼与郑力民先生商榷》，《中国经济史研究》2009 年第 1 期。

吴秉坤：《再论"活卖"与"典"的关系》，《黄山学院学报》2012 年第 1 期。

吴承明：《经济史：历史观与方法论》，《经济研究》2001 年第 3 期。

吴承明：《经济史学的理论与方法》，《中国经济史研究》1999 年第 1 期。

吴石城：《天津典当业之研究》，《银行周报》1935 年第 19 卷第 36 期。

谢开键、肖耀：《民国时期农村妇女的权利和地位——以天柱土地买卖文书中的女性为中心》，《贵州大学学报（社会科学版)》2012 年第 6 期。

谢开键、朱永强：《清代天柱侗苗族田契档案特色探析》，《浙江档案》2014 年第 1 期。

谢开键、朱永强：《清至民国天柱农村地区土地买卖原因探析——以清水江文书为中心的考察》，《贵州大学学报（社会科学版)》2013 年第 5 期。

谢开键：《〈天柱文书〉评介》，《中国史研究动态》2015 年第 4 期。

谢开键：《读〈地权市场与资源配置〉二札》，《中国经济史研究》2017 年第 3 期。

谢开键：《民间文书整理与研究的重大学术成果——国家重大课题"清水江文书整理与研究"阶段性成果〈天柱文书〉出版首发式巡礼》，《贵州大学学报（社会科学版)》2013 年第 6 期。

徐国利：《关于民间文书"归户性"整理的理论初探》，《安徽史学》2015 年第 6 期。

严中平：《在中国经济史学会成立大会上的开幕词》，《中国经济史研究》1987 年第 1 期。

杨际平：《论唐、五代所见的"一田二主"与永佃权》，《中国经济史研究》2018 年第 3 期。

杨柳：《市场、法律与地方习惯：清代台湾的胎借》，《中外法学》2009 年第 3 期。

余开亮：《清代粮价数据质量的评估及其原因探析》，载《第四届全国经济史学博士后论坛暨第四届上财经济史学论坛博士后论坛论文集》，上海，2017 年 9 月。

张传玺：《论中国封建社会土地所有权的法律观念》，《北京大学学报（哲学社会科学版）》1980 年第 6 期。

张传玺：《中国古代契文程式的完善过程》，载张传玺《契约史买地券研究》，中华书局 2008 年版。

张明：《清水江流域苗侗民族传统糯禾特殊计量单位研究》，《贵州大学学报（社会科学版）》2012 年第 6 期。

张新民：《叩开苗疆走廊文化的大门——以清水江流域天柱县契约文书为中心的调查》，载张新民主编《人文世界》第 5 辑，巴蜀书社 2012 年版。

张新民：《清水江文书的整理利用与清水江学科的建立——从〈清水江文书集成考释〉的编纂整理谈起》，《贵州民族研究》2010 年第 5 期。

张新民：《清水江文书的整理研究与清水江学的建构发展》，《贵州大学学报（社会科学版）》2016 年第 1 期。

张新民：《走进清水江文书与清水江文明的世界：再论建构清水江学的题域旨趣与研究发展方向》，《贵州大学学报（社会科学版）》2012 年第 1 期。

张应强：《文献与田野："清水江文书"整理研究的方法论》，《光明日报》2015 年 10 月 15 日。

张忠民：《前近代中国社会的土地买卖与社会再生产》，《中国经济史研究》1989 年第 2 期。

赵冈：《地主制经济质疑》，《中国社会经济史研究》1989 年第 2 期。

赵世瑜：《清水江文书在重建中国历史叙述上的意义》，《原生态民族文化学刊》2015 年第 4 期。

赵晓耕、刘涛：《论典》，《法学家》2004 年第 4 期。

赵晓耕、刘涛：《中国古代的"典"、"典当"、"倚当"与"质"》，《云南大学学报（社会科学版）》2008 年第 1 期。

赵晓力：《中国近代农村土地交易中的契约、习惯于国家法》，《北大法律评论》1998 年第 2 期。

郑力民：《明清徽州土地典当蠡测》，《中国史研究》1991 年第 3 期。

周翔鹤：《清代台湾的地权交易——以典契为中心的一个研究》，《中国社会经济史研究》2001 年第 2 期。

周翔鹤：《清代台湾民间抵押借贷研究》，《中国社会经济史研究》1993 年第 2 期。

朱荫贵：《试论清水江文书中的"股"》，《中国经济史研究》2015 年第 1 期。

（二）中译论文

［日］岸本美绪：《明清契约文书》，载王亚新、梁治平编《明清时期的民事审判与民间契约》，法律出版社 1998 年版。

［美］罗伯特·C. 埃里克森著，乔仕彤、张泰苏译：《复杂地权的代价：以中国的两个制度为例》，《清华法学》2012 年第 1 期。

［美］孔迈隆（Myron L. Cohen）：《晚晴帝国契约的构建之路——以台湾地区弥浓契约文件为例》，载［美］曾小萍（Madeleine Zelin）等编，李超等译《早期近代中国的契约与产权》，浙江大学出版社 2011 年版。

［美］步德茂（Thomas M. Buoye）：《诉讼，合法性以及致命暴行——19 世纪中国乡村法庭无法阻止财产暴力纠纷制原因》，载［美］曾小萍（Madeleine Zelin）等编，李超等译《早期近代中国的契约与产权》，浙江大学出版社 2011 年版。

［韩］任世权：《安东学的成立与展望》，朱万曙主编：《徽学》第 4 卷，安徽大学出版社 2006 年版。

（三）外文论文

［日］寺田浩明：《清代中期の典规制にみえる期限の意味について》，

島田正郎博士頌寿記念論集刊行委員会編：《東洋法史の探究：島田正郎博士頌寿記念論集》，汲古書院 1987 年版。

［日］岸本美緒：《明清時代における「找価回贖」問題》，《中国：社会と文化》12 号，1997 年 6 月。

Prasenjit Duara［杜赞奇］，"Elites and The Structures of Authority in the Villages of North China，1900 – 1942"，in Joseph W. Fsherick and Backus Rankin，eds. ，*Chinese Local Elites and Pattern of Dominance*，Berkeley：Univeisity of California Press，1990，pp. 261 –281.

Kenneth Pomeranz［彭慕兰］，"Land Markets in Late Imperial and Republican China"，*Continuity & Change*，Vol. 23，No. 1，1993，ppp. 101 –150.

Melissa Macauley，"Civil and Uncivil Disputes in Southeast Coastal China，1723 – 1820"，in Kathryn Bernhardt and Philip Huang，eds，*Civil Law hi Qing and Republican China*，Stanford，Calif：Stanford University Press，1994，pp. 85 – 121.

（四）学位论文

陈志英：《宋代物权关系研究》，博士学位论文，河北大学，2006 年。

崔尧：《清代清水江下游典当契约研究》，硕士学位论文，贵州民族大学，2015 年。

四　网络资料

清代粮价资料库：http：//mhdb. mh. sinica. edu. tw/foodprice/about. php

台湾历史数位图书馆：http：//thdl. ntu. edu. tw/index. html

Zhang，Taisu，"Property Rights in Land，Agricultural Capitalism，and the Relative Decline of Pre-Industrial China"［2011］. Student Scholarship Papers. Paper 109. http：//digitalcommons. law. yale. edu/student_papers/109

后　记

　　这本小书，是在博士论文的基础上修改而成。所谓修改，仅是对论文中一些明显的错别字、语句不顺之处加以修订，未涉及论文的整体架构。虽然敝帚只宜自珍，得之太浅而出之太骤，供贤者一哂而已。今因故得付梓，唯愿前辈师长、学界先进不吝赐教，则是平生之幸。

　　本书以清水江文书为主体材料，主要源于个人与贵州的缘分。大学毕业后，因同窗林东杰的建议，投考贵州大学研究生，由此有幸跟随贵州大学中国文化书院张新民教授和罗正副教授学习。张师为当代醇儒，学贯古今，人品高洁，其为人、为学使人常有瞠乎其后而不可得之感。张师不顾眼疾，抢救整理清水江文书，又逐字逐句为我修改论文，尤令我既感且佩。罗师为我硕士导师，谦谦之风，深得张师之教，循循而善诱，谆谆以教导，使我得初进于学问之门。又因二师之故，得以接触清水江文书，并以之为学术之路的进阶。

　　硕士毕业后，承朱荫贵教授不以鄙陋见弃，得以忝列门下攻读博士学位。朱师不仅在生活学习上对我多加照拂，且在学业上对我多有启益。我的博士论文最初选题是民间借贷，后因故放弃，时为博二下学期，加之前两年不务正业，颇感焦虑。朱师启发我选定本选题，还持续每周见面指导，言传身教，使我在学业上、人格上均深受启发。本研究得以顺利完成，要归功于业师的启迪、教诲。

　　在博士论文的写作、毕业论文答辩过程中，复旦大学历史学系金光耀、刘平、高晞、陈雁和张仲民诸师给予我许多指导。上海社科院经济研究所钟祥财研究员、上海财经大学经济学院燕红忠教授在我论文答辩之时提出许多修改意见，使我受益良多。此外，乐敏、施晴等老师也在学业和生活上给予我很大帮助。

感谢王强、范矿生、陈俊仁、柯伟明、郭岩伟、张建才、熊昌锟、归彦斌、郭从杰、潘健、朱佩禧、杨炎、皇甫秋实、于广、苏菲、俞淑等诸位同门先达，不仅带给我学业上的切磋琢磨，融洽的同门之谊为博士生活增添诸多欢喜。

感谢顾宇辉、郭墨寒、陈岭、叶凯、林秋云、张英梅、刘保云、唐晓霞诸君和舍友林炫羽、周永生、张燚明等对我的包容和帮助。特别是林炫羽作为我文章的第一读者，提出诸多宝贵意见，使之增色不少。南京大学哲学系朱俊博士是我硕士同学，又为戏曲同好，论文的写作也得到他不少的帮助。

博士毕业后，经过短暂疑惑和挣扎，我最终离开上海，到南京师范大学历史学系工作。幸蒙王志龙老师在教学方面给予我诸多指导，使我这个教学"小白"学会基本的教学方法。同时，在严海建、陆帅、骆详译和李小波诸师友的帮助下，我才得以在新的工作岗位上立足。特别感谢详译兄，在我担任研究生兼职辅导员期间，不厌其烦地答疑解惑，我才得以适应这项艰巨的任务。在此期间，谢吟龙、徐森、杨雅丽和朱静宜诸贤达对工作的积极配合、帮助，并教会我江苏人必备的社交技能——掼蛋。此外，还要感谢石中花老师在我求职过程中给予的帮助。

本书能够出版，要感谢中国社会科学院中国社会科学出版社编审宋燕鹏老师的付出，他以高度的责任心，认真审读书稿，提出诸多宝贵意见，彰显出深厚的学术素养。此外，本书部分章节已在《中国经济史研究》《中国社会经济史研究》《西南大学学报》《宏德学刊》上发表，在此谨向期刊及编辑老师们表示感谢。

最后，还要感谢祖母和双亲，祖母年逾九秩，我不能承欢膝下，深感愧疚。双亲不分昼夜，辛勤劳苦地耕作，供我读书，每念及此，心中徘徊久之。

学问之路，任重而道远，我愿继续努力，以回报诸师长、学友及家人的教导、帮助、付出。本书的出版，既是个人学术生涯的一次汇报，也是对逝去青春的祭奠！